Gemeinwohl – Freiheit – Vernunft – Rechtsstaat
200 Jahre Allgemeines Landrecht für die Preußischen Staaten

Gemeinwohl – Freiheit – Vernunft – Rechtsstaat
200 Jahre Allgemeines Landrecht für die Preußischen Staaten

Symposium der Juristischen Gesellschaft zu Berlin
27. – 29. Mai 1994

Herausgegeben
von

Friedrich Ebel

W DE G

1995

Walter de Gruyter · Berlin · New York

Gedruckt auf säurefreiem Papier,
das die US-ANSI-Norm über Haltbarkeit erfüllt.

Die Deutsche Bibliothek – CIP-Einheitsaufnahme

Gemeinwohl – Freiheit – Vernunft – Rechtsstaat : 200 Jahre allgemeines Landrecht für die preußischen Staaten ; Symposium der Juristischen Gesellschaft zu Berlin, 27. – 29. Mai 1994 / hrsg. von Friedrich Ebel. – Berlin ; New York : de Gruyter, 1995
ISBN 3-11-014750-5
NE: Ebel, Friedrich [Hrsg.]; Juristische Gesellschaft <Berlin>

Printed in Germany

Datenkonvertierung/Satz: Frohberg GmbH, Freigericht
Druck: Gerike GmbH, Berlin
Bindearbeiten: Dieter Mikolai, Berlin
Umschlagentwurf: Thomas Beaufort, Hamburg

Vorwort

Die Juristische Gesellschaft zu Berlin ist seit ihrer Gründung Korporation nach den Vorschriften des Allgemeinen Landrechts für die Preußischen Staaten[1] und ist damit nach § 25 II 6 ALR eine „vom Staate genehmigte Gesellschaft ..., die sich zu einem fortdauernden gemeinnützigen Zwecke verbunden" hat. Dieser dem aufgeklärten Preußen des 18. Jahrhunderts so wichtige Gemeinnutz (neben dem die Freiheit des Einzelnen nie vernachlässigt wurde, wofür statt aller der unten abgedruckte Beitrag Luigs zu vergleichen ist) konkretisierte sich in den Statuten der Gesellschaft dahingehend: „die Rechtswissenschaft zu fördern und den Juristen einen Vereinigungspunkt zu geben".[2]

1859, noch zu Lebzeiten Savignys, war Rechtsgeschichte unbestritten Zentrum der Rechtswissenschaft. Heute ist sie eher in eine Randlage gerutscht, ist wohlverstanden indes Grundlage der Rechtswissenschaft. So war es eine genuine Aufgabe der Gesellschaft, des 200. „Geburtstages" des ALR zu gedenken, und dies in einer Form, die den Aufgaben der Gesellschaft wie dem Gegenstand angemessen war (in letzterem Falle indes ein Unterfangen, das fast 100 Jahre gebraucht hatte, um anerkannt zu sein): in einer wissenschaftlichen Würdigung.

Die Idee dazu hatte Herr Prof. Dr. Dr. Detlef Merten, aufgegriffen und tatkräftig in die Wege geleitet hatte sie der damalige Präsident der Juristischen Gesellschaft zu Berlin, Herr Kammergerichtspräsident Dr. Diether Dehnicke; fortgeführt wurden diese Bemühungen durch die folgenden Präsidenten der Gesellschaft, Herrn Präsidenten des Oberverwaltungsgerichts Berlin Prof. Dr. Dieter Wilke und Herrn Rechtsanwalt Dr. Ulrich Schmidt. Mit der Durchführung beauftrgt wurde der Herausgeber.

Vom 27. bis zum 29. Mai 1994 fand in Berlin ein rechtshistorisches Kolloquium statt, zu dem eine stattliche Zahl von Rechtshistorikern, allesamt hervorragend auf den verschiedenen Gebieten ausgewiesen, für die das ALR Forschungsobjekt oder Bezugspunkt ist, eingeladen und erschienen waren. Die gehaltenen Vorträge werden hier der Fachwelt vor-

1 Eine Rolle in der Zeit nach dem Zweiten Weltkrieg als eingetragener Verein nach den Vorschriften des Bürgerlichen Gesetzbuchs blieb Zwischenspiel, vgl. D. Dehnicke, Vorwort zur Festschrift zum 125jährigen Bestehen der Juristischen Gesellschaft zu Berlin, hg. v. D. Wilke, Berlin, New York 1984, S. VIII.

2 § 1 der Statuten, abgedr. bei H. Neumann, Zur Geschichte der Juristischen Gesellschaft zu Berlin (1859–1903). Nachdr. in dre Schriftenreihe der Jur. Ges. zu Berlin 86. Berlin, New York 1984, Anhang. Zur Aufgabenstellung vgl. A. Fijal, Die Geschichte der Juristischen Gesellschaft zu Berlin in den Jahren 1859–1933, Berlin, New York 1991, S. 15ff.

gelegt, zugleich auch die Diskussion dokumentiert, die reichhaltigen Ertrag gebracht hat. Was freilich am Rand der Tagung, teilweise bis in späte Stunden, noch an Anregungen aufgetaucht, an Problemen besprochen wurde, wird erahnen, wer die Zusammenballung solcher rechthistorischer Koryphäen, zu einem Thema versammelt, beurteilen kann.

Der Titel des Buches ist den Themen der einzelnen Vorträge entnommen und versteht sich als Hinweis auf die vielen Fragestellungen, die an ein Gesetzeswerk herangetragen werden können, das so einzigartig ist wie das preußische ALR. Die Prädikatisierung „einzigartig" ist nicht überzogen, ist es doch „eine grandiose Landesordnung, die in über 19000 Paragraphen die ganze Welt des gesamtpreußischen Staats und Rechts umspannt"[3]. Die einzelnen Vorträge konkretisieren die Vorgaben an die Referenten, die versuchen sollten, eine allgemeine Einordnung der Kodifikation und einen Bezugsrahmen zu dem Gebieten des bürgerlichen, Straf- und öffentlichen Rechts zu geben. Daß und inwieweit dies ambitionierte Vorhaben gelungen ist, mag der Leser beurteilen.

Friedrich Ebel
Berlin, im Februar 1995

---

3 W. EBEL, Geschichte der Gesetzgebung in Deutschland. Göttinger rechtswiss. Studien 24, erw. Neudr. der 2. Aufl. 1988, S.78.

Geleitwort

Das von der Juristischen Gesellschaft zu Berlin am 27. und 28. Mai 1994 in dem Otto-Braun-Saal veranstaltete Symposium anläßlich des Inkrafttretens des Allgemeinen Landrechts für die Preußischen Staaten vor 200 Jahren war die erste Veranstaltung dieser Art, die im wiedervereinigten Berlin und im wiedervereinigten Deutschland stattfand. Sie gab Juristen aus beiden Teilen Deutschlands Gelegenheit, sich mit diesem bedeutsamen Ereignis der gemeinsamen Geschichte zu befassen. Das Symposium endete deshalb auch mit einem Empfang durch die brandenburgische Landesregierung in den Neuen Kammern in Sanssouci, an dem außer den Teilnehmern des Symposiums zahlreiche Juristen Brandenburgs teilnahmen.

Auch wenn das Allgemeine Landrecht nach seinem Inkrafttreten keine allzu große praktische Bedeutung erlangt hat, sind einige seiner Vorschriften auch heute noch von Bedeutung. Der Grundsatz, daß Eigentum und Freiheit des Bürgers nur aufgrund eines Gesetzes beschränkt werden dürfen, ist seitdem Grundlage jedes Rechtsstaates schlechthin. Auf den in § 75 der Einleitung geregelten Aufopferungsanspruch ist auch noch in jüngster Zeit zurückgegriffen worden. Die Vorschrift in § 10 II 17 über die Aufgaben der Polizei ist zur Grundlage aller späteren Vorschriften geworden, die sich mit den Aufgaben der Polizei befassen. In seiner jüngsten Entscheidung zum Abtreibungsrecht hat sich das Bundesverfassungsgericht hinsichtlich des Schutzes des ungeborenen Lebens auf das preußische ALR berufen.

Der Titel des Buches, den Herr Prof. Ebel den Themen der einzelnen Vorträge entnommen hat, gibt aktuelle Kriterien wieder, an denen auch heute noch die Qualität einer Rechtsordnung zu messen ist, auch wenn sich die Umstände geändert haben. So ist heute die Freiheit des Einzelnen nicht mehr durch einen „Polizei-Staat" bedroht, sondern durch den immer mächtiger werdenden „Steuer-Staat". Die wirtschaftliche Freiheit des einzelnen Bürgers wird durch die sich ständig erhöhenden Abgaben immer mehr eingeschränkt. Neben dem Prinzip des Gemeinwohls, das bei den Bürgern leider immer mehr in Vergessenheit geraten ist, ist der Sozialstaat getreten als Ergänzung des durch das ALR für Preußen geschaffenen Rechtsstaats.

Ein weiteres Anliegen des ALR war es, Rechtsvorschriften zu schaffen, die auch dem einfachen Bürger verständlich sind und keiner weiteren Auslegung bedürfen. Dies ist ein Grundsatz, den der Gesetzgeber immer im Auge behalten sollte, auch wenn er niemals voll verwirklicht werden kann, weil der Gesetzgeber sich angesichts der Vielzahl konkreter Sachverhalte auf grundsätzliche Regelungen beschränken muß. Auch dem Gesetzgeber des ALR ist es nicht gelungen, trotz ausführlicher Regelung der einzelnen Sachverhalte, ein Gesetzeswerk zu schaffen, das keiner Auslegung bedarf und von jedem Bürger verstanden werden kann.

Es war ein großer Genuß, den Referenten zuzuhören, die unter den in dem Titel des Buches wiedergegebenen Aspekten dieses bedeutsame Gesetzgebungswerk der Aufklärung beleuchteten. Die fachkundige Diskussion trug zur Vertiefung einzelner Gesichtspunkte bei. Gerade für Juristen, die sich nicht täglich mit der Rechtsgeschichte befassen, ist es immer wieder interessant, zu erfahren, wie unsere Vorfahren rechtliche Probleme zu lösen und das Zusammenleben der Bürger in einem Staat zu ordnen suchten, und wie sich die damals gefundenen Lösungen bis in unser heutiges Recht weiterentwickelt haben. Nicht nur für die Juristerei gilt, daß vieles Heutige nur zu verstehen ist, wenn man weiß, wie es geworden ist. Der 200. Geburtstag des Allgemeinen Landrechts für die preußischen Staaten war ein willkommener Anlaß, sich wieder einmal mit der Geschichte unseres Rechts zu befassen.

Für alle Teilnehmer des Symposiums wird es ein Gewinn sein, die gehörten Referate noch einmal nachzulesen. Denjenigen, die nicht teilgenommen haben, soll dieses Buch die Möglichkeit geben, nachzuholen, was sie versäumt haben. Ich hoffe, daß viele diese Gelegenheit nutzen werden, so daß das Buch einen großen Leserkreis findet.

Ich danke Herrn Prof. Dr. Friedrich Ebel für die ausgezeichnete Vorbereitung und wissenschaftliche Leitung des Symposiums und die umsichtige und sorgfältige Vorbereitung der Herausgabe dieses Buches. Dem de Gruyter-Verlag danke ich für die Unterstützung des Symposiums, auch durch die Veröffentlichung der Vorträge und Diskussionsbeiträge in diesem Buch.

Dr. Ulrich Schmidt
Präsident der Juristischen Gesellschaft zu Berlin

Grußwort

Als im Mai 1994 die Juristische Gesellschaft zu Berlin des Inkrafttretens des Preußischen Allgemeinen Landrechts (ALR) vor 200 Jahren mit einem Symposion gedachte, blickte sie selbst auf gerade vollendete 135 Jahre seit ihrer Gründung „zum Zweck, die Rechtswissenschaft zu fördern", zurück.

Zwischen der Verkündigung und dem Inkrafttreten des ALR im Jahre 1974 und dem ersten Statut der Juristischen Gesellschaft zu Berlin im Jahre 1859 liegen damit 65 Jahre, die schon mehr als die halbe Wegstrecke vom ALR zum BGB ausmachen. In seiner Einzigartigkeit, das gesamte materielle Recht in einer Kodifikation zusammenfassen, war das ALR nicht von langer Dauer. So hatten die Stein-Hardenberg'schen Reformen die ständige Gliederung, die dem ALR noch zugrunde lag, abgeschafft.

1851 war in neues Strafgesetzbuch für die preußischen Staaten erschienen, und die bislang einzige Kodifikation des Handelsrechts in Deutschland, die im preußischen ALR, wurde alsbald in dem Bestreben, die auf diesem Gebiet besonders unerträgliche Rechtszersplitterung zu überwinden, durch ein Allgemeines Handelsgesetzbuch überholt. Mit der Vorbereitung zum BGB nahm das Reich dem preußischen Staat die Gesetzgebungskompetenz für das bürgerliche Recht ab; von der großen allumfassenden Kodifikation blieben nach einem Jahrhundert nur noch wenige öffentlich-rechtliche Regelungen in Kraft, insgesamt also eine einzigartig kühne, aber kurzlebige Kodifikation, die fast mehr Tadel als Lob erfuhr. Seinem Verdienst, durch Verständlichkeit Rechtsverständnis, durch Umfassenheit das Rechtsbewußtsein des erstarkenden Bürgertums gefördert zu haben, gebührt noch heute Lob und hohe Anerkennung.

Zwar richtete Savigny 1814 mit seiner Schrift „Vom Beruf unserer Zeit für die Gesetzgebung und Rechtswissenschaft" einen gezielten Angriff gegen die landesrechtliche Kodifikation, die er als „eine Sudeley" bezeichnete, und dies, obwohl sein Schwager Achim von Arnim im selben Jahre ihm gegenüber eine Lanze für das ALR gebrochen hatte:

„Das Landrecht war für unser Volk in rechtlicher Hinsicht so wichtig wie Luthers Bibelübersetzung . . ."
und weiter: „. . . seit der Bekanntmachung des Landrecht hat sich unendlich viel Einsicht über Rechtsverhältnisse begründet. Während vorher alle in der Gewalt einzelner Advokaten standen, können sich jetzt die zahlreichen Klassen wie Gutsbesitzer, Prediger, Beamte belehren und auch der Regent, der doch nicht als Jurist von Profession angesehen werden kann, erfährt daraus genug zur Einsicht der Verhältnisse:"[1])

1 Zitiert nach Hattenhauer, Einführung zur Textausgabe des ALR, 1970, S.39.

Damit entsprach das Landrecht aber einer Forderung im Geiste der Aufklärung, die Montesquieu in seinem „Esprit des Lois" hervorhebt:

> „Der Stil der Gesetze soll einfach sein …
> Die Gesetze dürfen nicht schwer verständlich sein; sie sind für Menschen mäßigen Verstandes gemacht: sie sollen nicht eine logische Kunst, wohl aber die einfache Vernunft eines Hausvaters sein".

Wir verbinden das kodifikatorische Werk mit zwei großen Juristen, die wir als die Verfasser des ALR ansehen können: von Carmer und Svarez. Beide, der pfälzische Carmer und junge Schlesier Svarez, waren zueinander gekommen, als Carmer mit der schwierigen Aufgabe betraut war, das eroberte schlesische Departement in den preußischen Staat einzufügen, was er mit vollendetem Takt besorgte.

Als Friedrich der Große im Zuge der als Müller-Arnold-Prozeß bekanntgewordenen Justizgroteske, ja Justizkatastrophe, seinen Großkanzler, den Freiherrn von Fürst und Kupferberg, entlassen hatte, berief er 1779 den schlesischen Justizminister Carmer als dessen Nachfolger an die Spitze der Justizverwaltung in Preußen, und dieser brachte seinen tüchtigen Mitarbeiter Svarez mit nach Berlin.

Den Reformideen des Königs hatten sich die Juristen in Preußen unter dem nun abgesetzten Großkanzler erfolgreich zu widersetzen gewußt; sie standen nach der Demission des Großkanzlers Fürst nun vollends hinter ihm und mißbilligten die Reformabsichten um so mehr. Den neuen Männern gaben sie keinen Rückhalt, waren sie doch Fremdlinge, Eindringlinge gar, aus der neuen Provinz.

Ihren Arbeitsbund knüpften die beiden Reformer daher nur noch enger; Carmer nahm Svarez zu sich in das Trossel'sche Haus, dem Palais vor dem Königstore am heutigen Alexanderplatz, das für beide 15 Jahre lang Wohn- und Arbeitsstätte wurde. Hier war der fruchtbare Boden für die Reformarbeit bereitet. Carmer stellte jeweils die Aufgabe, Svarez fand Mittel und Wege zu ihrer Lösung und Ausführung. Schließlich zog ein weiterer schlesischer Jurist, Ernst Ferdinand Klein, in das Trossel'sche Palais, so bildete man gemeinsam den Kern einer Reformkommission, die mit der kollektiven Kommissionsarbeit, in der schon das BGB vorbereitet wurde und erst recht die Gesetze unserer Tage erarbeitet werden, nichts gemein hat.

Svarez verzehrt sich als entsagungsvoller Beamter in seiner Arbeit; er stirbt im Alter von nur 52 Jahren 1798 in Berlin, nur wenige Jahre nach dem Inkrafttreten des Gesetzeswerks. Viel ist über den zurückhaltenden und verschlossenen Mann, der skeptisch gegenüber Ehrbezeugungen und äußerer Anerkennung war, nicht überliefert. Sein Bild kennen wir nur von dem Schattenriß, der die Titelseite des Programms der Juristischen

Gesellschaft zu Berlin zu dem Symposion zierte. In den Adelsstand wurde er nicht erhoben, Wohlstand blieb ihm versagt, in lebensbedrohender Krankheit mußte er um die Versorgung seiner Frau bangen und einen Bittbrief an den König richten. Der Vorschlag des Königs, Friedrich Wilhelm III., ihn zum Mitglied der Akademie der Wissenschaften zu machen, scheiterte an der todbringenden Krankheit.

Sein Todestag jährt sich in drei Jahren am 14. Mai zum 200. Male. Schon 78 Jahre nach seinem Tode, im Jahre 1876 war sein Grab auf dem Louisenstädtischen Kirchhof an der Alten Jakobstraße, der heute nicht mehr existiert, kaum mehr auffindbar. Aber die Juristische Gesellschaft zu Berlin war es, die seiner gedachte und mit einer an der Kirchhofsmauer angebrachten Eisenplatte sein Andenken mit den Worten ehrte:

„Dem Gedächtnis des ruhmreichen Mannes Svarez, welcher den
Gedanken des großen Königs, seinen Landen ein Allgemeines
Landrecht zu geben, mit schöpferischer Kraft ausführte, weiht
dieses Denkmal die Juristische Gesellschaft zu Berlin".

Danken wir es der Juristischen Gesellschaft, daß sie mit dem Symposion zum Gedanken an das ALR dieses Denkmal für Svarez geistig erneuert hat.

Die Veröffentlichung der Vorträge wird jeden Leser, sei er juristisch, historisch oder rechtshistorisch im besonderen interessiert, bereichern. Ich danke der Juristischen Gesellschaft zu Berlin, daß sie ihrem statutarischen Zweck, die Rechtswissenschaft zu fördern, in so hervorragender Weise dient.

Dr. Lore Maria Peschel-Gutzeit
Senatorin für Justiz, Berlin

Inhaltsverzeichnis

Die bürgerlichen Rechte und das gemeine Wohl. Das rechtspolitische Profil des Allgemeinen Landrechts für die Preußischen Staaten von 1794

Dietmar Willoweit, Würzburg

I.

„Wenn ich meinen Endzweck erlange, so werden freilich viele Rechtsgelehrte bei der Simplifikation der Sache ihr geheimnisvolles Ansehen verlieren, um ihren ganzen Subtilitätenkram gebracht und das ganze Korps der Advokaten unnütz werden." Was Friedrich d. Große mit dieser Bemerkung in seiner Kabinettsordre vom 14. April 1780 über das Ziel des geplanten Gesetzgebungsvorhabens verriet[1], hat zehn Jahre später einer der prominentesten Kritiker des Allgemeinen Landrechts, Johann Georg Schlosser, mit den folgenden Worten angeprangert: „Die Simplifizierung des Rechts ist eine Beförderung des Despotismus. Es scheint den Regenten und ihren Ministern so überaus schön, wenn sie bis in ihre Kabinette alles im ganzen Lande sehen, und die große Maschine mit einem einzigen Hebel, ohne Widerstand ... lenken können ..."; doch „macht nicht die Simplizität der Rechte, sondern ihre Sicherheit und Unverbrüchlichkeit, und die Weisheit ihrer Verflechtung den Staat glücklich ...". Die Aufgabe sei daher, „sich mehr um gerechte und verständige Richter, die mit Billigkeit urteilen, wo die Bestimmtheit der Gesetze fehlt, umzusehen, als nach vollkommenen Gesetzen zu seufzen, die keiner Mißdeutung, keinem Mißbrauch ausgesetzt wären".[2] Carl Gottlieb Svarez dagegen, geistiger

---

1 Preußisches Geheimes Staatsarchiv (im folgenden: GStA) PK XII. HA VI Nr. 516; Abdruck in: Allgemeines Landrecht für die Preußischen Staaten von 1794, mit einer Einführung von Hans Hattenhauer u. einer Bibliographie von Günther Bernert, 2. erw. Aufl., Neuwied 1994, S. 43ff., 46. Vgl. a. „Der Titel ist indiferent wan nuhr die Sache von Nutzen ist". Allgemeines Landrecht für die Preußischen Staaten 1794, Ausstellungskatalog 1994, Nr. 56b, S. 53.

2 Johann Georg Schlosser, Briefe über die Gesetzgebung überhaupt und den Entwurf des preußischen Gesetz-Buches, 1789–1790, zitiert nach Franz Förster, Theorie und Praxis des heutigen gemeinen preußischen Privatrechts auf der Grundlage des gemeinen deutschen Rechts, 4. A., hrsg. von M. E. Eccius, Bd. I, 1, Berlin 1880, S. 18ff. Förster hat die damalige Kontroverse präzise erfaßt und charakterisiert.

Vater der preußischen Kodifikation, trägt etwa zur gleichen Zeit in der Berliner Mittwochsgesellschaft vor: Das Gesetzbuch „muß für alle Geschäfte und Verhältnisse des bürgerlichen Lebens in der möglichst größten Vollständigkeit Vorschriften und Regeln enthalten, die für alle vorkommenden Fälle, zwar nicht wörtlich (denn das hieße Unmöglichkeiten fordern), aber doch vermöge einer nach richtigen philosophischen Regeln sich bestimmenden Schlußfolge sichere und gleichförmige Entscheidungen an die Hand geben. Besonders muß darin alles positive, d.h. alles, was nicht aus der Natur der Sache und des Geschäftes erkannt werden kann, sondern was der Gesetzgeber aus gewissen andern Rücksichten hinzuzufügen nötig findet, so deutlich und ausführlich vorgetragen sein, daß dabei der Willkür des Richters so wenig, als es irgend möglich ist, Raum gelassen werde".[3] – Diese Stimmen der Zeitgenossen genügen, um zu verdeutlichen, worum es in der historischen Situation vor 200 Jahren eigentlich ging – nicht um die Zementierung der Ständeordnung, um die Schaffung eines Januskopfes mit zugleich modernem und feudalem Antlitz, sondern um die Frage: Vollständigkeit des Gesetzes mit der angeblichen Gefahr von Simplifizierung und Despotismus oder Weisheit des Rechts, also Herrschaft der Rechtswissenschaft? Rechtsanwendung durch logische Schlußfolgerung nach richtigen philosophischen Regeln zur Vermeidung richterlicher Willkür oder Rechtsfindung durch den gerechten und verständigen, d.h. wissenschaftlich gebildeten, Richter?

Ohne Zweifel ist es ein schwieriges Jubiläum, das wir in diesem Jahr in Deutschland begehen. Denn welcher Jurist wollte heute daran zweifeln, daß die Vorstellung von der Vollständigkeit eines Gesetzbuches immer Illusion bleiben muß, ja in Hinblick auf die realen Aufgaben der Justiz eher Schrecken einflößt, während andererseits die Bedeutung eines unabhängigen Richtertums von Format in einer komplex entwickelten Gesellschaft ganz außer Frage steht. Die Faszination, welche von der preußischen Kodifikation zweifellos ausgeht und auch unsere Gegenwart nicht unberührt läßt, hat denn auch ihre besonderen Gründe in der einzigartigen geschichtlichen Konstellation, die das Gesetzbuch hervorgebracht hat: Ein König, wie ein Kriegsgott und Philosoph zugleich, empört sich in gerechtem Zorn über Richter, die in einer vermeintlich klaren Angelegenheit nicht dem kleinen Manne helfen, sondern im undurchschaubaren Gespinst ihrer weltfremden Bücherweisheit befangen bleiben; ein König, der durchgreift, wie es sich mancher wünscht, den Chef der Justiz hinauswirft, scheinbar ungerechte Richter inhaftiert und eine grundlegende Reform den richtigen Leuten, Repräsentanten einer neuen

3 Carl Gottlieb Svarez, Vorträge über Recht und Staat, hrsg. von Hermann Conrad u. Gerd Kleinheyer, Köln u. Opladen 1960, S. 629.

Zeit, anvertraut. Am Glanz dieses Augenblicks durfte auch das preußische Gesetzbuch teilhaben. Dies um so mehr, als die vom König aus Schlesien nach Berlin geholten Reformer die Gunst der Stunde begriffen und nutzten. Unter der vorsichtig teilnehmenden Aufsicht des neuen Großkanzlers Johann Heinrich Casimir v. Carmer entstand in einer Arbeitsatmosphäre von wohl seltener Intensität ein Gesetzeswerk ohne Vorbild, zu welchem Carl Gottlieb Svarez Scharfsinn und Formulierungskunst, Ernst Ferdinand Klein Ideen und Entwürfe und mehrere weitere Beamte sowohl Material wie auch Meinungen beigesteuert hatten. Daß die Frucht dieser Bemühungen dann auch noch mit Zustimmung des Königs zum Zwecke der Kritik der Öffentlichkeit präsentiert und danach überarbeitet wurde, ließ diese Gesetzgebungsgeschichte fast zur Legende werden. Eine offene Gesellschaft, in der jeder in Freiheit seine Vernunft gebrauchen könne, schien sich abzuzeichnen.[4] Welch einen Kontrast dazu bildet hundert Jahre später die Entstehungsgeschichte des Bürgerlichen Gesetzbuches im Deutschen Reich.

Die Botschaft des Preußischen Allgemeinen Landrechts war und ist freilich nicht einfach zu verstehen. In der ersten Hälfte unseres Jahrhunderts, als die Lehrer des Zivilrechts noch Schüler der romanistischen Begriffsjuristen des 19. Jahrhunderts waren, genügte ein Schlagwort, um das ALR abzuqualifizieren: „Es ist ganz kasuistisch", so ließ sich z.B. Gustav Böhmer noch 1957 im Hörsaal vernehmen. Kasuistik aber, so war die allgemeine Überzeugung, verträgt sich nicht mit einer ernst zu nehmenden, also auf Prinzipien und Rechtsinstituten gegründeten, Jurisprudenz. Die wissenschaftliche Auseinandersetzung mit der preußischen Kodifikation, an die wir uns in diesem Jahre zunächst erinnern sollten, begann, vorsichtig, erst in den dreißiger Jahren.

Hans Thieme wies 1937 in seiner auszugsweise veröffentlichten Habilitationsschrift darauf hin, es bleibe „in den Materialien der großen Kodifikationen ... noch viel zu untersuchen, was gerade die gesetzgeberisch so tätige Gegenwart anregen und Mißgriffen vorbeugen kann."[5] Man habe bei der Beurteilung des preußischen Gesetzbuches „zuwenig beachtet, daß das tiefste Anliegen von Carmer und Svarez der Schutz der bürgerlichen Freiheit gegen die Willkür aller an der Rechtspflege Beteiligten,

4 Zur Entstehungsgeschichte des ALR Adolf Stölzel, Carl Gottlieb Svarez, Berlin 1885, S. 220ff., 320ff.; Allgemeines Landrecht für die Preußischen Staaten, hrsg. v. Hattenhauer (FN 1), 1. A., Frankfurt/M. u. Berlin 1970, S. 11 ff.; Andreas Schwennicke, Die Entstehung der Einleitung des Preußischen Allgemeinen Landrechts von 1794, Frankfurt/M. 1993, S. 13ff.

5 Hans Thieme, Die preußische Kodifikation. Privatrechtsgeschichtliche Studien II, in: ZRG (GA) 57 (1937) S. 355ff.

namentlich also der Staatsdiener selber, gewesen ist".[6] Dabei haben aber die preußischen Reformer „keine Weltjurisprudenz" schaffen wollen, „sondern einen Nationalkodex, kein gemeines, sondern ein vaterländisches Recht"[7], eine „aus ... dem Rechtsempfinden des eigenen Volkes herausgewachsene Schöpfung".[8] „Ziel der deutschen Aufklärung" sei „die Erziehung des Einzelnen ... zum freien und pflichtbewußten Mitglied der staatlichen Gesellschaft" gewesen.[9] In der modernen Auseinandersetzung mit der Rolle der Rechtshistoriker in der Zeit des Nationalsozialismus[10] ist bisher kaum bemerkt worden, daß hier jemand den Versuch unternommen hat, seiner „gesetzgeberisch so tätigen Gegenwart" nicht einmal mehr die Phrasen des „völkischen Rechts" als Reformmodell zu präsentieren, sondern als Schutz gegen Willkür das preußische Gesetzbuch zu empfehlen, das zu diesem Zwecke als „Nationalkodex", „vaterländisches Recht", gar als ein aus dem „Rechtsempfinden des eigenen Volkes" hervorgegangenes Werk charakterisiert wurde. Das Interesse der Forschung wandte sich dem Preußischen Allgemeinen Landrecht also unter sehr spezifischen politischen Bedingungen zu. Und das sollte sich nach der Gründung der Bundesrepublik auch nicht ändern. Kaum jemand wird heute bezweifeln wollen, daß Hermann Conrads entschiedene Feststellungen über den rechtsstaatlichen Charakter des Preußischen Allgemeinen Landrechts von dem Bedürfnis getragen waren, nach dem moralischen Desaster und dem Niedergang des Rechtswesens im Dritten Reiche spezifisch deutsche Traditionen von Rechtlichkeit und Gesetzesbindung des Staates in Erinnerung zu rufen und eine erneuerte Gegenwart aus ihren historischen Vorläufern zu erklären und zu legitimieren. Es bestehe „kein Zweifel" daran, daß „Svarez seinem Gesetzeswerke den Charakter eines Grundgesetzes für die Preußischen Staaten zulegen wollte", mit „einer Art von Grundrechtskatalog" in der Einleitung und inhaltlich mit dem Ziel, „ausübende Gewalt und Rechtsprechung des preußischen Staates an die Gesetze ... (zu) binden. Dies bedeutete nichts Geringeres als

6 Thieme (FN 5) S. 395 f.

7 Thieme (FN 5) S. 372.

8 Thieme (FN 5) S. 416.

9 Thieme (FN 5) S. 369.

10 Vgl. dazu Michael Stolleis u. Dieter Simon (Hrsg.), Rechtsgeschichte im Nationalsozialismus. Beiträge zur Geschichte einer Disziplin, Tübingen 1989.

die Aufrichtung eines Rechtsstaates im modernen Sinne".[11] Grundgesetz, Grundrechte, Rechtsstaat – schon die Terminologie verrät, was heute die Spatzen von den Dächern pfeifen, daß nämlich wissenschaftliche Forschung notwendigerweise vom Geist ihrer Zeit abhängig und von ihren Fragen und Hoffnungen vorangetrieben wird. Der dem 19. Jahrhundert angehörende Rechtsstaatsbegriff ist zu komplex und anspruchsvoll, als daß ein Staatswesen des späten 18. Jahrhunderts ihm wirklich hätte genügen können.[12] Es verwundert auch, daß die bloße Bindung von Behörden und Justiz an Recht und Gesetz schon als Rechtsstaatlichkeit verstanden werden soll. Denn erhoben Gerichte nicht seit jeher den Anspruch, ohne Rücksicht der Person, dem Armen wie dem Reichen – wie es in mittelalterlichen Texten heißt – Recht zu sprechen, und haben sich die frommen Verwaltungsbeamten des frühneuzeitlichen Obrigkeitsstaates nicht um Beachtung der von ihnen so zahlreich geschaffenen Gesetze bemüht? Nicht nur Rechtshistoriker sind seit jeher davon überzeugt, daß Recht ein wesentliches Element jeder menschlichen Vergesellschaftung ist. In jüngerer Zeit haben gerade auch Historiker für die frühe Neuzeit das Phänomen der „Verrechtlichung" von Konflikten entdeckt und eine ganze Reihe von Untersuchungen über Prozesse, die Untertanen gegen ihre Herren und Obrigkeiten führten, publiziert.[13] Wie unterscheidet sich

---

11 Hermann Conrad, Die geistigen Grundlagen des Allgemeinen Landrechts für die preußischen Staaten von 1794, Köln u. Opladen 1958 (Arbeitsgemeinschaft für Forschung des Landes Nordrhein-Westfalen, Geisteswissenschaften, H. 77) S. 35 f., 41; ders., Das Allgemeine Landrecht von 1794 als Grundgesetz des friderizianischen Staates, Berlin 1965 (Schriftenreihe der Juristischen Gesellschaft Berlin, H. 22). Modifiziert versteht Werner Ogris, Friedrich der Große und das Recht, in: Oswald Hauser (Hrsg.), Friedrich der Große in seiner Zeit, Köln u. Wien 1987, S. 47 ff., 88 den Rechtsstaatsbegriff. – Vgl. a. die Jubiläumsbeiträge von Hans Thieme, Zum 175. Geburtstag des Allgemeinen Landrechts, in: JuS 1969, S. 359 ff., und Hermann Conrad, Aufklärung und Gesetzgebung, in: JZ 1969, S. 309 ff.

12 Günter Birtsch, Zum konstitutionellen Charakter des preußischen Allgemeinen Landrechts von 1794, in: Politische Ideologien und nationalstaatliche Ordnung. Festschrift f. Theodor Schieder, München u. Wien 1968, S. 97 ff.; Dietmar Willoweit, War das Königreich Preußen ein Rechtsstaat?, in: Staat, Kirche, Wissenschaft in einer pluralistischen Gesellschaft. Festschrift zum 65. Geb. v. Paul Mikat, Berlin 1989, S. 451 ff.; weitere Hinweise bei Peter Landau, Neue Forschungen zum Preußischen Allgemeinen Landrecht, in: AöR 118 (1993) S. 447 ff.

13 Statt aller: Winfried Schulze, Bäuerlicher Widerstand und feudale Herrschaft in der frühen Neuzeit, Stuttgart 1980, S. 76 ff.; Peter Blickle, Unruhen in der ständischen Gesellschaft 1300–1800, München 1988 (Enzyklopädie deutscher Geschichte 1) S. 78 ff. m. w. Nachw.

denn dieser Rechtsschutz im Alten Reiche von jenem des Preußischen Allgemeinen Landrechts? Wenn es wirklich einen qualitativen Sprung zum Besseren gab – worin bestand er? Noch schwieriger wird es, wenn wir uns auf die Vorstellung einlassen, es habe mit dem ALR eine „Verfassung" geschaffen werden sollen. Svarez selbst hat darauf eine klare Antwort gegeben: Die Verfassung des preußischen Staates ist die einer Monarchie; sie bedarf keiner gesetzlichen Regelung.[14] Inzwischen wissen wir sehr genau, inwiefern Svarez Staatsrecht in der Kodifikation berücksichtigt sehen wollte. Zu den Kritiken, die insofern umfassendere Regelungen wünschten, bemerkte er: „Es ist richtig, daß nicht alle Rechte und Pflichten des Staats gegen seine Bürger in dem gegenwärtigen Gesetzbuche bestimmt werden können ... Mir scheinen solche Rechte und Pflichten des Staats hierherzugehören, in Ansehung welcher sich derselbe der richterlichen Entscheidung unterwerfen muß; oder welche den unmittelbaren Grund von Rechten und Pflichten der Staatsbürger unter sich enthalten ...".[15] In dieser und in ähnlichen Formulierungen liegt der Schlüssel, den wir brauchen, um die ganze Rechtswelt der preußischen Kodifikation zu verstehen. Ehe wir uns diesen Fragen im einzelnen zuwenden, gestatte ich mir daher den Appell: Konfrontieren wir die Redaktoren des ALR nicht länger mit modernen Ansprüchen, die sie nicht erfüllen können. Sondern stellen wir die Frage: Was hat den Juristen und Rechtspolitiker Carl Gottlieb Svarez bei seiner immensen Arbeitsleistung bewegt und war für seinen so ganz anders gearteten Vorgesetzten v. Carmer überzeugungskräftig genug, um als Programm der Kodifikation akzeptiert zu werden? Wenn nicht Rechtsstaat und Verfassung – Bevormundung des Staatsbürgers durch kasuistische Detailregelungen oder was sonst?

II.

Die Antwort ist nicht schwierig, wenn man Svarez selbst befragt, und sie wurde auch schon mehrfach gefunden, aber wieder vergessen oder in ihrer Tragweite verkannt. Am eindringlichsten treten uns die im Verlauf der Gesetzgebungsarbeit getroffenen Entscheidungen in der Revisio Monitorum entgegen, jener kritischen Prüfung der nach Veröffentlichung des Gesetzentwurfs eingegangenen Stellungnahmen, die Svarez im wesentlichen selbst vornahm und die er in der nachfolgenden Erörterung mit seinem Vorgesetzten Carmer überwiegend nur in unwesentlichen Details

14 Birtsch (FN 12); Schwennicke (FN 4) S.70ff.

15 GStA Rep. 84 Abt. 16 Nr. 7, Bd. 80, fol. 1 r.

korrigieren mußte.[16] Durch diesen einzigartigen Band ungemein verdichteter Gesetzgebungsarbeit zieht sich wie ein roter Faden das konsequent und entschlossen verfolgte Anliegen, die wohlerworbenen Rechte, also die individuellen Rechtspositionen der Staatsbürger, moderner gesagt: die subjektiven, bürgerlichen Rechte, zu schützen.[17] Daher auch die Regelung von Rechten und Pflichten des Staates, soweit dieser sich im Streit um private Interessen richterlichen Erkenntnissen unterwerfen muß; daher das beabsichtigte Verbot der Machtsprüche, durch die „niemand an seinem Rechte gekränkt werden" soll[18], und z.B. die Zurückweisung der gefährlichen Idee eines Dominium eminens; daher andererseits aber auch die vorbehaltlose Respektierung des längst als altertümlich empfundenen Lehensrechts und der Elemente bäuerlicher Untertänigkeit. Nicht reaktionäre Feudalherren oder Hofchargen mußten den Gesetzesredaktoren einflüstern, was gerade deren ureigenstes, grosso modo modernes Anliegen war[19]: die Bewahrung der iura quaesita – und das heißt zunächst einmal: des Privateigentums – vor dem Zugriff einer mächtig gewordenen und sich selbstbewußt gebärdenden Staatsgewalt. Den preußischen Thronfolger belehrte Svarez über das Verhältnis von Individuum und bürgerlicher Gesellschaft in folgender Weise: „Der Mensch, welcher in die bürgerliche Gesellschaft tritt, entsagt der Ausübung seiner Zwangsrechte durch sich selbst oder dem natürlichen Recht der Selbsthilfe als der Quelle der Unruhen und Unordnungen des Naturzustandes. Er überträgt die Ausübung seiner Zwangsrechte dem Staat, welchem die vereinigten Kräfte der bürgerlichen Gesellschaft zu dem Ende anvertraut sind, damit er dadurch jeden einzelnen bei dem Seinigen schützen und gegen Beleidigungen sicherstellen soll."[20] Daher heißt es in § 2 ALR II 13 („Von den

16 Grundlegend Simon, Bericht über die szientivische Redaktion der Materialien der preußischen Gesetzgebung, in: Allgemeine juristische Monatschrift für die preußischen Staaten 11 (1811) S. 191 ff., 228 ff.; Horst Mühleisen, Zur Ordnung der Akten und Materialien des Allgemeinen Landrechts, in: ZRG (GA) 108 (1991) S. 194 ff.; Stölzel (FN 4) S. 272 ff.; Schwennicke (FN 4) S. 43 f.

17 Ausführlich dazu Dietmar Willoweit, Die Revisio Monitorum des Carl Gottlieb Svarez (erscheint 1995 in einem von Günter Birtsch u. Dietmar Willoweit herausgegebenen Beiheft zu den Forschungen zur Brandenburgischen und Preußischen Geschichte, N.F.). Die im Rahmen dieser Arbeit durchgeführten Quellenstudien liegen auch den folgenden Überlegungen zugrunde.

18 Entwurf eines allgemeinen Gesetzbuchs für die preußischen Staaten, 1. Teil, Berlin u. Leipzig 1784, Einleitung § 6.

19 Vgl. dazu einerseits die marxistische Deutung von Uwe-Jens Heuer, Allgemeines Landrecht und Klassenkampf, Berlin 1960, und dazu Hans Thieme, Carl Gottlieb Svarez in Schlesien, Berlin und anderswo, in: Gerhard Erdsiek (Hrsg.), Juristen-Jahrbuch, Bd. 6, Köln 1965/66, S. 1 ff., S. 12 ff.

20 Svarez (FN 3) S. 620.

Rechten und Pflichten des Staats überhaupt"): „Die vorzügliche Pflicht des Oberhaupts im Staate ist, sowohl die äußere als innere Ruhe und Sicherheit zu erhalten und einen jeden bey dem Seinigen gegen Gewalt und Störungen zu schützen." Der Mensch und das Seinige sind historisch und logisch dem Staate vorgegeben. Die Schaffung des Staates durch die bürgerliche Gesellschaft hat nicht nur den Zweck, die Gefahren des Naturzustandes auszuschließen, sondern ebendeswegen die Aufgabe, die immer schon vorhandenen Rechte der einzelnen Individuen zu bewahren. An anderer Stelle des Gesetzbuches, in § 1 II 17 („Von den Rechten und Pflichten des Staats zum besonderen Schutze seiner Unterthanen") heißt es nochmals, umfassender formuliert: „Der Staat ist für die Sicherheit seiner Unterthanen, in Ansehung ihrer Personen, ihrer Ehre, ihrer Rechte, und ihres Vermögens, zu sorgen verpflichtet." Daraus ergeben sich Konsequenzen, die Svarez in den Kronprinzenvorträgen andeutet: „Da der Staat in allen seinen Gesetzen die wohlerworbenen Eigentums- und anderen Rechte seiner Bürger respektieren muß, so muß ebendies vornehmlich auch bei den Polizeigesetzen geschehen".[21] Selbstverständlich müssen daher die subjektiven, bürgerlichen Rechte auch bei Gesetzesänderungen[22] und bei der Erteilung von Privilegien respektiert werden, die dann freilich selbst iura quaesita begründen.[23] Svarez hat sich auch vorgestellt, daß „die Mitwirkung der Gesetzkommission und der Stände ... den Monarchen für der Gefahr (bewahrt), der er sonst so oft ausgesetzt sein könnte, wohlerworbene Rechte seiner Untertanen durch seine Verordnungen zu kränken und dadurch eine seiner vornehmsten Pflichten zu verletzen."[24] Nicht zuletzt die zahlreichen Entschädigungsregelungen des Allgemeinen Landrechts haben ihren Grund in diesem konsequenten Schutz der privaten Rechtssphäre. So erklärt sich auch der berühmte, noch heute von jedem Studenten zu lernende § 75 der Einleitung, nach welchem „der Staat denjenigen, welcher seine besondern Rechte und Vortheile dem Wohle des gemeinen Wesens aufzuopfern genöthigt wird, zu entschädigen gehalten" ist. Dieses Prinzip kehrt im Gesetzbuch dann in vielen Konkretisierungen wieder, mag es um die Entschädigung von Privilegierten oder Eigentümern, um Sonderopfer in Hinblick auf Straßenbau oder Schiffbarmachung von Privatgewässern oder selbst um die Entziehung einer über 50 Jahre hinweg besessenen Alluvion oder Insel gehen.[25]

---

21 Svarez (FN 3) S. 488 u. S. 40.

22 Svarez (FN 3) S. 16.

23 Svarez (FN 3) S. 239, 242, 605, 619.

24 Svarez (FN 3) S. 480.

25 § 70 Einl. ALR; § 31 ALR I 8; § 5 ALR II 15; § 43 ALR II 15; § 260 ALR I 9; vgl. ferner §§ 8 u. 9 ALR I 11; §§ 545, 568, 585 ALR I 21.

Suum cuique. Schon Hans Thieme hatte erkannt, daß dies ein zentrales rechtspolitisches Ziel von Svarez gewesen war, und vermutet, der preußische Jurist habe sich dabei an Immanuel Kant gehalten.[26] Abgesehen davon, daß die Metaphysik der Sitten erst im Jahre 1797 erschien[27] und wir nichts über Informationen aus Königsberg, die Svarez über Ernst Ferdinand Klein hätten zukommen können, wissen, ist die Konstruktion einer solchen Abhängigkeit auch nicht notwendig. Wenn Kant „das rechtlich Meine (meum iuris)“ als dasjenige definiert, „womit ich so verbunden bin, daß der Gebrauch, den ein anderer ohne meine Einwilligung von ihm machen möchte, mich lädieren würde“[28], dann spricht er einem Svarez zwar aus der Seele. Beide indessen, Kant wie Svarez, waren insofern nur Erben der gemeinrechtlichen Jurisprudenz. Ulpians Fragmente „Iuris praecepta sunt haec: honeste vivere, alterum non laedere, suum cuique tribuere“[29] und „Publicum ius est quod ad statum rei Romanae spectat, privatum quod ad singulorum utilitatem“[30] nebeneinander gelesen, ergaben, daß sich der Nutzen des einzelnen als das je „Seinige“ begreifen ließ.[31] Svarez' rechtspolitische Position war in der Tat hochmodern. Das Eigentumsprinzip der dem Nahrungserwerb nachgehenden Volksklassen war maßgebend geworden auch für den Kriegerstand – den Adel – und damit für die ganze Gesellschaft. Das Faktum der de lege lata bestehenden Ständeordnung, für deren fortdauernde Existenz die preußischen Gesetzesredaktoren wirklich nicht verantwortlich zu machen sind, hat den Blick dafür verstellt, daß in der preußischen Kodifikation erstmals ein umfassender Versuch unternommen worden ist, das Geflecht der jeder bürgerlichen Gesellschaft vorgegebenen Individualrechte vor der Staatsgewalt abzuschirmen. Die Rechte der Privatrechtssubjekte bilden das

---

26 Thieme (FN 5) S.378, 384. Kritisch zu der Annahme von Einflüssen Kants auf Svarez schon Gerd Kleinheyer, Staat und Bürger im Recht. Die Vorträge des Carl Gottlieb Svarez vor dem preußischen Kronprinzen (1791–92), Bonn 1959, S.154ff.; ebda. S.31 zur Bedeutung der wohlerworbenen Rechte bei Svarez.

27 Kants insofern einschlägige Privatrechtslehre ist in der 1785 in erster Auflage erschienen „Grundlegung zur Metaphysik der Sitten“ bekanntlich nicht enthalten.

28 Immanuel Kant, Metaphysik der Sitten (1797), Der allgemeinen Rechtslehre erster Teil, § 1, Ed. Karl Vorländer, 4. A. 1922, unver. Nachdruck 1945, S.51.

29 D. 1, 1, 10, 1.

30 D. 1, 1, 1, 2.

31 Vgl. dazu auch die weiterführenden Hinweise von Reinhard Brandt, Historisch-kritische Beobachtungen zu Kants Friedensschrift, in: Politisches Denken. Jahrbuch 1994 S.75ff., 78f.

Fundament der Rechtsordnung. Franz Förster, ein führender Autor des preußischen Privatrechts aus der Mitte des 19. Jahrhunderts, hat dazu aus der Sicht des Zivilrechtlers gesagt: „Um das landrechtliche System zu verstehen und gerecht zu beurteilen, muß man von dem römischen Institutionensystem ... ganz absehen. Während dieses das objektive Recht zugrunde legt, geht das ALR von dem Gedanken aus, daß das Recht nur existiert als Recht der Person, als s.g. subjektives Recht, daß es nur als solches, als Begleiter der Person in allen ihren sozialen Beziehungen, Wert hat. Das Prinzip seines Systems ist daher das subjektive Recht."[32] Aus dieser Perspektive erläutert der Autor dann in sehr einleuchtender Weise den Aufbau des Allgemeinen Landrechts. Weil das Recht auf die Person bezogen und dieser als unmittelbarer Rechtsraum Vertrag, Unrecht und Eigentum zugeordnet wird, gibt es kein eigenständiges Sachenrecht, Obligationenrecht oder Erbrecht im Sinne in sich geschlossener wissenschaftlicher Systeme. Eigentumserwerb und Eigentumsschutz sind im Bereich des Vermögensrechts die beiden leitenden Ordnungsgesichtspunkte. Insofern, und das heißt: in seinem zentralen Anliegen, steht die preußische Kodifikation dem Code Civil sehr viel näher, als es das übliche Lamento über die Kodifizierung der preußischen Ständeordnung wahrhaben will. Ich muß es mir an dieser Stelle versagen, lade aber dazu ein, über die Folgerungen nachzudenken, die aus einem konsequent auf die Person und das subjektive Recht gegründeten Rechtssystem zu ziehen wären. Man müßte zum Beispiel die Unterscheidung von Rechten an Sachen und Rechten gegenüber Personen in den Mittelpunkt rücken und deren Dogmatik entwickeln. Die französische Zivilrechtslehre hat zu einer derartigen Alternative niemals eine Chance erhalten, weil sie im 19. Jahrhundert alsbald, wie auch die österreichische Jurisprudenz, in den Sog des deutschen Pandektismus geraten ist. Dieses mit dem Anspruch höchster Wissenschaftlichkeit auftretende und so überaus erfolgreiche Systemdenken hat die Autonomie des Privatrechts in einer Weise abgeschirmt, daß jeder aus ihm selbst nicht ableitbare Rechtssatz als Fremdkörper empfunden und in andere Rechtsgebiete abgedrängt wurde. Die Pandektenwissenschaft entsprach damit in optimaler Weise der Dichotomie von öffentlich und privat, deren Durchsetzung im Mittelpunkt der rechtspolitischen Programmatik des 19. Jahrhunderts stand. Damit freilich sind auch Gestaltungsmöglichkeiten verlorengegangen, für die in moderneren Zeiten unabweisbarer Bedarf entstanden ist. Blicken wir zurück auf das Preußische Allgemeine Landrecht, dann liegt der Unterschied zur Privatrechtsentwicklung des liberalen Zeitalters auf der Hand.

---

32 Förster (FN 2) S. 22f.

III.

Es ist das Gemeinwohl, das die Durchsetzungskraft der subjektiven Rechte begrenzt und in einem sozial verträglichen Rahmen hält. Mehr als zwei dutzendmal beruft sich die preußische Kodifikation auf das „gemeine Wohl", auf das „Wohl des gemeinen Wesens", das „gemeine Beste" und ähnliche Varianten desselben Gedankens. Zugrunde liegt der naturrechtliche Gedanke des Gesellschaftsvertrages, der in diesem Zusammenhang einmal mehr seine außerordentliche Leistungsfähigkeit unter Beweis stellt. Wenn sich die bürgerliche Gesellschaft im Staate organisiert, um jedem das Seinige zu erhalten, dann kann das Gemeinwesen selbstverständlich auch Rücksichtnahme auf das gemeine Wohl verlangen. Denn der ganze Staatsapparat existiert ja nur, um die Unverletzlichkeit der Person und des Eigentums zu gewährleisten. Erst vor diesem Hintergrund wird auch das allgemeine Aufopferungsprinzip des § 74 der Einleitung verständlich, wonach „einzelne Rechte und Vortheile der Mitglieder des Staats ... den Rechten und Pflichten zur Beförderung des gemeinschaftlichen Wohls, wenn zwischen beyden ein wirklicher Widerspruch (Collision) eintritt, nachstehen" müssen, was dann die schon erwähnte Entschädigungspflicht des Staates nach sich zieht. Es lohnt sich, einen Augenblick daran zu denken, daß diese wechselseitige Verklammerung allgemeiner und individueller Interessen in der nachfolgenden liberalen Epoche durch die Entgegensetzung von Grundrechten und ihrer gesetzlichen Beschränkung zerrissen worden ist. Die Idee des Gemeinwohls bezog ihre Vitalität aus dem Bewußtsein der jeden einzelnen Staatsbürger erfassenden vertraglichen Bindung – eine Vorstellung, die von moderner Gesetzgebung, trotz ihrer demokratischen Legitimation, kaum erreicht wird.[33]

Das Gemeinwohl erzwingt in vielen Fällen die Beschränkung der subjektiven Rechtssphäre. Das gilt selbstverständlich für das Eigentum, das nicht nur individuelles Vermögensgut ist, sondern als menschliche Wertschöpfung sozialen Schutz genießt: „So weit die Erhaltung einer Sache auf die Erhaltung und Beförderung des gemeinen Wohls erheblichen Einfluß hat, so weit ist der Staat deren Zerstörung oder Vernichtung zu untersagen berechtigt" (§ 33 ALR I 8). Wer z. B. in einer Stadt zwei Häuser zu einem einzigen umbauen möchte, darf dies nur „aus erheblichen Gründen des gemeinen Wohls" und nur insoweit, „als dadurch den Einwohnern der nöthige Platz zu Wohnungen, und zum Betriebe der Ge-

33 Zur modernen Diskussion vgl. Heinz Christoph Link, Staatszwecke im Verfassungsstaat – nach 40 Jahren Grundgesetz, in: VVDStRL 48 (1990) S. 10ff., 19ff.; zu dieser Thematik ebda. S. 56ff. auch Georg Ress.

werbe, nicht entzogen wird" (§ 79 ALR II 8). Lesenswert sind die Regelungen, die sich die Gesetzesredaktoren – auf der Grundlage eines Vorschlages von Svarez – über die Möglichkeit der Eigentumsbeschränkung haben einfallen lassen: „Der Staat kann das Privateigentum seiner Bürger nur alsdann einschränken, wenn dadurch ein erheblicher Schade von Andern oder von dem Staate selbst abgewendet, oder ihnen ein beträchtlicher Vortheil verschafft werden, beydes aber ohne allen Nachtheil des Eigenthümers geschehen kann. Ferner alsdann, wenn der abzuwendende Schade, oder der zu verschaffende Vortheil des Staats selbst, oder andrer Bürger desselben, den aus der Einschränkung für den Eigenthümer entstehenden Nachtheil beträchtlich überwiegt" (§§ 29, 30 ALR I 8); die zugehörige Entschädigungsregelung folgt auf dem Fuße. Man spürt, wie die vertragliche Einbindung und Pflicht zur Rücksichtnahme die Stellung des Eigentümers prägt. Eine Balance der Interessen soll erreicht werden, die der gesunden Vernunft und der Natur der Sache entspricht. Diese beiden Ordnungsgedanken, die sehr oft in Svarez' Papieren auftauchen[34], werden erst verständlich, wenn man sie als Interpretationsgrundsätze für den der Gesetzgebung zugrundeliegenden Gesellschaftsvertrag begreift.

Das gemeine Wohl beschränkt aber auch die individuelle Handlungsfreiheit. Selbstverständlich, daß Zünfte nichts beschließen „können ..., was allgemeinen Polizeygesetzen zuwider ist, oder dem gemeinen Besten überhaupt nachtheilig werden könnte" (§ 198 ALR II 8). „Niemand ... darf, ... Arbeiten unternehmen", aus denen ein „Nachtheil für einen Dritten oder für das gemeine Wesen entstehen könnte" (§ 243 ALR II 8). Gesellschaften dürfen nur gegründet werden, wenn ihr Zweck „mit dem gemeinen Wohl bestehen kann ..." (§ 2 ALR II 6). An dieser Stelle gibt das Gesetzbuch zu erkennen, was unter Gemeinwohlwidrigkeit zu verstehen ist: „Gesellschaften aber, deren Zweck und Geschäfte der gemeinen Ruhe, Sicherheit, und Ordnung zuwiderlaufen, sind unzuläßig, und sollen im Staate nicht geduldet werden" (§ 3 ALR II 6). Ruhe, Sicherheit und Ordnung finden als Maximen des gemeinen Wesens im ALR nur etwa ein dutzendmal – also viel seltener als das Gemeinwohl – Erwähnung. Sie zu erhalten, ist zwar gem. § 10 ALR II 17 „das Amt der Polizey". Doch läßt sich im Gesetzestext ein engerer Polizeibegriff noch nicht wirklich von der generellen Gemeinwohlorientierung des Staats ablösen.[35]

Entspringt die Pflicht, das Gemeinwohl zu respektieren, einer vertraglichen Verbindlichkeit, dann ist diese nicht nur durch zu erduldende Be-

---

34 Dazu eingehender Willoweit (FN 17).

35 Ausführlich dazu Peter Preu, Polizeibegriff und Staatszwecklehre, Göttingen 1983, S. 274 ff.

schränkungen, sondern auch durch ein gemeinwohlorientiertes Handeln zu erfüllen. § 73 der Einleitung trifft die fundamentale Feststellung: „Ein jedes Mitglied des Staats ist, das Wohl und die Sicherheit des gemeinen Wesens, nach dem Verhältnis seines Standes und Vermögens, zu unterstützen verpflichtet." Daher kann auch „die Benutzung einer Sache", soweit dies „zur Erhaltung des gemeinen Wohls erforderlich ist", vom Staat befohlen werden (§ 34 ALR I 8), und daher ist auch „ein jeder Landmann ... die Cultur seines Grundstücks, auch zur Unterstützung der gemeinen Nothdurft wirthschaftlich zu betreiben schuldig", wozu er notfalls mit Zwangsmitteln angehalten werden kann (§§ 8 u. 9 ALR II 7). Selbst die Figur des Zwangskaufs hat das Allgemeine Landrecht aufgegriffen: „Bey entstehendem Getreydemangel ist der Staat, zur Abwendung einer drohenden Hungersnoth, berechtigt, die Besitzer von Getreydevorräthen zur Ausstellung derselben zum feilen Verkaufe, jedoch mit Vorbehalt ihres eigenen Bedürfnisses, zu nöthigen" (§ 7 ALR I 11). Die Kritik hat es sich später sehr leicht gemacht, als sie herablassend eine Tendenz des Gesetzbuches zur Bevormundung der Bürger glaubte feststellen zu können. Svarez hat sich gegen eine solche Bevormundung ausdrücklich immer wieder gewehrt.[36] Gerade die aus der Sicht des Privatrechts anstößigsten Regeln, wie die soeben zitierten, haben nichts mit Bevormundung, sondern mit der Überzeugung zu tun, daß derjenige, der das Seinige unter dem Schutz des Staates ungestört genießen kann, dafür gegenüber der Allgemeinheit zur Unterstützung verpflichtet ist, wenn man dieser wirklich bedarf.

Dies ist, was ich die „Botschaft" des Preußischen Allgemeinen Landrechts nennen möchte. Weil sie aber zwangsläufig Gefahren in sich birgt für das je Seinige, das doch geschützt werden soll, deshalb muß das Gesetz Rechte und Pflichten möglichst genau regeln. Svarez war von tiefem Mißtrauen gegenüber der Neigung der Administration erfüllt, in die wohlerworbenen Rechte der Staatsbürger einzugreifen. Gegen diese Gefahr sollte ein dichtes Gitter nahtlos aneinandergeschmiedeter Paragraphen helfen. Man sollte die Gesetzesredaktoren daher wegen der Kasuistik des ALR nicht schelten, sondern loben. Den Wert von Begriffen auf hohem Abstraktionsniveau haben erst spätere Juristengenerationen erkannt, die die Erfahrung raschen politischen wie sozialen Wandels machen mußten. Die aufgeklärten Rechtspolitiker des späten 18. Jahrhunderts hatten davon noch keinerlei Vorstellung. Im Gegenteil. Aus Svarez' Texten spricht fast Zeile für Zeile die Überzeugung, vernunft- und sachgerechte Lösungen auf Dauer schaffen zu können. Freilich sah er sich in den Monita auch mit grundsätzlicher Kritik an überalterten Instituten,

36 Vgl. Willoweit (FN 17).

z.B. des Lehensrechts, konfrontiert und sicher konnte er sich auf solchen Gebieten auch einschneidende Veränderungen im Wege der Gesetzgebung vorstellen. Aber im Horizont seines juristischen Weltbildes wäre es auch dann ohne weiteres möglich gewesen, die nunmehr vernünftige Lösung zu finden. Außerhalb des Vorstellungsvermögens der Zeitgenossen lag dagegen jene Dynamik gesellschaftlichen Wandels, die das 19. und 20. Jahrhundert beherrscht hat und die Rechtsordnung mit bis dahin unbekannten Herausforderungen konfrontierte.

IV.

Wenn das Preußische Allgemeine Landrecht und die hinter ihm stehende ungeheure Kraftanstrengung vor allem von Carl Gottlieb Svarez somit dem Schutz der subjektiven Rechte im Rahmen des gemeinen Wohls galt – gab es dann nicht doch Gefahren, die diese Kodifikationsleistung erzwangen? Muß der hier vorgetragene Gedankengang nicht doch auch zu der Schlußfolgerung führen, es sei jedenfalls ein höheres Maß an Rechtssicherheit angestrebt worden, so daß Hans Thieme, Hermann Conrad und in unseren Tagen Detlev Merten[37] so unrecht gar nicht hätten, wenn sie vom preußischen Rechtsstaat sprechen?

Diese Frage ist aus dieser oder jener Regelung des Preußischen Allgemeinen Landrechts allein nicht zu beantworten. Es geht vielmehr um die historische Würdigung einer Epoche, jener der Aufklärung. Sie hat, bevor die „Kritik der reinen Vernunft" die Menschen eines anderen belehrte, mit der Forderung, sich des eigenen Verstandes zu bedienen[38], die Überzeugung geweckt, Erkenntnis in Sachen von Recht und Politik sei durch die Anstrengung der Vernunft, Logik und Sachverstand allein möglich. Diese Gewißheit hat nicht nur die Redaktoren der preußischen Kodifikation zu ihrer Arbeit überhaupt erst befähigt. Sie hat zugleich auch in der politischen Realität die wohlerworbenen Rechte akut gefährdet. Denn diese beruhten auf einem in sich nicht kohärenten Geflecht überkommener Rechtspositonen und waren daher in keinem nur auf Logik und Sachgerechtigkeit beruhenden System darstellbar. Daher drohten nicht nur Eingriffe in die iura quaesita, sie waren längst politische Realität, wie man ausgerechnet an der Politik des Reichsoberhauptes, Josefs II., feststellen

---

37 Detlev Merten, Rechtsstaatliche Anfänge im preußischen Absolutismus, in: Deutsches Verwaltungsblatt 1981, S.701ff. Ebenso Hans Hattenhauer in seinem Eröffnungsvortrag zur Berliner Ausstellung, vgl. o. FN 1.

38 Immanuel Kant, Beantwortung der Frage: Was ist Aufklärung (1784), in: Immanuel Kants Werke, hrsg. v. Ernst Cassirer, Bd. IV, Berlin 1922, S.167ff.

konnte. Weil er „nicht genugsam die wohlerworbenen Rechte seiner Unterthanen (schonte), sondern ... ihnen durch neue Gesetze alte längst erworbene Rechte und Privilegia ohne alle Entschädigung (nahm)" tadelte Svarez die Politik des Kaisers gegenüber dem preußischen Thronfolger.[39] Politik in Hingabe an die Vernunft hatte bis dahin unbekannte Handlungsspielräume eröffnet. Damit geriet – aus heutiger Sicht – die ganze altständische Ordnung an den Rand eines Abgrunds, in den sie in der Tat auch stürzen sollte. Wache Zeitgenossen, wenn sie Juristen waren, erkannten in erster Linie das die subjektiven Rechte bedrohende Gefährdungspotential.

Eine Epochengrenze war erreicht. Am Ende eines in der Tat tausendjährigen Zeitalters, das durch die Verbindlichkeit des Rechtsherkommens gekennzeichnet war, erwies es sich als notwendig, die Rechtsstellung des Individuums neu zu definieren. Im Übergang von vorgegebener zu aufgegebener Normativität, wie der Rechtsphilosoph Hans Ryffel die Aufklärungsepoche charakterisierte[40], mußte sich der Mensch seines Rechtsstatus durch Menschenrechtserklärungen und Konstitutionen neu vergewissern. Zu den Dokumenten der Rechtsgeschichte, die in ebendiesem Sinne, wenn auch noch im Rahmen der alten Gesellschaftsordnung, den Schutz der Individualrechte zu realisieren versuchten, gehörte auch das Allgemeine Landrecht für die Preußischen Staaten. Darin liegt – universalgeschichtlich gesehen – sein historischer Rang und darum dürfen wir es auch heute noch feiern.

---

39 Svarez (FN 3) S. 16.

40 Hans Ryffel, Zur Begründung der Menschenrechte, in: Johannes Schwartländer (Hrsg.), Menschenrechte. Aspekte über Begründung und Verwirklichung, Tübingen 1978, S. 55 ff.

Ungestörter Gebrauch der Freiheit und Erfüllung der Pflichten des Wohlwollens im Privatrecht des Preußischen Allgemeinen Landrechts von 1794

Klaus Luig – Köln

1. Einleitung

Die Worte „ungestörter Gebrauch der Freiheit und Erfüllung der Pflichten des Wohlwollens", die ich meinem Vortrag vorangestellt habe, sind ein viel verwendetes Zitat aus den Kronprinzen-Vorträgen von Suarez[1]. Mit diesen Worten umschreibt Suarez die Aufgabe des Privatrechts, die eine doppelte ist. Das Privatrecht hat den Gebrauch der Freiheit eines jeden vor Störungen zu sichern, und es hat außerdem dafür zu sorgen, daß die Bürger im Verkehr miteinander die Pflichten des Wohlwollens erfüllen. Das muß man im Ergebnis wohl so verstehen, daß naturrechtliche „Socialitas" und das Prinzip des Vorranges der „Salus publica" nicht nur durch das Staatshandeln verwirklicht werden, sondern sich auch in den privatrechtlichen Beziehungen der Individuen untereinander realisieren müssen.

Ich will heute hier versuchen, das Preußische Landrecht danach zu befragen, was es im Bereich des Privatrechts von dem doppelten Ziel der Sicherheit und des Wohlwollens verwirklicht hat. Der Ton liegt dabei auf den Pflichten des Wohlwollens. Was sich dahinter verbirgt, erschließt sich erst, wenn man das Preußische Landrecht in eine lange Entwicklungsreihe in der Geschichte des Privatrechts stellt. Den Ausgangspunkt dieser – in zeitlicher Hinsicht – großräumigen Standortbestimmung für das ALR bildet die Feststellung, daß das ALR eine „naturrechtliche Kodifikation" des Privatrechts gewesen sei.

Der Bestandteil Kodifikation weist eher auf rechtstechnische oder methodische Probleme hin und somit auf den Rechtsquellencharakter des ALR. Dabei gibt es zwar auch spezielle naturrechtliche Anforderungen technischer Art an eine Kodifikation. In erster Linie ist das Attribut naturrechtlich jedoch ein Hinweis auf den Inhalt.

---

1 H. Coing, Epochen der Rechtsgeschichte in Deutschland, München 1967, S.72–73.

2. Methode

Ich beginne mit der Geschichte der methodischen Probleme. Heute hat die Mehrzahl der westeuropäischen Länder ein kodifiziertes Privatrecht. Das gilt insbesondere für Spanien, Italien, Frankreich, die Schweiz, die Niederlande, Österreich und Deutschland. Dieser Zustand besteht jedoch aufs Ganze gesehen noch nicht sehr lange. Erst vor rund 200 Jahren sind in einer ersten Welle Privatrechtsgesetzbücher in Bayern, Preußen, Frankreich und Österreich erlassen worden. Die anderen Länder, Italien, Spanien, die Schweiz und das im Bismarckreich vereinigte Deutschland, folgten diesem Vorbild erst in einer zweiten Welle ab ca. 1860. Damit wurden dann auch das bayerische und das preußische Gesetzbuch obsolet. Der französische Code civil von 1805 und das österreichische allgemeine bürgerliche Gesetzbuch von 1812 sind noch heute in Geltung.

Wenn man einen Eindruck davon gewinnen will, was die Gesetzgeber sich in der zweiten Hälfte des 18. Jahrhunderts von einer Kodifikation erhofft haben – das gilt für die rechtstechnischen und die rechtspolitischen Aspekte in gleicher Weise –, muß man zum Ausgangspunkt zurückgehen. Vor dem 12. Jahrhundert gab es in Deutschland keine gesetzlich fixierte Grundlage für die Privatrechtspflege. Das Recht beruhte in erster Linie auf Gewohnheitsrecht. Diese Situation wird sehr gut veranschaulicht durch einen Bericht aus dem Jahr 938[2]. Damals entstand ein Streit über eine wichtige Regel des Erbrechts. Umstritten war nämlich, ob beim Tode des Großvaters die Enkel von bereits vor dem Großvater verstorbenen Söhnen neben ihren Oheimen ein Erbrecht haben sollten oder nicht. Die Alternative wäre gewesen, daß beim Tode des Großvaters nur seine überlebenden Söhne erben würden und die Kinder von Söhnen, die beim Tode des Großvaters bereits verstorben waren, leer ausgehen würden. Dieser Streit wird vor den König getragen. Der König behauptet aber nun nicht, er wisse, was die richtige Rechtsnorm sei. Er erläßt auch nicht etwa ein Gesetz, um die Rechtslage zu klären. Vielmehr ordnet der König an, daß der Streit in einem Zweikampf entschieden werden soll. So geschieht es. Und es gewinnt der Gladiator, der für das Erbrecht der Enkel neben den Oheimen kämpfen sollte. Das ist seitdem in Deutschland rechtens. Daß diese Lösung mit dem übereinstimmt, was schon im alten Rom das Recht war, ist eigentlich nebensächlich.

Außerdem ist zu berücksichtigen, daß nach der herrschenden Ansicht unter den Rechtshistorikern, insbesondere nach der Ansicht von Dilcher,

---

2 K. Kroeschell, Deutsche Rechtsgeschichte I, Hamburg 1972, S. 143, 151.

Schlosser und Stolleis, die Bedeutung des Privatrechts im Mittelalter äußerst gering war. Um so eher konnte der Staat auch ohne schriftlich fixierte Privatrechtsnormen existieren.

Der Zustand der Herrschaft des Gewohnheitsrechts wurde vom 12. Jahrhundert an nach und nach beendet durch die Rezeption des römischen Rechts. Für die hier gestellte Frage nach dem Sinn der naturrechtlichen Kodifikation scheint es mir wichtig zu sein, daß die römischen Rechtstexte des Corpus iuris civilis und dann auch die Rechtstexte des kirchlichen Rechts im Corpus iuris canonici im 12. und 13. Jahrhundert in erster Linie die Umstellung der Rechtspflege vom Gewohnheitsrecht auf geschriebenes Recht bewirkten. Auch wenn die Rezeption des römischen Rechts allmählich und kraft Gewohnheitsrecht stattfand, so war doch das Wichtigste daran, daß die Rechtspflege nunmehr eine schriftliche Textgrundlage bekam. Die Ermittlung der Norm erfolgte durch – wie Otte gesagt hat – textbezogenes Argumentieren[3]. Das römische Recht war „ratio" – aber eben „ratio scripta". Der Ton lag auf „scripta". Das ist das wichtigste Kennzeichen des Prozesses der Rezeption, der meist als „Verwissenschaftlichung" der Rechtspflege bezeichnet wird.

Aber da das römische Recht in Deutschland nicht durch Gesetz eingeführt worden ist, sondern durch Gewohnheitsrecht – „Satz für Satz durch den Gebrauch" – usu sensim, wie Hermann Coring es später im Jahre 1643 ausgedrückt hat, entwickelte sich auch nach der Rezeption vorerst nicht die Vorstellung, Privatrecht sei etwas, was der Gesetzgeber nach seinem Willen schaffen könne, oder auch nur etwas, wofür der Gesetzgeber verantwortlich sei. Der mittelalterliche König war in erster Linie Heerführer und Richter, aber nicht Gesetzgeber und auch nicht Verwalter. So wurde das Recht des Corpus iuris civilis, nachdem es einmal als Gesetzbuch rezipiert worden war, weniger durch Gesetzgebung als durch die gerichtliche Praxis und die Rechtswissenschaft, durch Interpretation fortentwickelt. Dabei waren durch Interpretation der stets gleichen Texte erhebliche inhaltliche Änderungen möglich, auf die ich sogleich zu sprechen kommen werde.

Seit Beginn des 17. Jahrhunderts wurde prinzipielle Kritik an diesem System geübt. Für diese Kritik war Hermann Conring (1606–1681) besonders wichtig.

In seiner Schrift „de origine iuris germanici" von 1643 stellt Conring als erster ganz klar, daß das römische Recht nur durch Gewohnheitsrecht in Deutschland eingeführt worden war. Daran knüpft sich die

3 G. Otte, Die Rechtswissenschaft in: Die Renaissance der Wissenschaften im 12. Jahrhundert, hrsg. P. Weimar, Zürich 1981, S. 123, 138. T. Repgen, Vertragstreue und Erfüllungszwang, Paderborn 1994, S. 324, sagt präziser „textgebunden", betont aber auch die Bedeutung anderer Argumente.

Beobachtung an, daß das römische Recht nicht alles mittelalterliche Gewohnheitsrecht verdrängt hat und weiter, daß auch noch nach der Rezeption immer mehr neues Gewohnheitsrecht entstanden ist, und daß endlich auch – und das ist entscheidend – in einer immer größer werdenden Anzahl von Fällen der moderne Gesetzgeber eingriff und entweder Kontroversen im geltenden Recht entschied oder auch immer mehr neues Recht setzte. Dadurch entstand ein unübersichtliches Gebäude von Rechtssätzen. Die Lage wurde noch zusätzlich dadurch verkompliziert, daß das Prinzip galt, daß das Recht des engeren Rechtskreises den Vorrang habe vor dem Recht des weiteren Rechtskreises, so daß in der Hierarchie von Stadtrechten, Rechten der Fürstentümer und Reichsrecht das römische Recht erst an letzter Stelle stand und der Theorie nach nur subsidiär anwendbar war. Deswegen war das im Einzelfall anzuwendende Recht nur unter Zuhilfenahme eines komplizierten Geflechts von Rechtsanwendungsregeln zu ermitteln. Diese führten allerdings in der Mehrzahl der Fälle zum römischen Recht. Aber man erkannte damals auch, daß das römische Recht selbst technische Mängel hatte: Es war in einer fremden Sprache aufgeschrieben und enthielt mehr Schilderungen von Einzelfällen als abstrakte Normen, unter die man hätte subsumieren können. Es war äußerst unsystematisch, allein schon durch Aufteilung in Institutionen, Digesten, Codex und Novellen, und war oft in sich selbst widersprüchlich und deswegen von Kontroversen in der Interpretation durch Gerichte und Wissenschaft überwuchert. Wegen dieser Situation wurde schon seit Ausgang des Mittelalters der Ruf nach einer Reform immer lauter.

Conring selbst forderte zunächst als ersten Schritt die Herstellung eines einheitlichen geordneten Textes – eines „libellus singularis“ oder „libellus exiguus“, der alle geltenden Regeln enthalten sollte und alles Obsolete ausscheiden sollte. Conring war es aber darüber hinaus klar, daß man im Ergebnis ein ganz neues Gesetzbuch benötigen würde, das der absolute Fürst erlassen sollte. Conring nannte das ein „novum corpus iuris“. Leibniz meinte dasselbe, wenn er von einem neuen „Codex“ sprach. Dieses neue Corpus iuris sollte alle Normen des Privatrechts in einem Buch zusammenfassen. Es sollte vollständig sein und alles andere Recht – insbesondere Gewohnheitsrecht – ausschließen. Weiter mußte es in der Landessprache geschrieben werden, sollte systematisch geordnet sein; abstrakte Regeln und keine Fälle enthalten und möglichst wenig Raum für Interpretation lassen. Es sollte für Beschleunigung der Rechtspflege und Rechtssicherheit sorgen und Advokaten überflüssig machen. Somit war in technischer und methodischer Hinsicht völlig klar, was man sich im Zeitalter des Naturrechts von einer Kodifikation erhoffte.

3. Inhalt

Auffallend ist, daß die im 17. Jahrhundert und auch im 18. Jahrhundert geführte Diskussion sich mehr mit den rechtstechnischen Problemen beschäftigte als mit den inhaltlichen Postulaten an ein „Novum Corpus Iuris". Inhaltlich war man weitgehend mit den Prinzipien des römischen Rechts einverstanden. Die Existenz einer auf Eigentum und Vertrag gegründeten Privatrechtsordnung als Grundlage der staatlichen Gesellschaft ist nie in Frage gestellt worden. Nur im Bereich des Naturrechts gab es eine Diskussion über rechtspolitische Grundsatzprobleme.

Zur Klarstellung muß man betonen, daß das Privatrecht seit den Tagen des republikanischen Rom in der staatlichen Ordnung Europas stets präsent war. Die Christianisierung der römischen Welt hat kein neues Staatsmodell hervorgebracht. Daher ist das Privatrecht in den germanischen Staaten, die das christianisierte römische Erbe angetreten haben, erhalten geblieben. Lehnswesen und mittelalterliches Städtewesen haben auf Privatrecht nicht verzichten können. Und der mit Beginn des 16. Jahrhunderts beginnende bürgerliche Kapitalismus setzte erst recht die Existenz eines Privatrechts voraus. Dabei ist jedoch zu beobachten, daß sich das Privatrecht von Anfang an in einem Spannungsfeld befand zwischen dem autonomen Individuum, das sein Recht geschützt wissen will, einerseits und der Gemeinschaft, die Anforderungen stellt und Leistungen erbringt, andererseits. Diese Spannung weist nicht nur auf den Unterschied von öffentlichrechtlichem Über- und Unterordnungsverhältnis und privatrechtlichem Gleichordnungsverhältnis hin, sondern führt auch innerhalb des Privatrechts zu der Notwendigkeit, stets die individuelle Freiheit abzuwägen gegen objektive Pflichten, die dem einzelnen auch im Privatrecht im Gemeinschaftsinteresse im Rechtsverkehr auferlegt werden müssen. In großen Zügen gesehen war der Ausgangspunkt im antiken Rom eher liberal. Aspekte des Wohlwollens wurden durch die christlichen Kaiser der Spätantike eingebracht und dann im Mittelalter durch das Recht der Kirche verstärkt. Zu Beginn des Zeitalters des Humanismus sieht man wieder eher individualistische Tendenzen am Werk.

Die Frage scheint also zu sein, wie das ALR in diese Bewegung einzuordnen ist. Wenn man nach einer Antwort auf diese Frage sucht, fällt als erstes auf, daß die Naturrechtsphilosophie des 17. Jahrhunderts das Problem des Privatrechts völlig neu durchdacht hat – gleichsam das Privatrecht als solches zur Disposition gestellt hat.

Das wird am deutlichsten bei Leibniz (1646–1716): Leibniz ist der Naturrechtslehrer, der sich am gründlichsten mit der Frage nach der prinzipiellen Notwendigkeit eines Privatrechts auseinandergesetzt hat. Leibniz' utopisches Ideal war der Gottesstaat, die „Cité de Dieu", die „optima respublica", in der alles dem gemeinen Nutzen, dem „bonum commune", untergeordnet war, in der aber von seiten des Staates für den einzelnen allumfassende Fürsorge geübt wurde. Das wäre eine Gesellschaft, in der – wie Leibniz sagt – alles in der Verfügungsgewalt und in der Obhut des Staates stünde und dem einzelnen der Anteil an der Arbeit für das Gemeinwohl, aber auch der Anteil am Erfolg vom Staate zugeteilt würde. Im Grunde würden in einem solchen Staat, sagt Leibniz, alle Menschen wie in einem Kloster leben und gegenseitiges Wohlwollen und gegenseitige Wohltaten träten an die Stelle von Geld- und Rechtsbeziehungen.

Im Ergebnis hielt Leibniz ein solches Ideal aber für undurchführbar und entschied sich für eine auf Privatrecht gegründete Gesellschaft, in der alle Menschen frei und gleich sind. Sie sorgen durch Arbeit und Austausch für ihre eigenen Bedürfnisse und können dabei mit Glück Reichtum anhäufen, tragen aber auch das Risiko, arm zu bleiben. In einer solchen Gesellschaft greift der Staat nicht verteilend ein, sondern schützt nur die Freiheit des Erwerbs, des Genusses und des Austausches von Gütern.

Aber in diesem auf Privatrecht, auf Eigentum und Vertrag gegründeten Staat bleiben nach Leibniz einige Prinzipien der idealen Optima Respublica erhalten:
Die Grenze der Freiheit ist da erreicht, wo der Gebrauch der Freiheit den Nutzen des einen nicht mehr erhöht, aber einem anderen schädlich ist (Prinzip der Proportionalität). Und positiv gesehen ist der einzelne da gegenüber seinen Mitmenschen sogar zum Austeilen von Wohltaten und zur Hilfe verpflichtet, wo er die Hilfe gegenüber einem Bedürftigen erbringen kann, ohne einen eigenen Nachteil zu erleiden. Das ist es, was Suarez später als Prinzip des Wohlwollens bezeichnen wird. Durch dieses Prinzip wird der einzelne verpflichtet, bei der Herstellung der staatlichen iustitia distributiva mitzuwirken. Nicht der Egoismus der Eigentümer, sondern die Kooperation der Rechtsgenossen soll den Geist des Privatrechts bestimmen. Dieses Prinzip wurde bei dem gleichzeitig mit Leibniz lehrenden Pufendorf besonders deutlich. Für Pufendorfs Naturrecht ist die Spannung zwischen „Egoismus und Solidarität" kennzeichnend[4]. In seinem System steht an dritter und wichtigster Stelle der Pflichten aller gegen alle, die mit Rücksicht auf das Leben in der Gesellschaft zu erfüllen sind: Jeder muß den Vorteil des anderen fördern, soweit er es ohne eigene Einbuße tun kann. Dieses ist für Pufendorf die wichtigste der zwischenmenschlichen Pflichten, weil auf ihr, vermittelt durch das Gebot der Dankbarkeit für erfahrene Hilfe, der Vertrag beruht. Pufendorf sagt: „Damit also die zwischenmenschlichen Pflichten, die eine Folge des Zusam-

4 V. Fiorillo, Tra egoismo e socialità, Neapel 1992.

menlebens in der Gesellschaft sind, um so regelmäßiger und nach festen Normen erfüllt werden, ist es notwendig, daß die Menschen Verträge miteinander abschließen über den Austausch von gegenseitigen Leistungen, die sie allein nach den Gesetzen der Menschlichkeit sich nicht einseitig von anderen versprechen lassen können“[5]. Dieser Text von Pufendorf zeigt, daß mit Leibniz' Entscheidung gegen einen klösterlich-kommunistischen Gottesstaat endgültig die Entscheidung für eine auf Privatrecht beruhende Gesellschaft gefallen ist. Hauptproblem bleibt die Anschlußfrage, ob und inwieweit das Privatrecht soziale Aufgaben erfüllen soll und kann.

In dieser Hinsicht müßte man m.E. deutlicher, als das bisher geschehen ist, zwei Traditionen unterscheiden: Erstens die von Leibniz begründete Linie, wozu insbesondere Pufendorf und Chr. Wolff gehören, die dem Privatrecht soziale Pflichten zuordnet. Und zweitens eine liberale Richtung, wozu man bereits Grotius rechnen kann, in erster Linie aber Thomasius. Diese Linie führt hin zu Kant, nicht weil Kant an Thomasius anknüpft, sondern weil diese Spielart des Naturrechts im 19. Jahrhundert meist mit dem Namen von Kant verbunden wurde. Damit haben wir das Material zur Bewertung des ALR als naturrechtliche Kodifikation sowohl in methodischer (oben 2) als auch in inhaltlicher Hinsicht (3) in der Hand.

4. Das Landrecht

Stark vereinfachend gesprochen kann man sagen, daß die Nachfolger von Conring und Leibniz die Probleme einer Kodifikation des Privatrechts in technischer und inhaltlicher Hinsicht soweit ausdiskutiert hatten, daß sich der Fürst als Gesetzgeber im absoluten Staat nun endlich ans Werk machen konnte.

Leibniz bot dem Kaiser in Wien seine Dienste an. Der konnte sie aber nicht in Anspruch nehmen, weil zu dieser Zeit Wien von den Türken bedroht war. Aber auch nach dem Ende der Türkengefahr war die Zentralgewalt des Deutschen Reiches zu schwach für eine so große Aufgabe wie eine Kodifikation des Privatrechts. Die staatlichen Aktivitäten verlagerten sich in dieser Zeit mehr und mehr auf die Länder. So beauftragte der preußische König Friedrich Wilhelm I. im Jahre 1714 den Hallenser Rechtslehrer und Philosophen Christian Thomasius (1655–1728) mit den Vorarbeiten für eine Kodifikation. Thomasius war aber vom Nutzen solcher Gesetze nicht überzeugt. Daher führten die schon 1714 gefaßten

5 S. von Pufendorf, Über die Pflicht des Menschen und des Bürgers, dt. von K. Luig, Frankfurt/Main 1994, Buch 1, Kap. 9, § 2, S. 86.

Pläne für eine Kodifikation erst im Jahre 1794 zum Erfolg. Die einzelnen Phasen der Ausarbeitung sind bekannt. Hier geht es mehr um den Versuch einer Gesamtwürdigung. Was eine solche Gesamtwürdigung anbelangt, schwirren viele Schlagworte durch die Luft, so daß man kaum hoffen darf, noch etwas Neues sagen zu können. Die Urteile sind teils negativ: Zu dick – ängstliche Kasuistik – Bevormundung des Bürgers, Ständestaat; aber es gibt auch positive Stichworte, wie Menschenrechte, Rechtsstaat, Verfassung, Weichenstellung für die bürgerliche Eigentumsgesellschaft. Und bei diesen Gegensätzen darf natürlich auch das Bild vom Januskopf nicht fehlen.

Die Bewertung des ALR kann man von zwei Seiten aus in Angriff nehmen, einmal gleichsam von innen heraus, bei der Person von Friedrich d. Gr. und seinen Plänen ansetzend, und einmal mehr von der heutigen höheren Warte aus gesehen, indem man nämlich betrachtet, was später aus dem Gesetz gemacht worden ist und welche Wirkung ihm beschieden war.

a) Die Absichten des Gesetzgebers

Schon in seiner Abhandlung über die Grundlagen der Gesetzgebung hatte sich Friedrich d. Gr. im Jahre 1749 über seine Ideale erklärt. Dort heißt es[6]: „Ein vollkommenes Gesetzbuch wäre das Meisterstück des menschlichen Verstandes im Bereiche der Regierungskunst. Man müßte darin Einheit des Planes und so genaue und abgemessene Bestimmungen finden, daß ein nach ihnen regierter Staat einem Uhrwerk gliche, in dem alle Triebfedern nur einen Zweck haben. Man fände darin ferner tiefe Kenntnis des menschlichen Herzens und des Nationalcharakters. Die Strafen wären mäßig, so daß sie die guten Sitten erhielten, ohne zu streng noch zu milde zu sein. Die einzelnen Bestimmungen müßten so klar und genau sein, daß jeder Streit um die Auslegung ausgeschlossen wäre. Sie würden in einer erlesenen Auswahl des Besten bestehen, was die bürgerlichen Gesetze ausgesprochen haben, und in einfacher und sinnreicher Weise den heimischen Gebräuchen angepaßt sein. Alles wäre vorausgesehen, alles in Einklang gebracht, nichts würde zu Unzuträglichkeiten führen . . .“.

Die sinntragenden Worte dieses Textes sind: „Einheit des Planes, klare und genaue Bestimmungen, Uhrwerk, kein Streit um Auslegung, einfach und sinnreich, alles vorausgesehen, alles in Einklang gebracht.“ Daneben werden zwar auch das menschliche Herz und der Nationalcharakter, die

6 Nach H. Hattenhauer, Einführung in: Allgemeines Landrecht für die Preußischen Staaten von 1794, 2. Aufl., Neuwied 1994, S. 2.

guten Sitten und die heimischen Gebräuche genannt. Aber es fällt doch auf, daß die technische Perfektion des Gesetzes im Vordergrund des Interesses steht. Trotz Nennung der guten Sitten werden die rechtspolitischen Präferenzen des Königs nicht geoffenbart.

Das ist auch noch der Geist der Kabinetts-Ordre vom 14. April 1780, die das Signal zur Fortsetzung der Arbeiten gegeben hat. Hier heißt es in bezug auf das Corpus iuris civilis[7]: „Es muß also nur das Wesentliche mit dem Natur-Gesetz und der heutigen Verfassung übereinstimmende aus demselben abstrahirt, das Unnütze weggelassen; Unsre eigene Landes-Gesetze am gehörigen Orte eingeschaltet ... werden." Wenn man so vorgeht, dann entsteht ein Gesetz für die Untertanen, das „in ihrer eigenen Sprache abgefaßt, genau bestimmt, und vollständig" ist[8].

Friedrichs emotionale Stellungnahme in der Sache des Müllers Arnold offenbart dann aber doch auch inhaltliche, rechtsethische Prinzipien. Dabei ging es nicht nur um die Schnelligkeit und Sicherheit der Rechtspflege, sondern auch darum, „daß mit einer Egalité gegen alle Leute verfahren wird, die vor die Justiz kommen, es sey ein Printz oder ein Bauer; denn da muß alles gleich seyn"[9]. Auch in einer allegorischen Darstellung des Eingreifens des Königs sind im Vordergrund die Armen zu sehen, wie sie vertrauensvoll zu ihrem König als Richter aufblicken[10]. Hier erscheint also der Schutz der Schwachen ganz deutlich als Aufgabe des Privatrechts.

Genauere Auskünfte erhalten wir bei Suarez, wenn wir das Zitat vollständig lesen, das als Motto meines Vortrages dient. Das Zitat lautet[11]: „Sicherheit des Eigentums und der Rechte für jeden einzelnen durch die vereinten Kräfte aller, ungestörter Gebrauch der natürlichen Freiheit eines jeden, soweit damit die Sicherheit und Freiheit der übrigen bestehen kann, Erleichterung der Mittel und Gelegenheiten zur Beförderung des Privatwohlstandes durch Veranstaltungen zur Ausbildung des Verstandes und Herzens, wodurch allein Neigung und Bereitwilligkeit zur Erfüllung der Pflichten des Wohlwollens erreicht werden kann – das sind die großen und wichtigen Ziele der bürgerlichen Gesellschaft ..." – und ihrer Privatrechtskodifikation. Wenn man diesen Text sorgfältig liest, am besten zweimal jeweils mit dem Ton auf anderen Worten, bemerkt man, daß hier nicht nur die Rede ist von der Sicherheit des Eigentums und der Rechts, der natürlichen Freiheit und dem Privatwohlstand, sondern auch von den

7 Abgedruckt bei Hattenhauer (oben Note 6), S. 46.

8 Hattenhauer, S. 45.

9 Katalog: Allgemeines Landrecht für die Preussischen Staaten 1794, Ausstellung des Geheimen Staatsarchivs Preußischer Kulturbesitz in Berlin, Mainz 1994, Nr. 39.

10 Katalog Nr. 41.

11 Zit. bei Coing, Epochen (oben Note 1), S. 72–73.

vereinten Kräften aller, von der Sicherheit und Freiheit der anderen, von der Ausbildung des Herzens und alles zusammenfassend von den Pflichten des Wohlwollens. Diese „Pflicht des Wohlwollens" war nun, wie gezeigt, schon eines der Schlüsselworte der naturrechtlichen Pflichtenlehre von Pufendorf, Leibniz und Christian Wolff.

Der Müller-Arnold-Fall ist in der Lage zu offenbaren, was mit diesem „Wohlwollen" im Bereiche des Privatrechts gemeint sein kann. Ich mache gleichsam die Probe aufs Exempel: Denn wenn der Prozeß des Müllers Arnold den Anstoß zur Wiederaufnahme der Arbeiten am Gesetzbuch gegeben hat, dann war es ja auch Aufgabe des neuen Großkanzlers, ein Gesetzbuch auszuarbeiten, das einen zweiten Fall „Müller Arnold" unmöglich machen würde. Wir wollen sehen, ob dieses Ziel erreicht worden ist.

Die Mühle, um die es in diesem Prozeß des Müllers Arnold ging, gehörte dem Grafen Schmettau. Die Familie des Müllers hatte daran seit vielen Generationen ein vererbliches Nutzungsrecht, für das ein bestimmter jährlicher Zins zu zahlen war. Wenn der jeweilige Inhaber der Mühle starb, wurde die Mühle schon seit mehreren Generationen vom ältesten Sohn übernommen. Dieser Sohn mußte aber die übrigen Erben abfinden. Das geschah durch einen Vertrag, der als „Erbkauf" bezeichnet wurde, d.h. der die Mühle übernehmende Erbe kaufte seinen Miterben ihren Anteil an der Berechtigung an der Mühle ab. Die Übernahmeverträge wurden stets von den Grafen Schmettau „confirmiert". In diesen „Confirmationen" werden die Grafen Schmettau als „gebietende Herrschaft" und als „Grund- und Gerichtsherr" bezeichnet. Der übernehmende Miterbe, der neue Müller, wird als „Erbbesitzer" bezeichnet, dem die Mühle „erb- und eigenthümlich" zugehöre[12].

In den Prozessen des Müllers Arnold ging es nun um den jährlich an den Grundherren, den Grafen, zu zahlenden Zins. Es war folgendes passiert: Im Jahre 1770 hatte ein anderer Gutsbesitzer namens von Gersdorf, der sein Gut oberhalb der Mühle am Mühlenbach hatte, einen Karpfenteich angelegt. Deswegen bekam die Mühle nicht mehr genug Wasser, die Erträge des Müllers Arnold gingen zurück, und er konnte den seinem Grundherrn geschuldeten Zins nicht mehr bezahlen. Der Grundherr klagte auf Zahlung und obsiegte in allen Instanzen. Erst dann schaltete sich aufgrund einer „Supplik" der Müllerin der König in die Sache ein und setzte den Müller wieder in sein Recht ein. Dabei hat der König formell die auch einem absoluten Monarchen gesetzten Grenzen – die er sich ja zum Teil selbst gesetzt hatte – überschritten. Die Frage, die uns

---

12 Alles Nähere dazu bei: M. Diesselhorst, Die Prozesse des Müllers Arnold und das Eingreifen Friedrichs des Grossen, Göttingen 1984, S. 17, 72–73.

hier interessiert, ist aber, ob der König damit materiellrechtlich gesehen wenigstens das Richtige getan und, wenn auch unter Überschreitung seiner Befugnisse zum Eingriff in die Rechtspflege, ein Unrechtsurteil beseitigt hat. Das ist nicht ganz einfach zu beurteilen.

Die Motive des Königs ergeben sich aus einem Protokoll, das er seinem Geheimen Kabinettsrat diktiert hat. Der König stellte die Frage[13]: „Wenn man eine Sentenz gegen einen Bauer sprechen will, dem man seinen Wagen und Pflug und alles genommen hat, wovon er sich nähren und seine Abgaben bezahlen soll, kann man das thun?" Die Antwort darauf kann nur „Nein" sein. Und dann stellt der König die weitere Frage: „Kann man einem Müller, der kein Wasser hat und also nicht mahlen und also auch nichts verdienen kann, die Mühle deshalben nehmen, weil er keine Pacht bezahlet hat?" Die Antwort darauf kann in den Augen des Königs auch nur „Nein" sein. Somit haben die Richter, die den Müller zur Zahlung der Pacht verurteilt haben, ein ungerechtes Urteil gefällt, das der König aufheben muß. Und gleichzeitig beschließt der König, ein Recht zu reformieren, das derart ungerechte Urteile überhaupt möglich macht.

Wie war aber nun dieses Recht? Die Gerichte, die die Zahlungsklage wegen der Pacht des Grafen gegen den Müller zu beurteilen hatten, hatten der Klage stattgegeben, erstens, weil den Grafen kein Verschulden an dem Wassermangel treffe und zweitens, weil sich der Müller zuerst an den Nachbarn halten müsse, der ihm das Wasser abgegraben und den Teich angelegt habe[14].

Diese Begründung war auch nach dem in der Zeit vor Erlaß des ALR geltenden Recht verfehlt. Das Verschulden des Grafen stand gar nicht zur Debatte. Es war vielmehr so, daß auch in Preußen die römisch-rechtliche Regel galt, daß ein Pächter dann von der Zahlung des Pachtzinses frei wird, wenn er infolge von Zufall und höherer Gewalt, wie Hagelschauer, Unwetter, Mißwuchs und dergleichen keine Ernte einbringen kann. Dieses Prinzip wäre natürlich ohne weiteres auch auf den Pächter einer Mühle anwendbar gewesen. Es ging also um das Risiko für zufällige Schäden und nicht um Verschulden.

Die Frage ist, warum die Richter dieses Prinzip nicht auch auf den Müller Arnold angewendet haben. Aus den Akten ergibt sich nichts. Doch lassen sich Vermutungen anstellen. Das führt zu folgendem: Wenn das Recht des Müllers Arnold an der Mühle kein Erbpachtrecht, sondern ein Erbzinsrecht war, dann haben ihm die Richter zu Recht den Zinsnachlaß verweigert. Denn nach römisch-gemeinem Recht konnte der

13 Diesselhorst, S. 52, 53.
14 Diesselhorst, S. 11, 15, 77 und 136.

Inhaber eines Erbzinsrechts sich im Gegensatz zu einem normalen Pächter und einem Erbpächter seinem Grundherrn gegenüber nicht darauf berufen, er haben wegen Trockenheit keine Ernte einbringen können.

Das Problem bei der Sache war aber nun, daß es nicht leicht war, zwischen einer Erbpacht, bei der bei Mißernte ein Anspruch auf Nachlaß des Pachtzinses bestand, und einem Erbzinsrecht ohne Aussicht auf Nachlaß zu unterscheiden. Oft gab es, wie in unserem Falle, gar keine Urkunden über die Begründung des Rechts des Pächters, oft wurden keine eindeutigen Begriffe verwendet. Die herrschende Lehre im gemeinen Recht stellte daher allein auf die Höhe des geschuldeten Zinses ab. Hatte der Rechtsinhaber an den Gutsherren einen Zins von einer erheblichen Höhe zu zahlen, so handelte es sich um eine Erbpacht. War aber der Zins nur eine geringe Zahlung gleichsam zur formellen Anerkennung des bestehenden Obereigentums des Gutsherrn, so nahm man ein Erbzinsverhältnis an.

Da nun auch im Falle des Müllers Arnold eine Urkunde über die erste Begründung der Pacht nicht existierte und die weiteren Übertragungsurkunden von Pächter zu Pächter kein eindeutiges Vokabular verwenden, war die Rechtslage in der Tat nicht leicht zu beurteilen. Offensichtlich haben aber die Gerichte seinerzeit nicht versucht, unter Abstellung auf das übliche Kriterium der Höhe des Zinses zuerst einmal die Rechtslage des Müllers genau zu definieren. Das hätte nach den Untersuchungen von Diesselhorst dazu führen müssen, daß der Müller als Erbpächter zu beurteilen gewesen wäre. Die Gerichte, die ihm das volle Risiko für den Betrieb der Mühle auferlegt haben, betrachteten ihn jedoch eher als Erbzinsmann.

Angesichte dieser Schwierigkeiten hätte es nahegelegen, daß eine Rechtsform, die auf Sicherheit und Schnelligkeit bedacht ist, den Unterschied zwischen Erbpacht und Erbzins beseitigt hätte. Weiter hätte es wohl auch – sozialpolitisch gesehen – der vielzitierten Weichenstellung zur Eigentümergesellschaft des 19. Jahrhunderts entsprochen, wenn man bei dieser Gelegenheit den Zinsnachlaß für den Pächter beseitigt hätte, der ja im Mittelalter und der führen Neuzeit vorwiegend als Ausfluß „wohlwollender" Rücksichtnahme auf einen dem Pächter entstandenen Schaden angesehen worden war, der aber zu einem modernen liberalen Privatrecht nicht mehr so recht paßte. Kennzeichen dafür ist, daß Hugo Grotius, den ich hier der liberalen Spielart eines natürlichen Privatrechts zuordnen möchte, der Gewährung eines Zinsnachlasses an den Pächter wegen mangelnder Erträge ablehnend gegenüber stand[15].

---

15 H. Grotius, De iure belli ac pacis, Paris 1625. W. Ernst, Das Nutzungsrisiko bei der Pacht, SZRom 105 (1988) 579.

Das ALR verzichtet aber in dieser Frage auf Schnelligkeit und Sicherheit und läßt den traditionellen Unterschied zwischen Erbpacht und Erbzins, je nach der Höhe des geschuldeten Zinses, bestehen. Rechtstechnisch verbleibt es also bei kasuistischen Abstufungen, die Gerechtigkeit im Einzelfall ermöglichen sollen. Noch bemerkenswerter aber ist, daß dabei inhaltlich eine Lösung den Vorrang bekommt, die in dem Verhältnis von – vermutlich sozial besser gestelltem – Grundherrn zum Inhaber eines Nutzungsrechts, der wohl zu den sozial Schwachen gerechnet wird, den Pächter begünstigt. Denn das ALR versucht als Antwort auf den Müller-Arnold-Fall, auch dem Inhaber eines Erbzinsrechtes, der nach römischem Recht stets auf das eigene Risiko verwiesen worden wäre, zu helfen und läßt ihn wenigstens teilweise in den Genuß eines aus Billigkeitsgründen gewährten Nachlasses des Zinses kommen. §§ 758, 759 I 18 lauten zwar: „Dagegen ist aber auch der Erbzinsmann, wegen erlittener Unglücksfälle und Verlustes an den Nutzungen, Erlaß am Zinse zu fordern nicht berechtigt." Dann aber heißt es weiter: „Hat das Gut, ohne Verschulden des Besitzers, in einem und anderen Jahre weniger eingebracht, als der Zins beträgt: so kann der Erbzinsmann bloß Nachsicht fordern." Das ist eine moralische Vorschrift, die eigentlich nicht ins Gesetz gehört: Das Gesetz gewährt dem Schuldner das Recht, den Gläubiger um Nachsicht zu bitten. Dahinter steht inhaltlich der Gedanke, daß der Gläubiger auch zur Nachsicht verpflichtet ist, wenn er ohne eigenen Schaden auf den Zins verzichten kann und der Erbzinsmann wirklich in Not war, so daß ihm durch diesen Erlaß geholfen wird. Das ist das „Wohlwollen", von dem Suarez sprach. Auf diese Weise führt der Müller-Arnold-Fall zum Kern des Gesetzbuches. Das ALR ordnet nicht nur die Rechte der Eigentümer, sondern versucht, auch Einfluß zu nehmen auf die Moral der Bürger. Es appelliert an Nachsicht und Wohlwollen. Damit scheint mir klar zu sein, daß man es als eines der charakteristischen Merkmale des Privatrechts des ALR ansehen muß, daß das positive Recht für den Fall, daß jemand hilfsbedürftig ist oder jemandem ein Schaden entsteht, versucht, an die Gemeinschaftspflichten der Mitbürger zu appellieren. Der Staat hilft, indem er andere Bürger zum Ausgleich heranzieht. Wenn man darauf einmal aufmerksam geworden ist, findet man leicht weitere Fälle dieser Art, die insgesamt für den Geist des ALR charakteristisch sind. § 73 und § 74 der Einleitung sagen es sehr deutlich: § 73 „Ein jedes Mitglied des Staates ist, das Wohl und die Sicherheit des gemeinen Wesens, nach dem Verhältniß seines Standes und Vermögens, zu unterstützen verpflichtet". § 74 „Einzelne Rechte und Vortheile der Mitglieder des Staats müssen den Rechten und Pflichten zur Beförderung des gemeinschaftlichen Wohls, wenn zwischen beyden ein wirklicher Widerspruch (Collision) eintritt, nachstehn".

Diese Prinzipien strahlen in zahlreiche Einzelregelungen des Gesetzbuchs aus. Schwennicke führt die Beispiele der Behandlung der Unkenntnis des Gesetzes und der Auswanderungsproblematik an[16].

In das Bild gehört weiter die Haftung für enttäuschtes Vertrauen in Fällen, die man heute der Haftung für culpa in contrahendo zuordnen würde[17].

Eine ganze Reihe weiterer Regeln, die man als Folge naturrechtlichen Pflichtdenkens ansehen muß, kann hier nur kurz aufgelistet werden.

Wenn man keinen Nachteil erleidet, muß man sein Privateigentum anderen opfern. ALR I. 8. § 29 lautet: „Der Staat kann das Privateigentum seiner Bürger einschränken, wenn dadurch ein erheblicher Schaden von anderen abgewendet wird oder anderen ein beträchtlicher Vorteil verschafft wird, beides aber ohne jeden Nachteil des Eigentümers geschehen kann". Von Entschädigung ist nicht die Rede. Nur wenn der Eigentümer dabei einen Schaden erleidet, muß der Staat ihn entschädigen. Von dem moralischen Prinzip der „innoxia utilitas" wird hier das für das positive Recht gerettet, was sich in einem Gesetz verwirklichen läßt.

Die Kehrseite der Medaille ist, daß man nach ALR I. 5. § 70 ein Recht, dessen Durchsetzung einem keinen Nutzen bringt, aufgeben muß. Verträge, deren Erfüllung niemandem einen Vorteil bringt, müssen auf Antrag dessen, der belastet wird, von dem Richter aufgehoben werden.

Ausdruck dieses Prinzips ist weiter auch, daß man sich im Vertrag auf ungünstige Änderungen der tatsächlichen Lage berufen kann[18]. Wenn durch unvorhergesehene Änderungen die Erreichung des Zwecks eines Geschäftes unmöglich gemacht wird, so können die Vertragspartner vom Vertrag Abstand nehmen.

Das Prinzip wird auch bei der Irrtumslehre deutlich. Der Irrtum trifft den Irrenden nicht wie ein Zufallsschaden den Eigentümer trifft – das war die Sicht von Thomasius und seines liberalen Privatrechts[19], sondern der Irrende kann den Vertragspartner in die Sache hineinziehen und das irrtümlich geschlossene Geschäft als ungültig behandeln[20]. Das gilt selbst dann, wenn der Irrtum vermeidbar war. Allerdings schuldet der Irrende dem Vertragspartner Schadensersatz.

Eine ähnliche Beobachtung läßt sich beim Kaufvertrag machen. Ein auf Schnelligkeit und Leichtigkeit im Verkehr abstellendes Privatrecht läßt

---

16 A. Schwennicke, Die Entstehung der Einleitung des Preußischen Allgemeinen Landrechts von 1794, Frankfurt/Main 1993, S. 383, 357.

17 ALR I. 5. §§ 284, 285; ähnlich auch I. 5. § 33.

18 ALR I. 5. § 378.

19 Chr. Thomasius, Institutiones jurisprudentiae divinae, Lipsiae 1687, 2.70.38–40.

20 ALR I. 4. § 78.

das Eigentum an der verkauften Sache unabhängig von der Kaufpreiszahlung einfach durch Übergabe übergehen. Der Verkäufer ist dann wegen des Kaufpreises auf die Zahlungsklage angewiesen; einen Rücktritt mit Rückforderung der Sache gibt es nicht. Auf diesem Prinzip beruht auch das ALR. Um die für den Verkäufer damit verbundene Gefahr zu mildern, geht das ALR aber hin und gibt dem Verkäufer nach Übergabe der Sache eine achttägige Frist zur Rückforderung seines Eigentums (ALR I. 11. §§ 224, 226, 230, 231). Weiter sind unter diesem Aspekt häufig erwähnt worden oder müßten jedenfalls in diesem Zusammenhang gewürdigt werden: Das Zinsmaximum (I. 11. § 804 ALR), der Schutz des übervorteilten Käufers (I. 11. § 58 ALR), das ius ad rem (I. 2. §§ 122–124), der Grundsatz Kauf bricht Miete (I. 21. § 358 ALR), der gutgläubige Erwerb (I. 15. § 42 ALR), die Bindung an den Antrag (I. 5. § 78 ALR)[21], das Nachbarrecht (I. 9. § 289, § 290 ALR), das Nachbesserungsrecht des Verkäufers (I. 5. § 326 ALR), die Lehre von Titulus und Modus bei der Eigentumsübertragung (I. 10. §§ 1 ff.)[22], der Ausschluß des generellen Rücktrittsrechts (I. 5. § 393 ALR), die Abstufung des Schadensersatzanspruchs nach dem Maß des Verschuldens (I. 5. § 360), die restriktive Regelung des Eigentumsvorbehaltes (I. 11. § 268, § 269)[23] sowie auch die Beibehaltung eines Restes des Lex Anastasiana (I. 11. § 425 ALR).

b) Die historische Perspektive

Soweit die Betrachtung des ALR von innen. Wenn man sich auf eine höhere Warte begibt und aus der Vogelperspektive der Geschichte das ALR und sein Schicksal im Laufe der Zeiten betrachtet, zeigt sich, daß die Nachwelt für die Betonung des Wohlwollens im ALR zunächst wenig Verständnis gehabt hat. Der Eigentümergesellschaft des 19. Jahrhunderts wird dieser Zug lästig sein. Das gilt zunächst für die Pacht: Im Jahre 1882 heißt es in dem Lehrbuch des Preußischen Privatrechts von Förster und Eccius[24] ganz generell zu jeder Art von Nachlaß aus Pachtzins: „Wenn dennoch das positive Recht den Verpächter in die Mitleidenschaft der Gefahr zieht, daß ein Fruchtbezug ausbleibt, ... und wenn es ihm ansinnt, in einem solchen Falle einen Nachlaß am Zins zu erleiden, so mag

21 Dazu H. Dernburg, Lehrbuch des Preußischen Privatrechts, Halle 1875, I S. 199 bei Note 2.

22 Dazu A. Menger, Das bürgerliche Recht und die besitzlosen Volksklassen, Tübingen 1890, S. 113.

23 R. Fendel, Der Berliner Möbelleih-Vertrag, Baden-Baden 1991, S. 50.

24. F. Förster, Theorie und Praxis des heutigen gemeinen preußischen Privatrechts, 4. Aufl. von M. E. Eccius, Berlin 1882, Bd. II, S. 266.

sich dafür Billigkeit geltend machen lassen ... einen juristischen Rechtfertigungsgrund giebt es dafür nicht."

Auf Förster folgt aber Heinrich Dernburg und setzt den alten Geist des ALR wieder in seine Rechte ein. Dernburg selbst beschrieb das so, daß er versucht habe, eine Wissenschaft vom preußischen Privatrecht zu begründen. Das würde zunächst mehr die technische Seite betreffen. Landsberg wird dann die wissenschaftliche Arbeit von Dernburg als „sozialpraktisch" bezeichnen. Damit ist auch die politische Tendenz festgestellt. Im Gegensatz zur Arbeit von Förster und anderen älteren Bearbeitungen des ALR, die sich willig dem liberalen Geist der im 19. Jahrhundert herrschenden Pandektenwissenschaft unterwarfen – das ist rechtspolitisch gesehen mit „Zurückromanisierung" des ALR gemeint –, versucht Dernburg den sozialen Gehalt des Privatrechts des ALR auszuschöpfen. Bei seiner Darstellung des Pachtrechts sagt Dernburg mit deutlicher Wendung gegen Förster[25]: „Die Remissionsforderung hatte ihre juristische Rechtfertigung darin, daß der Verpächter die Gefahr trägt, sie erschien aber auch als Postulat der Billigkeit." Darin zeigt sich, daß Dernburg nichts gegen das Postulat der Billigkeit einzuwenden hatte, nichts gegen die Mitleidenschaft unter den Bürgern. Aber Dernburg will die Mitte wahren[26]: „Indem man endlich die Privaten dadurch zu fördern suchte, daß man sie zum Gegenstand der Staatsfürsorge und vielfacher Bevormundung machte, hemmte man die Entfaltung individueller Selbständigkeit und die Entwickelung des Verkehrs, dessen Lebensbedingung freie Bewegung ist." Letztlich bezeichnet aber Dernburg das ALR gerade wegen seiner sozialen Züge als die „bedeutendste civilistische Schöpfung des deutschen Volksgeistes". Deswegen hätte Dernburg es gerne gesehen, wenn man sich bei der Arbeit am BGB mehr an dem Vorbild des ALR orientiert hätte.

Damit nähert sich der „Spätpandektist" Dernburg dem Germanisten Otto Gierke, dem großen Befürworter eines Privatrechts, das auch soziale Aufgaben erfüllt. Das ALR spielte auch für Gierke eine große Rolle: In seiner Kritik am Ersten Entwurf für das BGB sagte Gierke[27]: „Allein ist nicht das Preußische Landrecht ein deutsches Gesetzbuch? Und hat nicht diese älteste Kodifikation des neueren Europa vor nunmehr fast einem Jahrhundert uns ein Werk vor Augen gestellt, welches mit allen Mängeln seiner Zeit behaftet ist, aber an deutschem, volkstümlichem, schöpferischem, socialem Geist diesen Entwurf turmhoch überragt"?

25 Dernburg II § 170, S. 413.
26 Dernburg I, § 7 S. 12.
27 O. Gierke, Der Entwurf eines bürgerlichen Gesetzbuches und das deutsche Recht, Leipzig 1889, S. 14.

Das bedeutet aber doch im Ergebnis, daß der berühmte Tropfen „socialistischen Öls", den Heinrich Brunner[28] und Otto Gierke am Ersten Entwurf des BGB vermißten, leicht dem Vorrat des ALR hätte entnommen werden können. Bezeichnend dafür ist, daß Jhering seinen Kampf gegen einen inzwischen unsozialen „Romanismus" im Falle der culpa in contrahendo auf einem Felde geführt hat, auf dem er sich leicht Hilfe beim ALR hätte holen können. Aber letztlich wurde das ALR bei der Schaffung des BGB nicht zum Vorbild genommen. Weder seine kasuistische Technik noch sein System noch seine Tendenz zur Billigkeit schienen dem Gesetzgeber am Ende des 19. Jahrhunderts als bewahrenswert[29]. Damit ist das ALR bis auf gelegentliche selektive Zitate von §§ 74/75 Einl. ALR, „10 II 17" ALR und dem Recht des Ungeborenen (I. 1. § 10) aus der rechtspolitischen Debatte verschwunden.

Doch der Schein trügt, wenn wir unseren Blick aus der Vogelperspektive nicht nur vom 19. Jahrhundert aus auf das ALR werfen, sondern uns auf die Höhe des 20. Jahrhunderts begeben, sieht die Sache wieder anders aus. Nach dem 2. Weltkriege setzten sich die führenden Juristen in Deutschland dafür ein, daß im Geiste der prinzipiellen Entscheidungen des Grundgesetzes das Privatrecht zu einem „sozialen Privatrecht" umgestaltet würde, das nicht mehr „als bloße Randbedingung der sich selbst überlassenen Sozialabläufe fungiert, sondern die Aufgabe übernimmt, das liberale Vermächtnis individueller Selbstverantwortung durch variable Programme zwingender Regelungen gegen alte und neue Gefährdungen zu schützen"[30]. Diesen Prozeß hat Wieacker aus der Perspektive des Zeithistorikers beobachtet[31] und festgestellt, daß in diesem Prozeß „die formale Freiheitsethik, die der deutschen Privatrechtsordnung zugrunde lag, in eine materiale Ethik sozialer Verantwortung zurückverwandelt" worden ist. Wieacker hebt das Wort zurückverwandelt hervor und stellt fest, damit sei man – meist unbewußt – zu den ethischen Grundlagen des älteren europäischen Gemein- und Naturrechts zurückgekehrt. Wieacker hätte aber auch zu Recht von einer Rückkehr zum ALR sprechen können. Denn die meisten der von Wieacker als Beispiele sozialethischer Prinzipien diskutierten Regeln erscheinen auch auf der soeben von mir aufgestellten Liste von Beispielen für den Geist des Wohlwollens im ALR.

---

28 Dazu Chr. Becker, Eher Brunner als Gierke?, in: ZNR 1995 (erscheint demnächst).

29 H. Coing, Einleitung zu J. v. Staudingers Kommentar zum Bürgerlichen Gesetzbuch, Berlin 1978, Rdn. 75, 80.

30 F. Kübler, „Hallstein", in: Juristen an der Universität Frankfurt a. M., hrsg. B. Diestelkamp und M. Stolleis, Baden-Baden 1989, S. 277.

31 F. Wieacker, Das Sozialmodell der klassischen Privatrechtsgesetzbücher, in: Industriegesellschaft und Privatrechtsordnung, Frankfurt/Main 1974, S. 24.

Wieacker meint weiter, unter diesem Gesichtpunkt müsse man unter den Rechtspolitikern des 19. Jahrhunderts Otto von Gierke die Palme reichen[32]. Nachdem, was ich hier versucht habe zu schildern, könnte man sich fast vorstellen, daß Gierke wenigstens einen Teil der Palme bescheiden an Suarez und das ALR weitergereicht hätte. Auf diesen Gedanken ist Wieacker seinerzeit nicht gekommen. Im Jahre des Jubiläums des ALR ist es aber erlaubt, die Rolle des ALR stärker zu betonen – auch wenn man dabei zugunsten des Jubilars etwas dicker aufträgt.

32 Wieacker, S. 30.

Diskussion nach den Vorträgen von Prof. Willoweit und Prof. Luig

Prof. Rainer Schröder, Berlin

Darf ich zunächst kurz an Herrn Willoweit anknüpfen? Dessen Kernthese war es, daß nach ALR die Rechte dem staatlichen Zugriff entzogen werden sollten; das ist – ohne Zweifel – ein wichtiger Schritt auf den Rechtsstaat zu und somit als abstraktes Prinzip sehr begrüßenswert. Man hätte hier weiter fragen können, wem z.B. der (neue) Schutz des Eigentums genutzt hat. Wir wissen aus den Entwicklungen nach den Stein-Hardenbergischen Reformen und aus der wissenschaftlichen Diskussion nach der Jahrhundertwende zum 19. Jh. wie in einem komplizierten Prozeß das ursprünglich *feudale Obereigentum* des Adels gewissermaßen als normales *Privateigentum* festgeschrieben wurde. Dieses ‚neue' Privateigentum wurde in der Folge massiv entschädigt[1]. Konkret hat also die Tatsache, daß die Rechte dem staatlichen Zugriff entzogen wurden, den ehemaligen Feudalherren genutzt. Der Gesetzgeber hatte – was vielleicht zu untersuchen wäre – an diese Konsequenzen nicht gedacht, doch die Folgen, nämlich die Möglichkeit ehemals „feudale" Positionen nunmehr als „bürgerliche" Rechte zu schützen, sind unübersehbar.

Damit leite ich auf etwas über, was Herr Luig gesagt hat. Er hat wiederholt von den sozialen Zügen des ALR gesprochen, vor allem in bezug auf die Remissionen (ALR I 21 § 478ff.). Die Norm scheint mir in theoretischer wie in praktischer Hinsicht einige Schwierigkeiten zu bieten.[2] Die

---

1 Überblick bei Wolfgang *Rüfner*, in: Deutsche Verwaltungsgeschichte Bd. 2: Vom Reichsdeputationshauptschluß bis zur Auflösung des Deutschen Bundes. Hg. von Kurt G.A. Jeserich, Hans Pohl, Georg-Christoph von Unruh, Stuttgart 1983, S. 483; Reinhart *Koselleck*, in: Staat und Gesellschaft im deutschen Vormärz, 1815–1848, hg. von Werner Conze, Stuttgart 1962, S. 95ff.; Christof *Dipper*. Die Bauernbefreiung in Deutschland 1790–1850, Stuttgart 1980, S. 55; *ders.*, Die Bauernbefreiung in Deutschland, in: GWK 1/92, S. 16–32.

2 Vgl. C.F. *Koch*, Allgemeines Landrecht für die Preußischen Staaten . . . Kommentar in Anmerkungen, Erster Teil, zweiter Band, dritte vermehrte Aufl., Berlin 1862, S. 1051, Fn. 54 f: „Die Lehre von Remissionen bei Pachtungen ist nach gemeinen Rechten einer der schwierigsten und kompliziertesten." . . . Die praktischen Probleme bei der Berechnung etwa wegen § 487 – die meisten Pächter führten keine Rechnungen – sowie wegen der Rechtsfolge § 486 liegen auf der Hand.

Untersuchungen von Klaus Spies zeigt, daß diese verrechtlichten Schutzpflichten nur bedingt effektiv waren.[3] Diese Untersuchung hat mit akribischer Quellenauswertung dargetan, daß es mit dem Fürsorgeverhältnis zwischen Gutsherren und Untertanen nicht sehr weit her war. Die im ALR vorgesehenen Remissionen wurden allenfalls in Baufällen gewährt, während hingegen die Pacht wohl nur in Ausnahmefällen nachgelassen wurde. Anders formuliert: die Pächter konnten zwar einen Nachlaß an Pachtzins fordern, doch was ihnen konkret gewährt wurde, steht auf einen anderen Blatt. Das stimmt im übrigen mit meinen Beobachtungen zur Fürsoge für das Gesinde überein, die im ALR erstmals verrechtlicht wurde.[4] Auch dort wehrten sich die Dienstherren mit Händen und Füßen dagegen, für die Gesindearbeitskräfte im Krankheitsfall bezahlen zu müssen.

Die Verrechtlichung dieser Fürsorgeleistung ist gewiß als ‚Fortschritt' zu werten, aber die Praxis, das ‚Law in action', war doch etwas anderes.

Prof. Willoweit, Würzburg

Was ich sagen möchte, paßt zu dem Diskussionsbeitrag von Herrn Schröder. Svarez lehnte eine lex imperfecta im Prinzip ab. Es ist auch aus der Revisio Monitorum klar zu ersehen, daß Svarez nur moralische Appelle vermeiden wollte: man müsse Recht und Ethik auseinanderhalten. Das kommt bei ihm ziemlich häufig. Ich habe nun das ALR nicht darauf durchgesehen, wieviel doch rein moralische Appelle darin tatsächlich enthalten sind, aber daß Svarez sie eigentlich vermeiden wollte, scheint mir sicher. – Noch ein Wort zur Unterscheidung von „Erbzins" und „Erbpacht". Die Vorstellung, daß die Gesetzesredaktoren im Hinblick auf den konkreten Fall des Müllers Arnold den Unterschied dieser beiden Rechtsinstitute hätten aufheben können oder wollen, liegt ganz fern, wenn man die Materialien studiert. Ich habe in der Revisio Monitorum nirgendwo einen Hinweis auf diesen Prozeß gefunden – allerdings habe auch ich sie nur exemplarisch gelesen. Aber eines ist ganz deutlich: Die Gesetzesre-

3 Klaus *Spies*, Gutsherr und Untertan in der Mittelmark Brandenburg zu Beginn der Bauernbefreiung (Münchener Universitätsschriften). Juristische Fakultät. Abhandlungen zur rechtswissenschaftlichen Grundlagenforschung, Band 2, Berlin 1972, S. 363 ff.

4 Rainer *Schröder*, Das Gesinde war immer frech und unverschämt. Gesinde und Gesinderecht im 18. Jh., Frankfurt 1993, S. 99 ff.; *ders.*, Arbeitslosenfürsorge und Arbeitsvermittlung im Zeitalter der Aufklärung, in: Hans-Peter Benöhr (Hg.): Arbeitsvermittlung und Arbeitslosenversorgung in der neueren Rechtsgeschichte, Tübingen 1991, S. 7–76, 57 ff.

daktoren beziehen sich auf die gegebene Rechtslage. Es wird in sehr viel stärkerem Maße, als wir uns das vorstellen, das geltende Recht berücksichtigt. Zum Teil werden wörtlich Ediktentexte übernommen, die bestehenden Institutionen werden respektiert. Es hätte ja die Aufhebung dieses Unterschiedes zwischen Erbzins und Erbpacht auch eine Welle schwer abzuschätzender Konsequenzen gehabt.

Prof. Dilcher, Frankfurt/M.

Ich wollte ein kleines Fragezeichen anmelden hinter dem Problem, ob man die philosophischen und rechtstheoretischen Entwicklungen des Naturrechts einfach auf derselben Ebene diskutieren kann wie die Kodifikation, ohne zu bedenken, was sich hier verändert. Vor dem Allgemeinen Landrecht waren ja die Fragen der Abwägung, etwa Einbeziehung von Billigkeitsgesichtspunkten, ja überhaupt die ganze Rechtsmaterie, dem Juristen anheim gegeben. Teils dem Juristen, teils gewohnheitsrechtlichen Ordnungen. Dem Juristen vor allen Dingen, soweit es das Römische Recht betrifft. Mit dem Allgemeinen Landrecht findet dann eine ungeheuer energische Verstaatung des Rechtes selber statt, und damit steht es meiner Ansicht nach doch in einem anderen Kontext: eine Zurückdrängung der Entscheidungsfreiheit des Juristen, der ja aufs engste in einer Weise, von der wir wissen, daß sie nicht funktionieren kann, an den Gesetzestext gebunden wird, und eine enorme Feindlichkeit gegenüber überlieferter Rechtsgewohnheit und Gewohnheitsrecht, von der wir wissen, daß sie auch in dieser Weise nicht funktioniert hat und wo das BGB dann auf eine Regelung überhaupt verzichtet hat, im Gegensatz zu den älteren Kodifikationen. Wenn Aequitas-Gesichtspunkte usw. hier in das Gesetz hineingezogen werden, dann muß man sich ja überlegen, wie steht das zu dieser Feindlichkeit gegenüber der Entscheidungsbefugnis des Juristen, was kann damit gemeint sein. Ich glaube, damit kommen wir doch auch entschieden auf die Verfassungsfrage hinter dem ALR, daß nämlich hier keine Grundrechte, wie noch Conrad meinte, formuliert sind, sondern die Stellung des Bürgers im Staate, d.h. nur eine vom Staat zu definierende und staatlich gebundene Freiheit gemeint ist. Ich glaube, das muß man auch sehen, wenn man über das Privatrecht im ALR spricht. Danke.

Prof. Krause, Trier

Ich darf zunächst etwas zur Frage der Remissionen sagen. Klein schreibt kurz vor der Bauernbefreiung einen großen Aufsatz, den er in seinen

Annalen erscheinen läßt und selbständig veröffentlicht: „Über die richterliche und gesetzliche Begünstigung des Bauernstandes". Die Remissionen, die das Allgemeine Landrecht vorsah, verlangten eine richterliche Begünstigung des Bauernstandes. Vorgeschrieben wurde das in echten gebietenden Rechtsnormen. Sie wollten der Unzuträglichkeiten Herr werden, wenn die wirtschaftlich-ökonomischen Verhältnisse sich so geändert hatten, daß das gutsbäuerliche Verhältnis billigerweise so nicht mehr aufrecht zu erhalten war, solange die spontane, die freie Lösung durch die Schollengebundenheit ausgeschlossen war. Klein sagt nun: „Besser als die richterliche Begünstigung ist die unmittelbar gesetzliche Begünstigung. Hört die Schollengebundenheit erst auf, wird das Problem unangemessener Bedingungen im Wege der Vertragsautonomie ganz von selbst gelöst." Man müßte jedenfalls alle Vorschriften des ALR, ehe man sie als moralische Vorschriften deutet, sorgfältig darauf hin untersuchen, ob sie nicht doch juridische Vorschriften im engeren Sinne sind, die den Richter ermächtigen und verpflichten, vertragsgestaltend tätig zu werden. Es ist meine Überzeugung, daß sich dies in der Regel bestätigen wird.

Dann noch eine Bemerkung zu Herrn Dilcher. Es ist eine Zeit des Umbruchs, eine Zeit, in der, wie Herr Dilcher gesagt hat, plötzlich die Idee auftaucht, daß der Staat über seine Rechtsordnung verfügen könne. Und dem entspricht im wesentlichen § 1 der Einleitung des ALR, wie auch schon die entsprechende Regelung des Entwurfes und des AGB. In dem Augenblick aber, in dem der Staat über die Rechtsordnung verfügen kann, stellt sich dann auch die Frage, wie der Staat nun wiederum in seiner unbeschränkten Verfügung über die Rechtsordnung begrenzt und Willkür vermieden werden kann. Dazu reichen die hergebrachten wohlerworbenen Rechte nicht aus, denn sie sind gesetzes- und rechtsabhängig. Daher beginnt zu dieser Zeit notwendig so etwas wie das Nachdenken über Grundrechte, natürlich gerade im ALR und bei seiner Vorbereitung. Daher ist es weder Zufall noch Willkür, wenn Friedrich Wilhelm III. noch ziemlich spät, fast gegen Mitte des 19. Jahrhunderts, eine Reihe von Vorschriften aus dem ALR herausgreift, sie publiziert und sagt: „Hier steht es doch schon. Euch ist die allgemeine Religions- und Gewissensfreiheit gewährt". Und es ist ebenfalls kein Zufall, daß in der Berlinischen Monatsschrift Anfang 92 der Aufsatz „Friedrich Wilhelm der Gesetzgeber" erscheint, in dem ausschließlich Paragraphen angeführt werden, welche die „Menschen- und Bürgerfreiheit" sowie die „Denk- und Gewissensfreiheit" gewährleisten. Dieser Aufsatz kann nicht erschienen sein, ohne daß zumindest Svarez zuvor davon gewußt hat. Er war mit dem Herausgeber der Zeitschrift in der Mittwochsgesellschaft eng verbunden. In ihr sind, wie Göckingk und andere Mitglieder berichteten, die Prinzipien des Allgemeinen Gesetzbuches und Landrechts eingehend erörtert worden. Man kann sich daher kaum vorstellen, daß der Herausgeber der Zeitschrift, der den Kant'schen Aufklärungsaufsatz noch vor der Veröffentlichung in der Mittwochsgesellschaft hatte diskutieren lassen, nun einen Aufsatz über das Gesetzbuch abdruckt, ohne ihn Svarez vorher zu lesen gegeben zu haben. Es liegt daher sogar nahe, wörtliche Anklänge an eine andere Svarez-Publikation zum AGB weisen darauf hin, daß der Anfang 1792 erschienene Aufsatz „Friedrich Wilhelm der Gesetzgeber" von Svarez selber stammt, trotz der Bemerkung des Großkanzlers, daß er sehr geschadet habe.

Prof. Otte, Bielefeld

Ihr Befund, Herr Luig, bei Sichtung des ALR ergab eine starke Ausprägung sozialer Verantwortung, die sich in den Privatrechtsnormen niedergeschlagen hat. Mich beschäftigt nun die Frage, was daraus in den folgenden hundert Jahren bei der Anwendung des ALR geworden ist. Ohne auf eine abschließende Antwort vorbereitet zu sein, möchte ich einige Assoziationen anführen, die vielleicht ein roter Faden verbindet:

1. Die liberale Interpretation des Polizeibegriffs in § 10 II 17 ALR ist nicht genuines ALR, sondern spätes 19. Jahrhundert.
2. Ein erbrechtliches Detail: Nach dem Text des ALR war es unklar, ob der Pflichtteilsberechtigte ein materielles Noterbrecht oder nur einen Geldanspruch haben sollte. Die Anwendung des ALR ging dann eindeutig dahin, daß es ein bloßer Geldanspruch im Sinne des späteren § 2303 BGB sein solle. Wir finden hier also eine der Verfügungsfreiheit des eingesetzten Erben entgegenkommende Anwendung einer zunächst auch für eine andere Interpretation offenen Bestimmung des ALR.
3. Sie haben § 284 I 5 genannt, also die Norm über culpa in contrahendo. Vom Wortlaut her war es eine Vorschrift, die eine umfassende Verantwortlichkeit für jedes Fehlverhalten im Zusammenhang mit einem Vertragsschluß hätte statuieren können. In der Auslegung durch die Literatur und die Rechtsprechung wurde die Norm aber ganz eng als Vorschrift nur für die Haftung wegen Verschuldens bei Abschluß eines gültig zustandegekommenen Vertrages aufgefaßt, also nicht als Norm, die auch bei – aus welchen Gründen auch immer – fehlgeschlagenen Vertragsschlüssen eingreift und erst recht nicht als Vorschrift, die ein Verhalten vor oder neben dem Vertragsschluß – beispielsweise das Aufstellen einer Teppichrolle so, daß sie dem Kunden vor oder nach Abschluß des Kaufvertrages auf den Fuß fällt – umfaßt.

Wenn diese drei Beobachtungen nicht rein zufällig sind, kann man ihre Gemeinsamkeit so zusammenfassen: Ansätze des ALR, die auf eine weit gefaßte soziale Verantwortung hinzielten, wurden in der Rechtslehre und vor allem der Rechtsprechung zum ALR nicht fortentwickelt, sondern zurückgeschraubt.

Prof. Kleinheyer, Bonn

Zu den Pflichten des Wohlwollens: Herr Luig, Sie meinen, es sei dies ein Grundprinzip der privatrechtlichen Regelungen des ALR. Von Svarez wissen wir, daß er an sich sehr skeptisch war gegenüber einer Positivierung solcher Pflichten des Wohlwollens, weil er meinte, es bleibe von dem Wohlwollen dann gar nichts mehr; zu Pflichten erhoben, verlören sie eigentlich ihre moralische Qualität und ihren moralischen Wert. Deswegen habe ich ein wenig Vorbehalte, dies zu einem Prinzip des ALR zu machen. Zweitens möchte ich fragen, ob die Beispiele, die Sie uns genannt haben, oder wenigstens einige davon, philosophisch begründet sind oder ob sie zurückgehen auf ganz konkrete gesetzgeberische Entscheidungen in der Zeit Friedrichs des Großen. Für ein Beispiel kann ich es, glaube ich, sagen. Sie haben ganz beiläufig den Grundsatz „Kauf bricht nicht Miete" genannt. Der geht wohl schon zurück auf die hanseatischen Städte im Mittelalter; ganz konkret ist Vorläufer dieser Regelung des ALR allerdings eine Kabinettsorder oder ein Reskript aus der Endphase oder der Nachkriegszeit nach dem Siebenjährigen Krieg, wo hier in Berlin Wohnungsnot herrschte und man durch die Bestärkung oder Neubegründung dieses Grundsatzes „Kauf bricht nicht Miete" verhindern wollte, daß Mieter durch Verkauf der Wohngebäude aus ihren Wohnungen gesetzt wurden, weil man damit die Kündigungsfristen außer Kraft setzte. Deswegen hat man also diese Kündigungsfrist in den Mietverträgen durch den Grundsatz „Kauf bricht nicht Miete" übertragen auf den neuen Eigentümer. Solche Beispiele, meine ich, gibt es noch mehr. In diesem Zusammenhang ein weiteres: Herr Schröder, Sie haben gefragt, wem so etwas diente, die Wahrung von Rechten der Privaten. Ich halte es für ein bißchen verengt zu sagen, das diente dem Adel. Es war nicht die Absicht, nun gerade dem Adel damit zu dienen, sondern es war die Absicht, jedem in seinem Stand sein Recht zu erhalten, keine Übergriffe zuzulassen, insbesondere eben über die Stände hinweg, aber auch ganz allgemein, es diente einfach dem Schutz der einzelnen Rechte, so wie sie nun einmal bestehen. Ich würde mich dagegen aussprechen, hier so eine adelsfreundliche Komponente herauszulesen. Die hat es, meine ich, gerade nicht gegeben. Besondere Adelsfreundlichkeit kann man den Gesetzgebern des ALR wohl nicht nachsagen.

1577 Paragraphen aufgeklärter Strafrechtsvernunft Zum ALR als philosophischem Strafgesetzbuch

Wolfgang Schild, Bielefeld

Das Allgemeine Landrecht für die Preußischen Staaten von 1794 gehört mit dem Kriminalgesetzbuch Leopolds II. für das Großherzogtum Toskana (30. November 1786), dem Allgemeinen Gesetz über Verbrechen und derselben Bestrafung für das Österreich Josefs II. (13. Januar 1787, im selben Jahre auch eingeführt für die Niederlande), dem Code Pénale für Frankreich (ausgearbeitet 25. September bis 6. Oktober 1791, verbessert 1795; 1799 auch eingeführt in der Schweiz), dem Strafgesetzbuch für Westgalizien (17. Juni 1796), das dann im wesentlichen unverändert zum Gesetzbuch über Verbrechen und schwere Polizeiübertretungen erneut für Österreich wurde (3. September 1803) und schließlich dem Bayrerischen Strafgesetzbuch Feuerbachs vom 16. Mai 1813 zu den strafrechtlichen Kodifikationen der Aufklärung. Denn all diese Strafgesetzbücher wollten „aufgeklärt" sein, d.h.: die strafrechtlichen Probleme „klar" und hell und rein und modern sehen und lösen; gerichtet gegen finstere Vorurteile des dunklen, religiös vernebelten Mittelalters mit der theokratischen Verbrechens- und Strafauffassung – wonach Verbrechen als sündhafte Tat Gott beleidigen und die Strafe den Zorn Gottes besänftigen würde –, gegen blinde Willkür der Praxis, gegen unmenschliche Barbarei und wilde Rohheit; ausgerichtet an „Säkularisierung, Rationalisierung und Humanisierung"[1], eintretend für eine Welt des Verstandes und der strengen Gesetzlichkeit, die erst Freiheit ermöglicht und sichert und deshalb für jeden denkenden Menschen theoretisch nachzuvollziehen und praktisch zu akzeptieren war. Und Denken war gefragt, war der Geist der neuen Zeit, gefordert in konsequenter Rücksichtslosigkeit, ohne unfreie Bindung an Tradition, Gewohnheit, überholte Bräuche. Dieser Geist war notwendig für die sich bewußtwerdende Subjektivität, die die vorgebenene Welt zu bearbeiten, neu zu gestalten, zu der eigenen Welt zu machen hatte. Nicht war ein Nach-Denken eines Vor-Gedachten und bereits Verwirklichten gemeint; gesucht war ein Denken, das aktiv zu werden hatte, das vor-dachte und den Mut und die Kraft in sich hatte, diese Gedanken zu verwirklichen: in einer Revolution der Selbst-Befreiung und

1 So Wolfgang Sellert/Hinrich Rüping, Studien- und Quellenbuch zur Geschichte der deutschen Strafrechtspflege. Band 1: Von den Anfängen bis zur Aufklärung, Aalen 1989, S.347 (m.w.N.).

Emanzipation zur Mündigkeit, zur Selbst-Verwirklichung der und als Subjektivität[2]. Den „Wahlspruch der Aufklärung" formulierte 1783 Immanuel Kant in den berühmt gewordenen Worten: „Habe Mut, dich deines eigenen Verstandes zu bedienen"; denn: Aufklärung sei „der Ausgang des Menschen aus seiner selbstverschuldeten Unmündigkeit."[3] Kraft, Mut, Energie, Selbstbewußtsein des Verstandes – der seinen Stand in der Welt gefunden hat! – und damit selbstbewußte Theorie, die sich in rücksichtsloser Konsequenz praktisch setzt und so die Welt nicht nur im Denken konstruiert, sondern sie auch als Konstruktion realisiert, als „Tat-Sache" verwirklicht. Dies alles macht den Charakter der Aufklärung als einer „jungen" Bewegung deutlich. Diese Aufklärer wollten und konnten nicht mehr wie die Kinder sein, weder als Kinder Gottes noch als Kinder eines menschlichen Patriarchen in Abhängigkeit leben. Sie waren auch nicht als Abhängige geboren: im Regelfalle waren die Aufklärer bürgerlicher Herkunft, die nicht nach ihrer Vergangenheit (wie etwa die Adeligen: als einer Geschichte ihres eigenen Geschlechtes) zu sehen, sondern sich nur nach der Zukunft zu richten hatten. Mit unbekümmerter Frische wurden Systeme dieser neuen, selbst zu konstruierenden und zu schaffenden Welt entworfen; ein Preisauschreiben folgte dem anderen: und alle verfolgten das Ziel, das die Berner Ökonomische Gesellschaft für die strafrechtliche Welt am 15. Februar 1777 wie folgt angab[4]: „Es soll über die Criminal-Materien ein vollständiger und ausführlicher Gesetzesplan verfaßt werden ..., [damit] die bürgerliche Gesellschaft die größte mögliche Sicherheit finde, mit der größten möglichen Ehrfurcht für die Freiheit und die Menschheit vereinbart". So wurde ein Gesetzesentwurf nach dem anderen verfaßt zum Heile einer freien menschliche(re)n Welt; oft

---

2 Zur (deutschen) Aufklärung allgemein vgl. z.B. Ernst Cassirer, Die Philosophie der Aufklärung, Tübingen 1932; Richard van Dülmen, Die Gesellschaft der Aufklärer, Frankfurt 1986; Ulrich Im Hof, Das Europa der Aufklärung, München 1993; Rainer Klassen, Logik und Rhetorik der frühen deutschen Aufklärung, Diss. München 1974; Panajotis Kondyllis, Die Aufklärung im Rahmen des neuzeitlichen Rationalismus, Stuttgart 1981; Peter Pütz, Die deutsche Aufklärung. 4. Aufl. Darmstadt 1991; Falco Schneider, Aufklärung und Politik, Wiesbaden 1978; Jean Staborinski, Die Erfindung der Freiheit: 1700–1789, Frankfurt 1988. – Zur Aufklärung im Strafrecht vgl. die Angaben in Fn. 23. – Insgesamt zur Aufklärung vgl. die Interdisziplinäre Halbjahresschrift zur Erforschung des 18. Jahrhunderts und seiner Wirkungsgeschichte „Aufklärung" (ab 1986).

3 Vgl. Immanuel Kant, Beantwortung der Frage: Was ist Aufklärung? (5.12.1783), abgedruckt in: Ders., Theorie-Werkausgabe (hrsg. Wilhelm Weischedel), Frankfurt 1964, Band XI, S.53.

4 Vgl. Stephani Schmidt, Die Abhandlung von der Criminal-Gesetzgebung von Hanns Ernst von Globig und Johann Georg Huster, Berlin 1990, S.30 Fn. 7.

ausgeweitet und verallgemeinert zu einem gesetzlichen Entwurf der gesamten Welt, waren es doch „philosophische Rechtsgelehrte“, die hier eine neue Welt er-dachten! Auch in dieser Beziehung ist auf ihre bürgerliche Herkunft hinzuweisen: denn das alles entscheidende Denken fragte nicht nach Abstammung oder Stand in irgendeinem vorgegebenen Ordo, sondern entsprang der Subjektivität selbst und als solcher, die jedem Menschen zukam. Auf der Straße der Vernunft war jeder gleich; er mußte nur den beschwerlichen und mühevollen, mit Entbehrungen und oft auch mit Hunger verbundenen Weg auf sich nehmen, gegen alle Hindernisse, Ängste und Zweifel das letzte Ziel des reinen Systems im Auge behalten und als Wanderstab nur die Idee des Gesetzes zu führen: nämlich als Idee der Gesetzlichkeit aller Verhältnisse, die deshalb auf dem allgemein gültigen Verstand des Menschen/aller Menschen beruhen sollten und konnten. In dieser Gesetzlichkeit fanden sich Säkularisierung, Rationalisierung und Humanisierung zur Einheit zusammen.

Das Ideal eines solchen aufgeklärten Gesetzbuches hatte ebenfalls Friedrich II. (1712–1786, Regierung ab 1740) vorgedacht, als er in seinem Akademie-Vortrag 1749 „Über die Gründe, Gesetze einzuführen oder abzuschaffen“[5] verkündete: „Ein vollkommenes Gesetzbuch wäre das Meisterstück des menschlichen Verstandes im Bereich der Regierungskunst. Man müßte darin Einheit des Planes und so genaue und angemessene Bestimmungen finden, daß ein nach ihnen regierter Staat einem Uhrwerke gliche, in dem alle Triebfedern nur einen Zweck haben. Man fände darin ferner tiefe Kenntnis des menschlichen Herzens und des Nationalcharakters. Die Strafen wären mäßig, sodaß sie die guten Sitten erhielten, ohne zu streng noch zu milde zu sein. Die einzelnen Bestimmungen müßten so klar und genau sein, daß jeder Streit um die Auslegung ausgeschlossen wäre. Sie würden in einer erlesenen Auswahl des Besten bestehen, was die bürgerlichen Gesetze ausgesprochen haben, und in einfacher und sinnreicher Weise den heimischen Gebräuchen angepaßt sein. Alles wäre vorausgesehen, alles in Einklang gebracht, nichts würde zu

---

5 Abgedruckt in: Die Werke Friedrichs des Großen in deutscher Übersetzung, hrsg. Gustav Berthold Volz/Friedrich v. Oppeln-Bronikowski, Berlin 1913, Band VIII, S. 22 ff. – Vgl. auch die Äußerung Friedrichs II. zu dem von v. Carmer vorgelegten 3. Band des Allgemeinen Gesetzbuches, die Kabinettsorder an den Geheimen Etats-Minister von Bismarck vom 8. 4. 1750 und einige Briefstellen, abgedruckt in: Sellert/Rüping, Quellenbuch, S. 422 (Nr. 72c), 443 (Nr. 99) und 441 f. (Nr. 97a, b).

Unzuträglichkeiten führen“[6]. Ein weiser Gesetzgeber – so hieß es weiter in dieser Abhandlung des philosophierenden Königs[7] – habe das Gemeinwohl im Auge und schaffe Gesetze, die der natürlichen Billigkeit am nächsten kommen würden. Für das Strafrecht sprach Friedrich II. dabei aus, daß es „die Sitten betrifft und Verbrechen bestraft“; und ferner: „Die Sittengesetze sind Dämme, die man dem Laster entgegensetzt. Man muß ihnen also durch Furcht vor Strafe Respekt verschaffen. Aber es trifft doch zu, daß die Gesetzgeber, die am wenigsten harte Strafen verhängen, immerhin der Menschlichkeit ihren Tribut zollen“. Als Konsequenz meinte Friedrich: „Die natürliche Billigkeit verlangt ein rechtes Verhältnis zwischen Verbrechen und Strafe“; mit Tätern von einfachen Diebstählen könne man Mitleid haben, es sei „Gebot der Menschlichkeit“, übertriebene Strafen (nämlich hier: das Hängen) zu mildern; „vielleicht aber wäre es noch besser, das jüdische Vergeltungsrecht wieder einzuführen, wonach der Dieb dem Bestohlenen den doppelten Wert des Geraubten ersetzen oder sich ihm als Leibeigener übergeben mußte. Begnügt man sich, leichte Vergehen mit gelinden Strafen zu belegen, so bleibt die Todesstrafe für Räuber, Mörder und Totschläger aufgespart, und die Strafen stehen im Verhältnis zum Verbrechen“. Für Abtreibung bat Friedrich II. den Leser um Überdenken seiner etwaigen Vorurteile: würde manche Schwangere

---

6 Vgl. die Charakterisierung dieses Ideals Friedrichs II. durch Erik Wolf: „Sprachlich erzogen im prägnanten Maximenstil der französischen Moralisten, hatte sich Friedrich der Große ein festes Urteil über die wesentlichen Eigenschaften eines guten Buchs gebildet: es müsse Schwerfälligkeit, Breite und schulmäßige Pedanterie vermeiden. Sein literarischer Geschmack forderte deshalb vom neuen Gesetzbuch eine Sammlung rechtsphilosophischer Aphorismen; er dachte an ein Handbüchlein politischer Moral, gebildet aus kurzen, geschliffenen Sentenzen, Maximen und Sprüchen“ (in: Große Rechtsdenker der deutschen Geistesgeschichte, 4. Aufl., Tübingen 1963, S. 444).

7 Dazu vgl. Peter Baumgart, Naturrrechtliche Vorstellungen in der Staatsauffassung Friedrichs des Großen, in: Hans Thieme (Hrsg.), Humanismus und Naturrecht in Berlin-Brandenburg-Preußen, Berlin/New York 1979, S. 143 ff.; Günter Birtsch, Der Idealtyp des aufgeklärten Herrschers, in: Aufklärung 2/1 (1987), S. 9–48; Wilhelm Dilthey, Friedrich der Große und die deutsche Aufklärung, in: Ders., Gesammelte Schriften Band 3, Stuttgart 1959, S. 81 ff.; Ernst Heymann, Über die Bedeutung der Philosophie Friedrichs des Großen für seine Rechtspolitik, Berlin 1934; W. Muff, Die Philosophie Friedrichs des Großen, Berlin 1944; Werner Ogris, Friedrich der Große und das Recht, in: Friedrich der Große in seiner Zeit, Köln/Wien 1987, S. 47 ff.; Eberhard Schmidt, Staat und Recht in Theorie und Praxis Friedrichs des Großen, in: Festschr. f. Alfred Schultze, Leipzig 1938, S. 89 ff.; Eduard Spranger, Der Philosoph von Sanssouci, Berlin 1942; Ferdinand Willenbücher, Die strafrechtsphilosophischen Anschauungen Friedrichs des Großen, Breslau 1904.

nicht durch die mit der unehelichen Niederkunft gerichtlich vorgesehene Entehrung zu dieser Tat gebracht? Und der König schloß[8] seine Abhandlung mit den Worten: „Wer sich alle Menschen als Teufel vorstellt und grausam gegen sie wütet, der sieht sie mit den Augen eines wilden Menschenfeindes. Wer alle Menschen für Engel hält und ihnen die Zügel schießen läßt, der träumt wie ein schwachsinniger Kapuziner. Wer aber glaubt, daß weder alle gut noch alle böse sind, wer gute Handlungen über Verdienst belohnt und schlechte milder bestraft, als ihnen gebührt, wer Nachsicht mit den Schwächen hat und menschlich gegen jedermann ist, der handelt, wie ein vernünftiger Mann handeln muß".

Auf die Geschichte der Umsetzung dieser Idee eines aufgeklärten (Straf)Gesetzbuches im Preußen Friedrichs II. ist hier nicht näher einzugehen. Denn im Grunde hatte sich seit 1786 – als in dem von 1784 bis 1788 veröffentlichten „Entwurf eines Allgemeinen Gesetzbuches für die Preußischen Staaten" im Ersten Teil. Dritte Abteilung. Achter Titel „Von den Rechten und Pflichten des Staats zur Verhütung und Bestrafung von Verbrechen" gehandelt wurde! – nichts Wesentliches in den 1794 nun „Von den Verbrechen und deren Strafen" genannten Bestimmungen geändert. Die Überschrift wurde somit geändert; die Paragraphen-Zahl von 1262 (des Jahres 1786) wurde auf 1577 erhöht; einige Vorschriften wurden umgestellt; sonst erfolgten nur Klarstellungen, schärfere Differenzierungen und Definitionen. Aber im Wesentlichen war der neue strafrechtliche Inhalt unbestritten; und dies in mehrfacher Hinsicht. Zunächst war allgemein das Ungenügen der im 18. Jahrhundert herrschenden Strafjustiz verbreitet. Dies galt primär dem Verfahrensrecht, das hier aber nicht behandelt werden soll,[9] weil das ALR keine Strafprozeßordnung enthält, sondern nur materielles Strafrecht (also ein Strafgesetzbuch darstellt); obwohl auch hier darauf hinzuweisen ist, daß es unter der Regierung Friedrichs II. zur Abschaffung der Folter kam[10]. Aber auch bezüglich des Strafrechts

8 7. Vgl. aber auch noch die ablehnenden Bemerkungen zur Folter: S. 34f.

9 Zu den Plänen einer Reform der Kriminalordnung von 1717 – u. a. auch einen Entwurf 1796 durch Svarez und einen Entwurf 1798 durch Klein – vgl. Ernst Ferdinand Klein, Nachricht von der bevorstehenden Verbesserung des Criminalwesens in den Preußischen Staaten, in: Annalen der Gesetzgebung und Rechtsgelehrsamkeit in den Preussischen Staaten 23 (1805), S. 201–212; Ders., über die allgemeine Preuß. Criminal-Ordnung, in: Annalen der Gesetzgebung und Rechtsgelehrsamkeit in den Preussischen Staaten 24 (1806), 19–55. Dazu vgl. allgemein Conrad Bornhak, Preußische Staats- und Rechtsgeschichte, Berlin 1903, S. 272; Jürgen Regge, Das Reformprojekt eines „Allgemeinen Criminalrechts für die Preußischen Staaten" (1799–1806), in: Hans Hattenhauer/Götz Landwehr (Hrsg.), Das nachfriderizianische Preußen 1786–1806, Heidelberg 1988, S. 189ff.; Wolf, Rechtsdenker, S. 457.

10 Vgl. auch die Angabe in Fn. 8. – Zur Sache selbst vgl. Reinhold Koser, Die Abschaffung der Tortur durch Friedrich den Großen, in: Forschungen zur Brandenburgischen und Preußischen Geschichte 6 (1893), S. 235f.; Eb. Schmidt, Einführung, § 253; Sellert/Rüping, Quellenbuch, S. 466.

selbst bestand großer Regelungsbedarf, wenn man den theokratischen, an brutalen Todesstrafen orientierten „Geist" der Vorgänger Friedrichs II. bedenkt, die mit Gelegenheitsgesetzen oft im Anschluß an spektakuläre Taten die Welt wieder in Ordnung zu bringen versuchten[11]. Sodann und zweitens war auch der Weg, den diese Reform zu gehen hatte, einhellig anerkannt: nämlich die Vernunft bzw. das Vernunftrecht. Bereits 1746 wollte Friedrich II. von Cocceji „ein deutsches allgemeines Landrecht, welches sich bloß auf die Vernunft und Landesverfassungen gründet"[12]; dieser Versuch blieb im übrigen letztlich erfolglos, obwohl 1749/1751 ein Entwurf tatsächlich vorgelegt wurde; er wurde aber nicht Gesetz, offensichtlich da er zu stark am Römischen (Gemeinen) Recht orientiert war. Erst 1780 griff Friedrich II. den Plan der Reformgesetzgebung wieder auf und beauftragte mit Kabinettsordre vom 14. April[13] Johann Heinrich Casimir Graf von Carmer mit dieser Arbeit, zugleich mit der Ermächtigung, geschickte und redliche Mitarbeiter zu berufen: für das Strafrecht war dies vor allem Ernst Ferdinand Klein (1744–1810, damals also 36 Jahre alt) und grundlegend der hauptsächlich federführende Carl Gottlieb Svarez (1746–1798, damals also 34 Jahre alt)[14]. Über die Idee eines „vollkommenen Gesetzbuches" – wie Friedrich II. sie in seinem Akademie-Vortrag 1749 entwickelt hatte! – wurde oben schon berichtet; auch über die Aufforderung, die Strafgesetze so zu fassen, „wie ein vernünftiger Mann als Gesetzgeber handeln muß". Für einen so vernünftigen Mann als Gesetzgeber hatte Friedrich II. eine Konsequenz gezogen, die ein Jahr zuvor in Frankreich Charles de Secondet Baron de la Brede et de Montesquieu mit seinem damals als sensationell angesehenen Buch „De l'Esprit des Lois"[15] ebenfalls verlangt hatte, nämlich: die Gesetze müßten (der Regierungsform und) „dem Geist des Volkes, für das sie bestimmt sind, angepaßt sein"[16]. Dies bedeutete gerade für die Strafrechtsreform, daß nicht auf das Römische (Gemeine) Recht zurückgegriffen werden konnte. Klein betonte

---

11 Vgl. dazu noch immer unüberholt Albert Friedrich Berner, Die Strafgesetzgebung in Deutschland vom Jahre 1751 bis zur Gegenwart, Leipzig 1867, S. 25 ff.; Bornhak, Rechtsgeschichte, S. 187 ff.; Hugo Hälschner, Geschichte des Brandenburgisch-preußischen Strafrechts, Bonn 1855. – Allgemein vgl. Eberhard Schmidt, Die Kriminalpolitik Preußens unter Friedrich Wilhelm I. und Friedrich II., Berlin 1914; Ders., Rechtsentwicklung in Preußen, Darmstadt 1961.

12 Vgl. Hans Hattenhauer, Einführung in die Geschichte des Preußischen Allgemeinen Landrechts, in: Allgemeines Landrecht für die Preußischen Staaten von 1794 (hrsg. Hans Hattenhauer). 2. Aufl., Neuwied 1994, S. 1.

13 Nun abgedruckt in der Ausgabe des ALR von Hattenhauer, 1994.

14 Dazu vgl. Hattenhauer, Einführung, S. 4 ff. – An weiteren Mitarbeitern des Svarez ist noch Christoph Goßler zu nennen, der gemeinsam mit Svarez das Buch „Unterricht über die Gesetze für die Einwohner der Preussischen Staaten von zwei Preussischen Rechtsgelehrten" (Berlin 1793) verfaßte. Zu ihm vgl. Peter Krause, Christoph Goßler (1752–1816), in: Aufklärung 3/2 (1988), S. 119 ff. Vgl. auch Fn. 124.

15 Dazu vgl. Frank Herdmann, Montesquieurezeption in Deutschland im 18. und 19. Jahrhundert, Frankfurt 1992.

16 So Friedrich d. Gr., Werke VIII, S. 30.

1791, daß „die Criminal-Gesetzgebung ... hauptsächlich einer gänzlichen Reform [bedurfte]"; und stellte offensichtlich auf eine „menschenfreundliche und sanftere Philosophie" und das „durch Philosophie aufgeklärte und geleitete Gefühl der natürlichen Billigkeit" ab[17]. Der Geist der Zeit - der zum Geist der Gesetze zu werden hatte! - war somit der Geist des aufgeklärten, menschenfreundlichen und an der natürlichen Billigkeit orientierten Bürgers.

Dies war die Idee eines aufgeklärten Strafgesetzbuches! Was herauskam bei dieser preußischen Kodifikation ab 1786 – als der Entwurf des Allgemeinen Gesetzbuches mit dem strafrechtlichen Teil veröffentlicht wurde (damit die „philosophischen Rechtsgelehrten" und die Männer mit „praktischer Weltweisheit" dazu Stellung nehmen könnten und sollten[18], in Verbund mit einem Preisausschreiben) –, war ein Titel, der in insgesamt 1577 Paragraphen „Von den Verbrechen und deren Strafen" handelte. War das diese „erlesene Auswahl des Besten", waren dies die klaren und genauen Bestimmungen, in einfacher und sinnreicher Weise den heimischen Gebräuchen angepaßt, von denen Friedrich II. gesprochen hatte? wollten diese 1577 Paragraphen „die allgemeinen Rechte des Menschen, [die sich] gründen auf die natürliche Freiheit, sein eignes Wohl, ohne Kränkung der Rechte eines Andern, suchen und befördern zu können" schützen, von denen § 83 der Einleitung dieses ALR sprach als von der „Quelle des Rechts"? sollten wirklich diese natürlichen Freiheitsrecht angesprochen sein, wenn § 728 vorschrieb: „Niemand soll sich kupferner, nicht überzinnter Gefäße zur Zubereitung der Speisen bedienen" oder § 733 befahl: „Niemand soll gegen eine Person, deren Schwangerschaft sichtbar oder ihm bekannt ist, oder auch wissentlich in ihrer Gegenwart Handlungen vornehmen, wodurch heftige Gemütsbewegungen erregt zu werden pflegen"? oder sollte es ein Verbrechen – von dem ja die Überschrift dieses XX. Titels kündeten! – sein, wenn jemand § 738 verletzte: „Mütter und Ammen sollen Kinder unter zwei Jahren bei Nachtzeit nicht in ihre Betten nehmen und bei sich oder andern schlafen lassen"? Aber doch war wohl als Verbrechen gemeint, wenn § 756 verbot: „Auf Straßen, Brücken und öffentlichen Plätzen, sowie in allen bewohnten von Menschen zahlreich besuchten Gegenden muß ein jeder des schnellen Reitens und Fahrens sich enthalten"? Immerhin ist doch § 1545 verständlich: „Besonders müssen die Schornsteinfeger sowohl auf dem Lande als auch in den Städten dafür haften, daß die Reinigung der Schornsteine gehörig erfolge"; oder nicht? Aber jeder Zweifel müßte doch behoben sein bei

17 Ernst Friedrich Klein, Kurze Nachricht von dem neuen Preußischen Gesetzbuche und von dem Verfahren bei der Ausarbeitung desselben, in: Annalen der Gesetzgebung und Rechtsgelehrsamkeit in den Preußischen Staaten 8 (1791), S. XI ff. (XXVIII, XXXII).

18 So ausdrücklich S. 9.

§ 992: „Eltern und Erzieher müssen ihre Kinder und Zöglinge gegen das verderbliche Laster der Unzucht durch wiederholte lebhafte Vorstellungen der unglücklichen Folgen desselben warnen und sie zu einem ehrbaren sittsamen Lebenswandel ernstlich anweisen"? oder könnte man nun darüber zweifeln, ob die Eltern und Erzieher ihren Anvertrauten nun dieses Laster vor Augen stellen oder es ihnen verschweigen sollen ?! Aber jedenfalls stellte der Gesetzgeber des ALR doch klar: „Sodomiterei und andre dergleichen unnatürliche Sünden, welche wegen ihrer Abscheulichkeit hier nicht genannt werden können, erfordern eine gänzliche Vertilgung des Andenkens" (§ 1069), nämlich: „Es soll daher ein solcher Verbrecher, nachdem er ein- oder mehrjährige Zuchthausstrafe mit Willkommen und Abschied[19] ausgestanden hat, aus dem Orte seines Aufenthalts, wo sein Laster bekannt geworden ist, auf immer verbannt, und das etwa gemißbrauchte Tier getötet oder heimlich aus der Gegend entfernt werden" (§ 1070). Also doch ein furchtbares Verbrechen, dessentwegen sogar der tierische Unzuchtspartner getötet werden soll; wie auch das Bildnis des Hochverräters und Landesverräters bestraft werden soll, wenn der Täter selbst flüchtig ist (§§ 99, 103); wie auch der Leichnam eines vor der Hinrichtung Gestorbenen „so weit es möglich, anständig und zur Abschreckung andrer dienlich ist" bestraft werden muß (§ 805). Aber war dies wirklich in § 7 gemeint, in dem das Verbrechen definiert war: als Handlung, durch die jemand „widerrechtlich Schaden zufügt"? und worin sollte in einem säkularisierten Staat der Schaden liegen, wenn §§ 214 ff. die „Beleidigungen der Religionsgesellschaften" unter Strafe stellten, wie etwa das Mißbrauchen von zum Gottesdienste bestimmten Sachen zu Zaubereien, Gespensterbannen, Zitieren der Verstorbenen und Schatzgräberei ? – Und betrachten wir einige Strafbestimmungen (sonst): Mit dem Rad von unten herauf sollte nach § 102 der Landesverräter getötet und sein Leichnam auf das Rad geflochten werden, was 839 für verabredeten Mord, § 870 für den Brunnenvergifter und § 1202 für den schweren Straßenräuber androhten; in letzterem Fall sollte der Verurteilte zur Richtstatt geschleift werden. Noch schärfer wollte § 93 den Hochverräter treffen: er sollte mit der härtesten und schreckhaftesten Leibes- und Lebensstrafe hingerichtet werden, was heißt: gevierteilt werden und die Leichenstücke dann an Schandpfählen öffentlicht ausgestellt. Daneben gab es Rädern von oben herab, Enthaupten, Hängen und – für den Brandstifter verständlich – Verbrennen. Waren das wirklich die „mäßigen Strafen", die die guten Sitten erhalten, ohne streng noch zu milde zu sein, die Friedrich II. verlangte? Und zuletzt noch eine Frage: gemäß § 95 sollten die Hochverräter nicht nur neben ihrem Leben ihre Ehre und das gesamte

19 D.h. körperliche Züchtigung zu Beginn und am Ende des Aufenthalts.

Vermögen verlieren, sondern sie „tragen auch die Schuld des Unglücks ihrer Kinder, wenn der Staat, zur Abwendung künftiger Gefahren, dieselben in beständiger Gefangenschaft zu behalten oder zu verbannen nötig findet“: war dies mit dem „Meisterstück des menschlichen Verstandes“ im Sinne Friedrichs II. gemeint, wenn diese staatliche Sanktionierung Unschuldiger als „Unglück“ bezeichnet und den qualvoll Hingerichteten noch dazu in die Schuhe geschoben wurde?

Diese Fragen (und noch viele vergleichbare andere)[20] stellen sich wohl jedem, der den XX. Titel dieses Allgemeinen Preußischen Landrechts ansieht, auf den ersten Blick. Die Antwort darf ich vorwegnehmend sofort geben: das ALR ist nach meinem Dafürhalten das typische Strafgesetzbuch der Aufklärung, das nur die Widersprüchlichkeit dieser Epoche selbst zum Ausdruck bringt. Selbstverständlich waren die strafrechtlichen Bestimmungen verglichen mit den älteren Halsgerichtsordnungen ein gewaltiger Fortschritt an Humanität. Noch 1725 etwa hatte ein preußisches Edikt für Sodomie die Verbrennung bei lebendigem Leibe vorgeschrieben; für die österreichische Theresiana von 1768 war das schwerste Verbrechen die Gotteslästerung; auf die im Vergleich eindeutig humane(re) Einstellung Friedrichs II. gegenüber der Abtreibung (und den Kindsmörderinnen) wurde oben schon hingewiesen; manch andere Hinweise – z. B. auf die erheblich reduzierte Strafbarkeit für Eigentumsverletzungen – wären möglich. Selbstverständlich wurde auch der Anwendungsbereich der brutalen Todesstrafen (mit all ihren quälenden unmenschlichen Verschärfungen) reduziert. Aber hier interessiert, warum es trotz dieser Idee eines aufgeklärten Strafgesetzbuches weiterhin solche Tatbestände und solche Strafdrohungen gegeben hat.

Im Folgenden soll versucht werden, eine Antwort auf diese Frage im Sinne des bereits oben vorweggenommenen Ergebnisses zu begründen. Dabei soll in dem Hauptteil unter I. diese Idee eines aufgeklärten Strafrechts vorgestellt und vom Ansatz her durch- und weitergedacht werden, also das nach-gedacht werden, was die Aufklärer selbst vor-gedacht haben. Es wird sich zeigen, daß diese Aufklärung wirklich eine geistige Bewegung war, die nicht statisch erfaßt werden kann. Selbstverständlich griffen die Aufklärer – ohne dies vielleicht in ihrem jugendlichen Überschwang zu sehen – auf bestimmte, auch geschichtlich bereits wirkende

---

20 Vgl. z. B. nur die kritischen Bemerkungen bei Ludwig v. Bar, Geschichte des Deutschen Strafrechts und der Strafrechtstheorien, Band I, Berlin 1882, S. 161 ff.; Berner, Strafgesetzgebung, S. 36 ff.; Ders., Lehrbuch des deutschen Strafrechts, 18. Aufl., Leipzig 1898, S. 24; Louis Günther, Die Idee der Wiedervergeltung in der Geschichte und Philosophie des Strafrechts. Abteilung 3, Erlangen 1895, S. 23 ff., 61 ff.; Johannes Nagler, Die Strafe, Leipzig 1918, S. 376 ff.

Ideen zurück, isolierten sie, konzentrierten sich auf sie und machten sie zu den Fundamenten eines neuen Denkgebäudes; voller Energie, Konsequenz, auch Mut und Tatkraft. So entfaltete sich die Aufklärung zu weltkonstituierenden Systemen; durchgedacht und durchkonstruiert bis zu dem Punkte, wo die Aufklärung sich selbst zum Thema wurde und wo sie begann, sich über sich selbst aufzuklären; was dazu führte, daß die Aufklärung sich allmählich aufzuheben begann in eine neue Geistesdimension hinein. In dieser Entwicklung liegt eine zwingende Logik oder – wenn man Theodor W. Adorno und Max Horkheimer[21] zitieren will! – eine „Dialektik", die sich hinter dem Willen der einzelnen Autoren durchsetzte, was oft dazu führte, daß die Betreffenden (oder müßte man sagen: die Betroffenen?) zu widersprüchlichen Thesen Zuflucht nehmen mußten; wie eben das ALR – das eine Schöpfung von wissenschaftlicher Theorie ist – auch. Ich hoffe, etwas von dieser Spannung in der Idee eines aufgeklärten Strafrechts vermitteln zu können; spannend auch für den dann unter II. nur als Ausblick folgenden kurzen Abschnitt, der das Problem ansprechen soll, an welcher Stelle innerhalb dieser Bewegung das ALR zu lokalisieren ist. Jedenfalls wird und muß es etwas philosophisch zugehen, wofür ich um Verständnis bitte[22]: aber der Untertitel hat ja bereits gewarnt: „Zum ALR als philosophischem Strafgesetzbuch". Dabei kann selbstverständlich nicht auf alle Aufklärer im Einzelnen eingegangen werden (wie es etwa 1913 Otto Fischl in seinem als Klassiker zu bezeichnenden Buch[23] getan hat). Es kann nur versucht werden, die Idee – wie sie all diesen Aufklärungstexten zugrunde lag! – herauszuarbeiten, wobei die vielen unterschiedlichen Thesen bezüglich kleinerer Fragen nicht zu berücksichtigen sind, was auch für die Gutachten und die elf eingereichten Preisarbeiten der „philosophischen Rechtsgelehrten" zum Entwurf 1786 gilt. Es sollen bloß die zwei für das ALR selbst bis in die wörtlichen Formulierungen hinein maßgebenden Männer ausdrücklich zu Wort kommen, nämlich Carl Gottlieb Svarez und Ernst Ferdinand Klein. Von ihnen liegt auch ausreichendes Material vor: von Svarez die 1791/92 dem

21 In ihrem Buch „Dialektik der Aufklärung" (erstmals Amsterdam 1947).

22 Auch was den umfänglichen Rahmen anbetrifft: aber philosophische Gedankengänge müssen eben vermittelt werden.

23 Otto Fischl, Der Einfluß der Aufklärungsphilosophie auf die Entwicklung des Strafrechts in Doktrin, Politik und Gesetzgebung, Breslau 1913. – Vgl. auch die immer noch lesenswerte Darstellung der strafrechtlichen Aufklärung bei Louis Günther, Die Idee der Wiedervergeltung in der Geschichte und Philosophie des Strafrechts, Abteilung 2, Erlangen 1891, S. 161 ff.; und aus neuerer Zeit Mario A. Cattaneo, Die Strafrechtsphilosophie der deutschen Aufklärung, in: Aufklärung 5/1 (1991), S. 25 ff.

damaligen Kronprinzen Friedrich Wilhelm (später: III.) vorgetragenen Texte, auch einige Vorträge in der aufklärerischen „Mittwochsgesellschaft“[24]; von Klein eine Reihe von rechtsphilosophischen Abhandlungen allgemeiner und spezifisch strafrechtstheoretischer Art[25], darunter im

---

24 Carl Gottlieb Svarez, Vorträge über Recht und Staat (1746–1798) (hrsg. Hermann Conrad/Gerd Kleinheyer), Köln/Opladen 1960. Vgl. auch: Carl Gottlieb Svarez/Christoph Goßler, Unterricht über die Gesetze der Einwohner der Preußischen Staaten von zwei Preußischen Rechtsgelehrten, Berlin 1793 (in Auszügen nachgedruckt in: Erik Wolf, Quellenbuch zur Geschichte der deutschen Rechtswissenschaft, Tübingen 1948, S. 183ff.). – Zu Svarez vgl. nur: Günter Birtsch, Carl Gottlieb Svarez, Mitbegründer des preußischen Gesetzesstaates, in: Peter Alter (Hrsg.), Geschichte und politisches Handeln, Stuttgart 1985, S. 85ff.; Heinrich Dernburg, König Friedrich Wilhelm III. und Svarez, Berlin 1885; Eckhart Hellmuth, Naturrechtsphilosophie und bürokratischer Werthorizont, Göttingen 1985, S. 257ff.; Paul Hinschius, Svarez, der Schöpfer des preußischen Landrechts und der Entwurf eines bürgerlichen Gesetzbuches für das deutsche Reich, Berlin 1889; Gerd Kleinheyer, Staat und Bürger im Recht, Bonn 1959; Eberhard Schmidt, Carl Gottlieb Svarez und Johann Heinrich Casimir von Carmer, in: Schlesische Lebensbilder, Breslau 1926, Band II.; Gerd Kleinheyer/Jan Schröder, Deutsche Juristen aus fünf Jahrhunderten, 3. Aufl., Heidelberg 1989; Adolf Stölzel, Carl Gottlieb Svarez, Berlin 1885; Hans Thieme, Carl Gottlieb Svarez in Schlesien, Berlin und anderswo, in: Juristen-Jahrbuch 6 (1965/66), S. 1ff.; Fritz Werner, Die Kronprinzen-Vorträge des Geheimen Obertribunalrats Carl Gottlieb Svarez, in: VerwArch 53 (1962), S. 1ff.; Erik Wolf, Carl Gottlieb Svarez, in: Ders., Rechtsdenker, S. 424ff.

25 Vor allem sind zu nennen: Freyheit und Eigenthum, abgehandelt in acht Gesprächen über die Beschlüsse der Französischen Nationalversammlung, Berlin/Stettin 1790; Grundsätze der natürlichen Rechtswissenschaft nebst einer Geschichte derselben, Halle 1797; Grundsätze des gemeinen deutschen peinlichen Rechts nebst Bemerkung der preußischen Gesetze, 2. Aufl., Halle 1792. – Zu Klein vgl. seine Selbstbiographie in: Bildnisse jetzt lebender Berliner Gelehrten mit ihren Selbstbiographien (hsgg. S.M. Lowe), Berlin 1806; ferner: Charles Ancillon, Denkschrift auf Ernst Ferdinand Klein, in: Academische Gelegenheitsschriften, Berlin 1815; Horst Brünker, Der Kriminalist Ernst Ferdinand Klein (1744–1810). Praktiker und Philosoph des aufgeklärten Absolutismus. Diss. Bonn 1972 (mit ausführlicher Bibliographie); Fischl, Einfluß, S. 129ff.; Günther, Idee II, S. 229; Hellmuth, Naturrechtsphilosophie, S. 257ff.; Ders., Ernst Ferdinand Klein, in: Aufklärung 2/1 (1987), S. 121–123; Ders., Ernst Ferdinand Klein: Politische Reflexionen im Preußen der Spätaufklärung, in: Hans Erich Bödeker/u.a. (Hrsg.), Aufklärung als Politisierung – Politisierung der Aufklärung, Hamburg 1987, S. 221–235; Ulrich Hoffmann, Ernst Ferdinand Kleins Lehre vom Verhältnis von Strafen und sichernden Maßnahmen, Diss. Breslau 1938; Kleinheyer/Schröder, Juristen, S. 347f.; Franz v. Liszt, Ernst Ferdinand Klein und die unbestimmte Verurteilung, in:

übrigen auch die 1778 für das Berner Preisausschreiben konzipierten „Fragmente eines peinlichen Gesetz-Buchs nebst einer Anleitung dazu“[26] des damals 34jährigen Autors.

I. Die Idee eines aufgeklärten Strafgesetzbuches

Im Folgenden soll die Idee eines aufgeklärten Strafgesetzbuches in mehreren Schritten entfaltet werden, wobei die Arbeiten von Svarez und Klein als vorwiegende Quellen herangezogen werden. Der Ansatz dabei ist – von der genannten ungeschichtlichen Haltung der Aufklärer verständlich – ein naturrechtlicher[27]; mit ihm ist auch zu beginnen.

Ders., Strafrechtliche Aufsätze und Vorträge Band II, Berlin 1905, S. 133ff.; Helmut Mumme, Ernst Ferdinand Kleins Auffassung von der Strafe und den sichernden Maßnahmen, Hamburg 1936; Hans Ludwig Nagel, Der Strafzweck bei Ernst Ferdinand Klein im Vergleich zur deutschen Aufklärung und zu den Auffassungen der übrigen Strafrechtsliteratur am Ende des achtzehnten Jahrhunderts, Diss. Bonn 1953; Nagler, Strafe S. 359f.; Eb. Schmidt, Geschichte, § 241; Thomas Vormbaum (Hrsg.), Texte zur Strafrechtstheorie der Neuzeit Band I, Baden-Baden 1993, S. 267ff.; Gerd H. Wächter, Strafrechtliche Aufklärung. Strafrecht und soziale Hegemonie im achtzehnten Jahrhundert, Diss. Frankfurt am Main 1987, S. 124ff.

26 Abgedruckt in: Ernst Ferdinand Klein, Vermischte Abhandlungen über Gegenstände der Gesetzgebung und Rechtsgelehrsamkeit, Band I, Leipzig 1780, S. 28ff.

27 Auf das allgemeine Problem des Naturrechts und die Besonderheiten des sog. „preußischen Naturrechts“ (vor allem in Nachfolge des Christian Wolff) kann hier nicht genauer eingegangen werden; vgl. zum Problem vgl. Hans-Martin Bachmann, Die naturrechtliche Staatslehre Christian Wolffs, Berlin 1977; Wilhelm Dilthey, Das Allgemeine Landrecht, in: Ders., Gesammelte Werke Band 12, 4. Aufl., Stuttgart 1973, S. 133ff.; Reinhardt Frank, Die Wolffsche Strafrechtsphilosophie und ihr Verhältnis zur kriminalpolitischen Aufklärung des 18. Jahrhunderts, Göttingen 1887; Hellmuth, Naturrechtsphilosophie; Diethelm Klippel, Politische Freiheit und Freiheitsrechte im deutschen Naturrecht des 18. Jahrhunderts, Paderborn 1976; Peter Krause (Hrsg.), Vernunftrecht und Rechtsreform. Aufklärung 3/2 (1988); Günter Namslau, Die Rechtfertigung des Staats bei Christian Wolff, Berlin 1932; Wolfgang Neusüss, Gesunde Vernunft und Natur der Sache, Berlin 1970; Hans-Joachim Schoeps (Hrsg.), Zeitgeist der Aufklärung, Paderborn 1972; Hans Thieme (Hrsg.), Humanismus und Naturrecht in Berlin-Brandenburg-Preußen, Berlin/New York 1979; Franz Wieacker, Das Naturrecht und die Aufklärung, Coimbra 1967; Sven Erik Wunner, Christian Wolff und die Epoche des Naturrechts, Hamburg 1968.

1. Gesellschaftliche Naturrechtsordnung

Selbstverständlich kam für die Aufklärung nicht ein an einem vorgegebenen Sein (etwa der Schöpfungsordnung des christlich-jüdischen Gottes) ausgerichtetes Naturrecht, das im Glauben mit Demut hinzunehmen, aufzugreifen und nachzuvollziehen war, in Betracht, sondern das am aufgegebenen Sollen orientierte freiheitliche Naturrecht, das der Verstand mit dem Mut zur Verwirklichung erkennt und als eine von ihm her legitimierte und in ihm gründende Welt setzt: eben als gesetzliche Welt.
Im naturrechtlichen System des Ernst Ferdinand Klein ist dieser Ansatz eindeutig und leicht zu erkennen. Seine „Grundsätze der natürlichen Rechtswissenschaft" (aus dem Jahre 1797) beginnen in § 1 mit einer Begriffsbestimmung der Gesetze: „Gesetze für freihandelnde Wesen sind allgemeine Regeln, welche gemeingültige Gründe der Notwendigkeit für ganze Gattungen von Subjekten zur Bestimmung ganzer Gattungen von Entschlüssen enthalten" und welche „Willensbestimmungen" sind, insgesamt abgegrenzt von Ratschlägen, bloßen Klugheitslehren, Maximen und Befehlen. Dieser Begriffsbestimmung entspricht § 5, der unter der Überschrift „Von menschlichen Handlungen" über den Menschen aussagt: „Der Mensch kann als bloße Körpermasse, als Maschine, als Pflanze, als Tier und als vernünftiges Wesen betrachtet werden. Als bloßer Körper hängt er von den Gesetzen der Bewegung ab; als Maschine von eben diesen Gesetzen, in sofern sie zu einem gewissen Zwecke benutzt werden; als Pflanze von dem unwillkürlichen Bildungstriebe, vermöge dessen der Grund der zweckmäßigen innern Bewegung in ihn selbst gesetzt wird; als Tier von der sinnlichen Einwirkung, durch welche die willkürliche Bewegung bestimmt wird; als vernünftiges Wesen von den Gesetzen der Vernunft". Letzteres verweist auf den „Willen, welcher das Vermögen enthält, die Vorschriften der Vernunft zu befolgen oder zu übertreten" (§ 7). Dabei ist nach Klein diesem Willen der Trieb eigen, das sinnliche Begehrungsvermögen (Begierde, Streben, Trieb) nach Lust und Vergnügen, insgesamt: Glückseligkeit und das vernünftige Begehrungsvermögen nach der Billigung der Entschlüsse durch die Vernunft (im Sinne der Gesetzlichkeit) zur Übereinstimmung zu bringen (§§ 8, 17), worin zuletzt seine „Freiheit im spekulativen Sinne" (§ 29) liege.

Carl Gottlieb Svarez setzte eigentlich noch theologisch an, wenn er in den Kronprinzenvorträgen meinte: „Die natürlichen Rechte und Pflichten des Menschen lassen sich am füglichsten aus dem Triebe zur Glückseligkeit herleiten, der einem jeden von uns von unserem großen Urheber eingepflanzt, der also gewiß der Zweck unseres Daseins, die Grundlage unserer ganzen moralischen Natur ist . . . Nach dem Begriff, den wir uns von Gott als dem Urheber unseres Wesens und unserer Natur zu machen haben, müssen wir notwendig annehmen, daß das höchste Wesen, indem es diesen rastlosen Trieb zur Glückseligkeit in unsere Brust gepflanzt, uns zugleich die Kräfte und Mittel gegeben hat, durch deren weise Anwendung wir denselben befriedigen können. Wir können also auch sicher behaupten, daß jeder Mensch von Natur berechtigt sei, alles zu tun, was seine Glückseligkeit erhält und befördert, sowie verpflichtet, alles zu unterlassen, was diese Glückseligkeit stört oder hindert". Dann kommt aber der Schlenker zu einem säkularen Naturrecht, also zu einer Argumentation von der „moralischen Natur" des Menschen in Zusammenhang mit der Freiheit: „Wollen wir uns nun im allgemeinen belehren, was denn eigentlich zur Glückseligkeit des Menschen gehöre, so müssen wir auf die Beschaffenheit seines Wesens, nach welchem er aus einem organisierten Körper und einem vernünftigen Geiste zusammengesetzt ist, Rücksicht nehmen. In seiner Seele entdecken wir Vernunft, Freiheit des Willens und eine Menge andrer mannigfaltiger Fähigkeiten ... Vermöge der Freiheit seines Willens ist er fähig, sich in seinen Handlungen nach vernünftigen Beweggründen zu bestimmen, das, was der Verstand als gut erkannt hat, zu begehren und das, was dieser als schädlich und böse verwirft, zu verabscheuen". Je mehr der Mensch diese Fähigkeiten in sich entwickle, „desto mehr nähert sich der Mensch dem großen Zweck seines Daseins, seiner Glückseligkeit". Svarez zog die Konsequenz: „Der Mensch hat folglich ein natürliches Recht, sein Dasein zu erhalten ...; er hat ein Recht, seinen Verstand aufzuklären, Wahrheit zu suchen ...; er hat das Recht, die Freiheit seines Willens zu behaupten und sich in seinen Entschließungen und Handlungen nur durch die Einsichten seines Verstandes, nicht aber durch blinde Triebe oder äußeren Zwang bestimmen zu lassen"[28].

Für beide Väter des ALR (zumindest des strafrechtlichen Teils) war die wahre Freiheit nicht gegen die Glückseligkeit aufgefaßt, sondern als Einheit gedacht: nur eine vernünftige Freiheit könne echte Glückseligkeit bringen. Die Kehrseite war dann allerdings auch: die menschliche Glückseligkeit kann nicht auf unmittelbare Weise einfach erfüllt werden (wie es für das Tier möglich ist); sondern sie muß durch den menschlichen Verstand geformt, vermittelt, selbst zu einem System der Triebe usw. gemacht werden.

Das neuzeitlich-bürgerliche säkulare Naturrecht war Erkenntnis und Praxis zugleich; mit dem Vorrang der Theorie, die das Handeln dann bestimmen sollte. Aber unbestrittene Voraussetzung war die Notwendigkeit dieses Handelns. Der Mensch (also: jedes Subjekt, das die Menschheit darstellte) mußte aktiv werden, konnte nicht (mehr) einfach gläubig vertrauen und bloß betend hoffen in liebender Annahme des sich als Ord-

28 Svarez, Vorträge, S. 454f.

nung der Welt verwirklichenden Willen Gottes; sondern selbst diese Menschheit in jedem Subjekt war erst noch zu erarbeiten, durch anstrengendes Bemühen herauszuziehen, zu formen und zu bilden. Zugrunde gelegt war somit der Primat der Praxis; es galt, diese gesetzlich zu machen durch die Arbeit des Verstandes.

Der Einzelne (jeder Einzelne) wurde nicht als Repräsentant dieser Menschheit geboren. Die Geburt war nicht maßgebend, auch nicht die Abstammung (das „Blut"). Dies war Natur, vergleichbar der Natur der Pflanzen und der Tiere, wie das obige Zitat von Klein aussagte. Diese Natur war nur der Körper, ein Stück der materiellen Welt; und der als solcher die Kraft hatte, auch das Bewußtsein zu bestimmen. Die körperlichen Sinnesorgane waren primär: durch sie wurde die Welt wahrgenommen, wurde sie zu der bewußten Welt im Inneren des Wahrnehmenden, ja: wurde sie sein Inneres selbst. Außen- und Innenwelt traten in ein Verhältnis: letztere war das Produkt der ersteren, das Materielle war primär und bestimmend; auch als leiblicher Trieb, Leidenschaft, unmittelbare Begierde. Aber diese Natur war nicht das, was die Aufklärer ihrem System zugrunde legten. Sie wollten die Natur des Menschen selbst, die über diesem Verhältnis von Außen- und Innenwelt (Körper und Bewußtsein) stand: als Geist, bestimmt durch Denken und Verstand, an Theorie und Reflexion. Diese spezifisch menschliche Natur – auch als moralische Natur bezeichnet (wie die Zitate von Svarez oben zeigten) – war nicht vorgegeben, sondern aufgegeben und erst noch zu verwirklichen. Das eigentliche Sein des Menschen war ein Sollen, nämlich: sein Sollen, das ihm als Menschen aufgegeben war. Nur er konnte dieses Sollen erreichen, d.h.: sich finden und verwirklichen als Mensch. Ziel war das Erfüllen dieses moralischen Gesetzes in sich; aber nur als selbst-gesetzgebend (autonom). Wahre Freiheit eines Menschen – und damit orientiert an der Menschheit in einem selbst! – war nicht Willkür, sondern Gesetzlichkeit; aber nicht als ein von außen her zwingendes, fremdes Gesetz, sondern als das vom Subjekt selbst erkannte und gewollte Gesetz, das Gesetz der Menschheit selbst. Diese selbst-gesetzgebende Freiheit mußte vom Subjekt ausgehen, von seinem Inneren, seinem Denken und seinem Willen: denn dieses Innere war – über Körper und Bewußtsein hinaus – sein eigentlich Wesentliches, nämlich die Vernunft in seinem Denken und Wollen. Würde das Subjekt diese Dimension in seinem Handeln und Sein erreichen: dann wäre die Menschheit in ihm selbst verwirklicht, wäre das Subjekt wirklich Mensch geworden. Sein Handeln und Sein wäre dann wirklich menschlich; was bedeutet: derart, daß jeder Mensch dies auch als sein Sollen erkennen und wollen könnte (und müßte, wenn er nur nachdenken würde).

Daher konnte die natürliche (d.h. vorgegebene) Grundlage nur sein die Fähigkeit des Menschen und seine Bestimmung (qua Menschheit) zu dieser

Arbeit an sich selbst als Körper und Bewußtsein, also an seiner menschlichen Natur, hin zur Selbst-Verwirklichung als Vernunft. Diese Fähigkeit konnte dem Einzelnen niemand bestreiten: welches Argument wäre diesbezüglich denn auch einschlägig? Sie konnte ihm auch niemand nehmen: im Denken konnte jeder seine autonome Freiheit verwirklichen. Aber noch mehr: jeder mußte auch die Möglichkeit zur Verwirklichung dieser Gedanken haben: als das Recht der Menschheit in ihm. Deshalb mußte diese Fähigkeit als das eigentliche Naturrecht zugrunde gelegt werden: als Recht darauf, sich selbst zu der wirklichen Bestimmung (der Menschheit in ihm) zu entwickeln; ohne dazu gezwungen zu werden von außen her, von anderen. Der (d. h.: jeder) Mensch hatte das Recht, Person zu sein und als diese von den anderen, die mit ihm zusammenlebten (und zusammenleben mußten), geachtet zu werden.

Jede Person (was bedeutet: jeder Mensch als Person in gleicher Weise) hatte somit das natürliche Recht, sich einen äußeren Raum der Verwirklichung zu geben, eine äußere Eigensphäre, die als „Eigentum" bezeichnet wurde, das aber nicht nur das Haben von Sachen umfaßte, sondern all das einbezog, was „das Seine"[29] oder „das Eigen" der Person war: also vor allem auch Leib und Leben, die äußere Freiheit als Freisein von Zwang, auch die angeborenen Fähigkeiten und Talente, usw. Die nähere Bestimmung dieses „Eigen" als die Grenzziehung der äußeren Sphären (Freiheitsräume) der unterschiedlichen Personen geschah durch die Vereinbarung (den Vertrag)[30], also durch übereinstimmende Willensbildung. Auf einer solchen Vereinbarung beruhte auch der Zusammenschluß mehrerer Personen zur Erreichung eines gemeinsamen Zweckes; diese Einheit der Willen wurde als „Gesellschaft"[31] bezeichnet. Auch die unterschiedlichen Gesellschaften mußten die äußeren Grenzen ihrer Verwirklichung vereinbaren, bis hinauf zu der letzten Gesellschaft, die das Ganze des Zusammenlebens der Personen als solcher und in Gesellschaften betraf. Diese Gesamtgesellschaft mußte auf eine Grundver-

---

29 So die Terminologie bei Svarez, Vorträge S. 7, 37, 456. – Zur Sache vgl. auch Klein, Grundsätze, §§ 54 ff. – Allgemein zum Problem vgl. Wolfgang Schild, Begründungen des Eigentums in der Politischen Philosophie des Bürgertums: Locke – Kant – Hegel, in: Johannes Schwartländer/Dietmar Willoweit (Hrsg.), Das Recht des Menschen auf Eigentum, Kehl am Rhein 1983, S. 33 ff.

30 Dazu vgl. Klein, Grundsätze, §§ 127 ff.

31 So Klein, Grundsätze, §§ 386 ff.

einbarung (einen Grundvertrag)[32] zurückgeführt werden: als gemeinsame (allseitige) und gegenseitige Abgrenzung von äußeren Freiheitsräumen. Jede Person (als solche oder als Gesellschaft) entfaltete in dieser Grundvereinbarung die eigene natürliche Freiheit selbst, weshalb diese Bindung – die der Grundvertrag zuletzt brachte – eine selbstgesetzte war. Jedenfalls war der gesamtgesellschaftliche Zustand – das Verhältnis der die Grundvereinbarung abgeschlossen habenden Personen – weiterhin Naturzustand, begründet von und gegründet in dem Naturrecht eines jeden Einzelnen auf Freiheit[33].

Die Konsequenz dieses gesamtgesellschaftlichen Natur(rechts)zustandes war: wer diese Grundvereinbarung brach und in die naturrechtlich begründete Freiheitssphäre des Anderen eindrang, beging ein natürliches Unrecht als Gewalt – wenn es den Körper dieses Anderen unmittelbar betraf – oder als Zwang – wenn es der Selbsttätigkeit des Anderen Hindernisse bereitete[34] –. Der so Gezwungene und damit in seinem personalen natürlichen Freiheitsrecht Verletzte hatte das Recht, diesen Zwang zurückzuweisen, also selbst Gegen-Zwang (bis hin zur Gegen-Gewalt) zu üben und damit den Verletzer selbst in seiner Personalität zu verletzen. Und zwar aus eben diesem Naturrecht heraus; und nicht erst aufgrund der Grundvereinbarung (die den gesamtgesellschaftlichen Zustand begründete). Deshalb ging es auch nicht um eine Frage der wirklichen Einwilligung des Verletzers in die Gegen-Verletzung[35]; sondern das Recht auf Gegen-Zwang (bis hin zu Gegen-Gewalt) war selbst ein originäres Naturrecht jedes Einzelnen. Deshalb bestand es auch gegenüber dem Verletzer, der diese Grundvereinbarung überhaupt nicht abgeschlossen hatte und auch nicht abschließen wollte[36].

---

32 Vgl. Svarez, Vorträge, S. 9f., 463ff. – Zum Ganzen vgl. Heiner Bielefeldt, Neuzeitliches Freiheitsrecht und politische Gerechtigkeit, Würzburg 1990; Hasso Hofmann, Zur Lehre vom Naturzustand in der Rechtsphilosophie der Aufklärung, in: Ders., Recht – Politik – Verfassung, Frankfurt 1986, S. 93ff.; Wolfgang Kersting, Die politische Philosophie des Gesellschaftsvertrags, Darmstadt 1994; Wolfgang Schild, Freiheit – Gleichheit – „Selbständigkeit" (Kant): Strukturmomente der Freiheit, in: Johannes Schwartländer (Hrsg.), Menschenrechte und Demokratie, Kehl am Rhein 1981, S. 135ff.

33 Auf andere Theorien, die als Naturzustand nur das Gegeneinander von vereinzelten und vereinzelt bleibenden Personen betrachten wollten (wie z. B. bei Hobbes), ist hier nicht einzugehen.

34 So Klein, Grundsätze, § 24.

35 So aber Cesare Beccaria in seinem epochemachenden Buch „Über Verbrechen und Strafen" (1764). Zu ihm vgl. m. w. N. Vormbaum, Texte I, S. 119ff.

36 Zu diesem Problem vgl. Kurt Seelmann, Vertragsmetaphern zur Legitimation des Strafens im 18. Jahrhundert, in: Die Bedeutung der Wörter. Festschr. f. Sten Gagnér, München 1991, S. 443ff.; Ders., Wechselseitige Anerkennung und Unrecht, in: ARSP 79 (1993), S. 228–236.

Auch seine Zwangs- oder gar Gewalthandlung durfte rechtlich mit Gegen-Zwang oder Gegen-Gewalt bekämpft und aufgehoben werden. Auch ihm gegenüber bestand ein Verhältnis von Person zu Person, ein Natur(rechts)zustand, das/der allerdings nicht von einer Vereinbarung (einem Vertrag zwischen beiden) her begründet werden konnte. Was bedeutet: einerseits war „Naturrecht" vom Subjekt her, also als „subjektives Recht" gedacht; zugleich aber ging die Theorie einerseits von der Pflicht (und zwar: einer Rechtspflicht) des Angreifers aus, nun den Gegen-Zwang hinzunehmen, andererseits von einer Rechtspflicht des Angegriffenen, den Angreifer als Person zu achten, wodurch „Naturrecht" über das subjektive Recht hinaus ein (objektives) Naturrechtsverhältnis meinte. Jedenfalls war der Verletzer als Person anzuerkannen und zu behandeln, also als ein Subjekt, das seine Verhältnisse durch Vereinbarung zu bestimmen berechtigt war; noch mehr: als ein Subjekt, das zu diesem Abgrenzen der Freiheitsräume aus dem in gleicher Weise zugrunde zu legenden Recht aller anderen heraus verpflichtet war. So mußte die Verletzungshandlung wenigstens im Sinne einer Vereinbarung verstanden werden, d. h.: als ein Verhalten, das der Idee der Vereinbarung (des Vertrages) zu unterstellen war, nämlich: dem Ausgleich von Interessen zu dienen, also dem Prinzip der Vergeltung (von Gabe und Gegengabe bzw. Leistung und Entgelt) zu folgen. Fügte der Verletzer dem Anderen Zwang zu, so mußte dies gedeutet werden als Einverständnis, denselben Zwang nun selbst hinzunehmen als Vergeltung des Übels, das er angetan hatte. Aber dieses Einverständnis lag selbst nicht wirklich vor[37]. Es wurde nur zugrunde gelegt dadurch, daß der Verletzer (weiterhin und trotzdem) als Person geachtet wurde und werden mußte. Eigentliche Grundlage der Vergeltung war somit dieses Gesetz der Anerkennung eines jeden als Person im Sinne eines möglichen Partners einer Vereinbarung; und der Inhalt dieses Gesetzes war ein solcher, dem eine jede Person eigentlich vertraglich zustimmen können mußte, wenn sie nur nachdachte.

So erwies sich der Naturzustand als Naturrechtsverhältnis in letzter Tiefe als ein gesetzlicher: nämlich als gesetzliche Abgrenzung der äußeren Freiheitssphären – also als wissenschaftliche Geometrie – und als gesetzliche Ausübung von vergeltendem Zwang. Die naturrechtliche Freiheit eines jeden als Person konnte nur dann wirklich rechtlich angesetzt werden, wenn sie gesetzlich verwirklicht wurde: nämlich in der Selbst-

37 So konnte die Auffassung von Beccaria widerlegt werden, wie es etwa in der Strafphilosophie des deutschen Idealismus (Kant, Hegel) versucht wurde; dazu vgl. Wolfgang Schild, Ende und Zukunft des Strafrechts, in: ARSP 70 (1984), S. 71 ff. Dazu, daß dies nicht immer ohne Mißverständnisse gelingen konnte, vgl. Igor Primorac, Kant und Beccaria, in: Kant-Studien 69 (1978), S. 403–421.

Gesetzgebung eines jeden im Verhältnis zu den anderen hin. Dabei beschränkte sich diese Selbstgesetzgebung auf diese äußeren Verhältnisse der einzelnen Freiheitssphären, in die – weil ungesetzlich – nicht eingegriffen werden durfte, außer als Gegen-Zwang, zu dem der Verletzte gesetzlich berechtigt war (und damit selbst nicht ungesetzlich handelte).

Zu eben diesem Ergebnis kam Carl Gottlieb Svarez in seinen Kronprinzenvorträgen 1791/92[38]. „Da ... jeder Mensch von Natur ein Recht hat, seine Glückseligkeit zu suchen und zu befördern, dies aber nicht anders geschehen kann, als wenn er sich im Besitz seiner teils angeborenen, teils erworbenen Güter erhält und die Summe derselben durch Anwendung seiner Fähigkeiten und Kräfte vermehrt, so ist der Mensch vollkommen berechtigt, sich einem jeden, der ihm diese Güter entreißen oder ihn in dem freien Gebrauch seiner Kräfte zur Vermehrung derselben hindern will, mit Gewalt zu widersetzen". Svarez nannte diese Verletzung „Beleidigung", weil letztlich Mißachtung der Person. Dieses „Zwangsrecht des Menschen im Stande der Natur" wurde von Svarez weiter differenziert: es sei nicht nur das Recht auf Widersetzung gegen den Verletzer, sondern auch das Recht, „bevorstehenden oder wiederholten Beleidigungen durch [Zwangsmittel] vorzubeugen, die er für die schicklichsten hält, seinen Beleidiger zu dergleichen widerrechtlichen Unternehmungen außer Stand zu setzen", also auch mit Zwang (Gewalt oder Drohung) „verhindern, daß ihm ein andrer nichts von dem Seinigen entziehe"[39].

Dagegen hat nach Svarez niemand ein Naturrecht, „den anderen wider dessen Willen zu zwingen, daß er zu seiner, des Zwingenden, Glückseligkeit etwas beitrage, daß er von dem Seinigen etwas hergebe oder aufopfere, um damit das Wohl des andern zu vermehren". Denn darin würde eine Beleidigung gegen die Freiheit des Anderen liegen, die diesen dazu berechtigen würde, mit Gegen-Zwang zu reagieren. „Es würde also ein Widerspruch zwischen Recht und Recht da sein". Deshalb müssen nach Svarez Recht und Moral/Religion getrennt werden. Letztere belehren den Menschen, „in welcher natürlichen und untrennbaren Verbindung die Wohlfahrt eines jeden einzelnen Menschen mit dem Wohl und der Glückseligkeit seiner Nebenmenschen stehe, daß nur edle, großmütige und wohlwollende Gesinnungen der Natur und Würde unsers unsterblichen Geistes gemäß sind", „daß ... nur praktische Tugend uns wahrhaft glücklich machen könne"[40]. Aber diese moralischen/religiösen

38 Vgl. Svarez, Vorträge, S. 456.

39 Svarez, Vorträge, S. 456. – Dabei zählt Svarez unter dieses „Seinige" alle Fähigkeiten, Kräfte, natürliche Güter, aber auch die durch Vereinbarung von anderen erworbenen Güter, allgemein: die „Freiheit", deren noch mehrere sich zu verschaffen".

40 Svarez, Vorträge, S. 457.

Pflichten seien nicht zwingend; diesbezüglich müsse die eigene (subjektive) Einsicht und Überzeugung als alleiniger Richter entscheiden. Eine erzwungene Tugend wäre überhaupt keine! Dagegen war das Naturrecht durch den zulässigen Zwang gegen anderen bestimmt: nämlich einerseits, jeden dazu zwingen zu dürfen, „niemanden zu beleidigen und einem jeden das Seine zu lassen"[41], und andererseits, jedem Beleidiger durch Gegen-Zwang behandeln zu dürfen. Svarez griff dabei auf die Idee des Gesetzes zurück. Die naturrechtliche Freiheit eines Jeden dürfe nur gesetzlich beeinträchtigt (d.h. gezwungen) werden, nämlich eben im Sinne dieses gesetzlichen Zusammenhanges von äußerer Freiheitssphäre und Zwang-Gegen-Zwang. In seinen Worten: „Seine Freiheit wird nur durch das Gesetz, andre nicht zu beleidigen und einem jeden das Seine zu lassen, eingeschränkt; in allen übrigen Stücken steht er bloß unter der Botmäßigkeit seiner eigenen Vernunft. Sie ist seine einzige Gesetzgeberin, und niemand darf ihn zu Handlungen zwingen, die seine Einsicht und Überzeugung ihm nicht als notwendig oder nützlich zu seiner eigenen Glückseligkeit vorschreiben"; dies sei „eine große und ewige Wahrheit"[42]. Und Svarez fügte in einer der vorbereitenden Skizzen hinzu: „In diesem Zustande der natürlichen Freiheit und Gleichheit könnten die Menschen sehr glücklich sein, wenn sie alle aufgeklärt und wohlwollend wären"[43].

Auch Ernst Ferdinand Klein beschränkte das Naturrecht auf die äußere Freiheit, näherhin auf Handlungen, die zumindest in einem praktischen Sinne als frei (d.h.: auf Willensentschluß begründet) angesehen werden können (§§ 29, 30). Die Naturrechtslehre (natürliche Rechtswissenschaft) brauche sich nicht auf die spekulative Freiheit einzulassen; es reiche aus, wenn die Handlung auf einen Entschluß zurückgeführt werden könne (§ 21), der auf einem Beweggrund beruht (§ 30). Diese Qualifizierung eines Geschehens als Handlung nannte Klein „Zurechnung", genauer: moralische Zurechnung, da bzw. soferne eine Beziehung dieses äußeren Geschehens auf die Absicht der Person zugrunde gelegt werde (§§ 36, 35; §§ 40ff.). Konsequent dazu bestimmte Klein die Naturrechtswissenschaft als „ein System von Lehren über die moralische Grenzbestimmung der äußern Freiheit für moralische Wesen, welche in der Sinnenwelt leben" (§ 46). Dabei leite sie die Rechte und Pflichten aus der allgemeinen Menschennatur ab (§ 48). § 54 der „Grundsätze der natürlichen Rechtswissenschaft" (aus 1797) enthielt dann die entscheidenden Sätze: „Sobald man mehrere freie, aber in der Sinnenwelt existierende vernünftige Wesen voraussetzt, muß man ihnen eine gleiche äußere Freiheit zugestehn, und also

41 Svarez, Vorträge, S. 458.
42 Svarez, Vorträge, S. 458f.
43 Svarez, Vorträge, S. 5.

einem Jeden die Befugnis einräumen, Zwang und Gewalt mit Gewalt abzuwenden ... Da ... der Mensch als sinnliches vernünftiges Wesen nach innerer und äußerer Freiheit streben und eben dieses Streben bei Anderen voraussetzen muß, so kann er nur einen solchen Gebrauch der Freiheit billigen, welcher die äußere Freiheit der andern Menschen nicht aufhebt. Zwang und Gewalt gegen andre Menschen muß daher als der Würde der Vernunft widersprechend und als ein von allen vernünftigen Wesen anerkanntes Übel betrachtet und gemißbilligt werden. Daher das allgemeine Interesse der vernünftigen endlichen Wesen, Zwang und Gewalt, so viel an ihnen liegt, zu hindern. Sie können also Zwang und Gewalt nur in sofern billigen, als sie dazu dienen, den Gebrauch der Gewalt zu hindern oder unwirksam zu machen. Hieraus rechtfertigt sich die Regel: Zwang und Gewalt sind nur zum Schutz der gemeinsamen oder der mit dieser verträglichen eigenen Freiheit vernünftiger Wesen erlaubt". Klein führte diesen Grundsatz auf die Vernunft selbst zurück, d.h.: jeder Mensch müsse seine Notwendigkeit einsehen. Deshalb stimme dieser Grundsatz auch mit dem Moralgesetz überein, das jedem vernünftigen Wesen gebiete, was er tun und lassen solle, nämlich gebiete: „Strebe nach einem Willen, welcher mit sich selbst und dem Verstande übereinstimmt und die Sinnlichkeit der Vernunft unterordnet" (§ 53). Doch vertrat auch Klein die Trennung von Moral und Recht[44]. Letzteres gebiete nicht, sondern erlaube nur: nämlich die Ausübung von Zwang als Gegen-Zwang, der bzw. wenn er dazu dient, „den Gebrauch der Gewalt (oder des Zwanges) zu hindern oder unwirksam zu machen" (§ 54). Zwang als solcher war vom Naturrecht her unerlaubt und unrechtlich.

Die Begründung für diese These knüpfte bei Klein am Begriffe der Person an. Nach § 66 hätten „alle Menschen als vernünftige Wesen die Befugnis zu fordern, daß man ihre Persönlichkeit achte, d.i. daß man ihnen die Freiheit zugestehe, zu ihrem eigenen Zwecke zu wirken", wobei diese „Persönlichkeit" in § 65 als die Eigenschaft bestimmt wurde, „vermöge deren [die Person] als Selbstzweck behandelt werden muß". § 70 formulierte dann den Grundsatz: „Jeder Mensch hat ein Recht auf seine eigene Person, d.i. auf den freien Gebrauch seiner geistigen und körperlichen Kräfte, so weit er sie nicht zu Beeinträchtigung der Rechte anderer mißbraucht". § 95 leitete daraus ab: „Jeder Mensch hat ursprünglich ein ausschließendes Recht auf den Gebrauch seiner Seelenkräfte und Gliedmaßen ..., und es kann also niemand darüber wider seinen Willen verfügen". Die Person selbst freilich könne den einzelnen Gebrauch dieser Kräfte an andere abtreten (§ 96), d.h. eine Vereinbarung (einen Vertrag)

44 Vgl. allerdings auch bei Fn. 129. – Zum Problem vgl. Hellmuth, Naturrechtsphilosophie, S. 273 ff.

darüber abschließen. Ebenso könne die Person ihr Eigentum an einer Sache – zu dessen Begründung sie ein Recht habe (§§ 84ff.; §§ 224ff.) – einem anderen übertragen. So finden wir auch bei Klein die Trias Person – Eigentum – Vereinbarung (Vertrag), letztere ausgeführt in §§ 119, 127ff., 298ff.[45] Darüber hinaus stellte Klein auch das Recht der Gesellschaften dar (§§ 386ff.), wobei „Gesellschaft" die Verbindung mehrerer zu einem gemeinschaftlichen Zweck meine. Sie werde durch den „Vereinigungsvertrag" errichtet (§ 389), in dem auch die Einrichtung („Verfassung", vgl. §§ 394, 395) der Rechte und Pflichten der Gesellschaftsmitglieder angegeben ist (§ 392). Den Inbegriff aller Rechte einer solchen Gesellschaft bezeichnete Klein als „gesellschaftliche Gewalt" (§ 396), die Ausübung dieser Gewalt nannte er „Regierung" (§ 397). Er behandelte in diesem Zusammenhang sogar den Unterschied von „allgemeinem Willen" (volonté générale) und dem „Willen aller" (volonté de tous) (§ 398).

Und selbstverständlich kannte Klein auch diese erlaubte Gewalt (§ 106), nämlich diesen Gegen-Zwang im Verhältnis zum ersten Zwang oder zur ersten Gewalt, die er ebenso als „Beleidigung" bezeichnet (vgl. § 204). Diese (erlaubte) Zwangshandlung bestehe zunächst in der Erzwingung der Rückerstattung der entzogenen Sache (§ 205) oder – wenn dies nicht möglich sei! – der Schadenersatzleistung (§ 206). Daneben gebe es das Recht auf Selbstverteidigung, mit welcher (erlaubten) Handlung die Person eine drohende Beleidigung verhindern will (§§ 217–219). Dafür gelte der Grundsatz des minimalen Zwangsmittels (§ 107); zudem dürfe Leben und Gesundheit anderer dadurch nicht in Gefahr gesetzt werden (§ 110), außer der Bedrohte würde selbst sein Leben oder Gesundheit verlieren oder eine fortwährende Einschränkung seiner Freiheit erleiden (§ 111). Das mildeste Zwangsmittel war für Klein jedenfalls stets die (bloße) Androhung der Übel, welche den Beleidiger im Falle der durchgeführten Beleidigung treffen würden. „Kann durch diese Drohung der Zweck nicht erreicht werden, so ist die wirkliche Zufügung des Übels erlaubt" (§ 220). Dafür verwendete Klein den Begriff der „Strafe" im weiteren Sinne: als „das auf eine [unrechtliche] Handlung folgende Übel, in sofern es zur Bewirkung [rechtlicher] Handlungen oder Unterlassungen gebraucht wird" (§ 221). Genauer unterschied Klein dann weiter zwischen „Züchtigung" und „Strafe" (im eigentlichen Sinne): erstere habe die Besserung des Gezüchtigten, letztere die Abwendung der Beleidigung zum Zwecke (vgl. § 221). Ein Recht auf Züchtigung habe nur derjenige, dem das Recht der Vormundschaft zukomme (so § 223); „das Recht, [die eigentliche Strafe] zu drohen und zu vollziehen, [gehört] unter die absoluten Rechte des Menschen" (§ 222). Somit kannte Klein ein „natürliches

45 Vgl. dazu auch Klein, Freyheit.

Strafrecht": im Sinne eines Verteidigungsmittels, wie es auch Svarez – allerdings ohne dafür den ausdrücklichen Begriff „Strafe" zu verwenden – vertrat; nämlich eines Mittels zur Verteidigung der Freiheit selbst, vordringlich der eigenen Freiheit, aber dann auch der Freiheit anderer bzw. aller. Das natürliche Strafrecht eines jeden – in der oben allgemein gezeigten Einheit von subjektivem und objektivem Recht – gründet sich auf sein Recht der Selbstverteidigung (vgl. § 519).

Soweit Klein in seinen 1797 erschienenen „Grundsätzen der natürlichen Rechtswissenschaft"; so auch in seinen für das Preisausschreiben der Berner Ökonomischen Gesellschaft gedachten „Fragmenten eines peinlichen Gesetz-Buchs" von 1778/59[46]. In einigen Arbeiten aus dem Jahre 1790 – also in der Zeit der unmittelbaren Ausarbeitung des ALR – stellte Klein auf eine andere Argumentation ab, nämlich auf die Begründung einer naturrechtlichen „Genugtuungs-Strafe". Ausgang war das Recht auf Schadenersatz, wie es oben dargestellt wurde, aber nun von Klein wie folgt ausgedehnt wurde: „Zur vollständigen Genugtuung gehört, daß der beleidigende Teil alles das tue und leide, was erforderlich ist, damit der Beleidigte wieder in den Besitz aller der Vorteile gesetzt werde, welche ihm vor der Beleidigung zustanden, und die er durch dieselbe verloren hat. Dahin gehört auch, daß der Reiz zu ähnlichen Beleidigungen gehoben werde, welcher aus der unbestraften und glücklichen Vollziehung der Beleidigung entstanden ist. Wenn also der zugefügte Schaden von dem beleidigenden Teile nicht ersetzt werden [kann] . . ., so muß irgend eine andre Handlung oder auch eine Duldung an die Stelle derselben treten, welche, so weit es möglich ist, die bösen Folgen der Beleidigung wieder hebt. Dies wird nun oft nicht anders bewerkstelligt werden können als durch Zufügung eines Übels, welches als Folge der Beleidigung betrachtet diese in einem Lichte zeigt, welches dieselbe Person oder auch andere von ähnlichen Handlungen abhalten kann"[47]. Dieses Recht, auch wegen der Gefahr, daß andere zur Nachahmung der unrechtlichen Handlung angereizt werden könnten, beruht nach Klein auf dem bereits oben genannten Gedanken, daß der Einzelne sich nicht nur in seiner eigenen Freiheit schützen darf, sondern „daß auch mein ganzer rechtlicher Zustand als unverletzbar erscheine. Muß ich in einer beständigen Furcht vor den Angriffen Anderer leben, so wird es mir unmöglich, irgend einen Zweck zu verfolgen, und meine äußere Freiheit gerät dabei in eine größere Gefahr,

46 Vgl. Klein, Abhandlungen, S. 30 ff.

47 Ernst Ferdinand Klein, Gibt es Zwangs- und Strafgesetze, welche die Bürger des Staates auch ohne vorgängige Bekanntmachung verpflichten? in: Annalen der Gesetzgebung und Rechtsgelehrsamkeit 6 (1790), S. 93 ff. (95 f.).

als wenn mir nur einzelne Mittel zu meinem Zwecke entzogen werden“[48]. Klein sah diese Ausdehnung des Schadensumfanges in der „Natur des Menschen“ gegründet, Gutes mit Gutem und Böses mit Bösem zu vergelten, also rächende Vergeltung zu üben; wobei er zwischen primitiver Rachsucht – die auch als Erhaltungstrieb bei Tieren zu finden sei! – und der „Ahndung“ – die Folge des Rechtsgefühls sei, nur bei vernünftigen Wesen zu finden sei und auf dem Vernunft-Interesse beruhe, das Mißfallen an einer unrechtlich-bösen Handlung zu erweisen! – unterschied[49]. Jedenfalls folgerte Klein ein natürliches (naturrechtliches) Strafrecht des Einzelnen, dahingehend, „daß dem Beleidiger auch positive Übel zugefügt werden dürfen, über die er sich um so weniger zu beklagen befugt ist, da er voraussehen konnte, daß der Beleidigte die Beleidigung nicht ungerächt erdulden werde, und ihm sein eigenes Gefühl sagte, daß der Beleidigte seiner künftigen Sicherheit wegen dergleichen Handlungen nicht ungeahndet lassen könnte“; vorausgesetzt freilich, daß die Strafe der Größe seiner Beleidigung angemessen sei[50]. Der so zur Genugtuung herangezogene (bestrafte) Beleidiger könne auch keinen rechtlichen Einwand gegen diese Zwangshandlung erheben. Denn zwar sei er durch seine Beleidigungstat nicht rechtlos (geworden); aber er müsse sich „in Rücksicht auf die widerrechtliche Handlung und deren Folgen ... gefallen lassen, wie ein physisches Hindernis jedes rechtlichen Zustandes unter Menschen behandelt zu werden“[51].

So kam Klein[52] zu zwei unterschiedlichen Arten von naturrechtlich begründeten Strafen (bzw. zu zwei Arten eines natürlichen Strafrechts einer jeden Person): einmal die zuerst dargestellte Strafe, die das Verteidigungsmittel der Drohung vollzieht – „Exekutivstrafe“ genannt! –, dann zweitens diese „Strafe zur Genugtuung“ als Konsequenz des Schadenersatzrechts. Für beide natürliche Strafrechte freilich galt in gleicher Weise, daß damit die Verhinderung von Beleidigungen (also: Rechtsverletzungen) überhaupt bezweckt sein mußte; was bedeutete, daß sie vom Einzelnen nicht willkürlich bestimmt und eingesetzt werden durften, sondern nur „nach einer Regel, welche geschickt wäre, zum Gesetz erhoben zu

48 Ernst Ferdinand Klein, Über das Begnadigungs- und natürliche Strafrecht, in: Archiv des Criminalrechts 6/4 (1805/06), S. 1 ff. (7).

49 So Ernst Ferdinand Klein, Erwiderung, in: Archiv des Criminalrechts 2/3 (1799/1800), S. 102 f.

50 Klein, Annalen 6, S. 97 f.

51 Ernst Ferdinand Klein, Über die Natur und den Zweck der Strafe, in: Archiv des Criminalrechts 2/1 (1799/1800), S. 60 ff. (78 f.).

52 Vgl. Klein, Archiv des Criminalrechts 2/1, S. 60 ff.; 6/4, S. 1 ff.; Grundsätze des gemeinen deutschen peinlichen Rechts, §§ 4–12.

werden"[53]. Denn auch bei Klein finden wir die Konzeption eines gesellschaftlichen Naturzustandes mit Rechten und Pflichten, insgesamt damit nur als gesetzliche Ordnung des Zusammenlebens, beruhend auf der Selbst-Gesetzgebung eines jeden Einzelnen.

2. *Rechtspflegestaat:*

Freilich haben wir oben bereits den Hinweis bei Svarez gehört, daß die Menschen in diesem Zustand der natürlichen Freiheit und Gleichheit sehr glücklich leben könnten, „wenn sie alle aufgeklärt und wohlwollend wären". Svarez fuhr aber dann sofort weiter fort und nannte mehrere Gründe, „warum dennoch das Menschengeschlecht in diesem Zustande nicht glücklich ist"[54], darunter u.a. die Eingeschränktheit des Verstandes und das Angewiesensein des menschlichen Geistes auf die Sinne, überhaupt das Übergewicht der Sinnlichkeit und der Leidenschaften über die Vernunft. Der Mensch ist eben nicht nur Vernunftwesen, sondern – wie wir auch von Klein gehört haben! – ein Wesen, das Vernunfttrieb und sinnliches Begehrungsvermögen in Übereinstimmung bringen müsse.

Jedenfalls problematisierten die Aufklärer, daß der Zwang als Gegen-Zwang nur dann rechtlich (erlaubt) sein könne, wenn er wirklich gesetzlich bestimmt und durchgeführt würde. Aber gerade unter Berücksichtigung dieses Genugtuungs-Bezuges – wie es ja vor allem Klein herausgestellt hatte! – war dieses Erfordernis im Naturzustande nicht vorauszusetzen. Svarez betonte den Nachteil, da „jeder Mensch im Stande der Natur nur sein eigener Richter ist"[55], daß also Privatjustiz herrsche. Erforderlich ist – so folgerten die Theoretiker – eine Instanz, die den erlaubten Zwang wirklich nur gesetzlich anwenden würde: der Staat.

a. Exekutivstaat. Selbstverständlich konnte dieser Staat nicht auf irgendeine göttliche Einsetzung oder auf das Recht des Stärkeren zurückgeführt werden; sondern auch er mußte naturrechtlich begründet werden: nämlich durch eine Vereinbarung (einen Vertrag). Die Personen kommen übereinstimmend dazu, eine Gesellschaft zu bilden, deren Zweck diese gesetzliche Ausübung des naturrechtlich erlaubten Zwanges ist. Aber auch derjenige, der diese Übereinkunft nicht wirklich will, muß zustimmen, wenn er nur nachdenkt und sein natürliches Verhältnis zu den anderen reflektiert. Deshalb ist jeder so zu behandeln, als hätte er diese

53 Klein, Archiv des Crinimalrechts 2/1, S. 90.
54 Svarez, Vorträge, S. 5f.
55 Svarez, Vorträge, S. 6.

Vereinbarung geschlosse, denn: jeder ist von jedem als Person zu behandeln, was nur unter Voraussetzung dieser Vereinbarung mögich ist. Eine „Gesellschaft" ist[56] eine Verbindung mehrerer zu einem gemeinschaftlichen Zweck, die auf einem Vereinigungsvertrag beruht, der das Verhältnis der Gesellschaft und ihrer Mitglieder regelt, wodurch die Gesellschaft eine Einrichtung (Verfassung) erhält; zudem ist die Regierung die Ausübung des gesellschaftlichen Gewalt (die allerdings die Verfassung selbst nicht abändern kann); und der „allgemeine Wille (volonté générale)" der Gesellschaft ist der, welcher als der Wille der ganzen Gesellschaft rechtlich betrachtet werden muß, was nur dann möglich ist, wenn eine Verfassung ausdrücklich vereinbart wurde (andernfalls bloß von einem „Willen aller (volonté de tous)" gesprochen werden könne). Daraus folgt: die nun geforderte Instanz des Staates bedarf einer „Staatsgesellschaft", die auf der vorauszusetzenden Vereinbarung aller Mitglieder der Gesamtgesellschaft beruht, einen Gewalt- oder Zwangskörper einzusetzen und auszustatten, der den naturrechtlich erlaubten Zwang gesetzlich vollzieht. Dieser Staatskörper kann deshalb nur von dem Zweck, den die Gesellschafter bestimmen (und wegen der genannten Zusammenhänge auch bestimmen müssen), gedacht werden: er ist begrifflich (oder wenn man will: seinem Wesen nach) nur ein Mittel zur Erreichung dieses Gesellschaftszweckes. Jedenfalls ist er nicht (und kann nicht sein) „Selbstzweck"!

Der Staatskörper ist damit nur Exekutivstaat. Denn er muß an das naturrechtliche Verhältnis der Personen anknüpfen. Nur für die Ausübung erlaubten Zwanges als eines gesetzlichen Gegen-Zwanges ist er da; und deshalb ist er notwendig in sich und aus sich heraus gesetzlich, eine Maschine, ein Zwangs-Apparat, dessen Bauplan das Gesetz des Zwanges ist, ein – erinnern wir uns an die Abhandlung von Friedrich II. aus dem Jahre 1749! – „Uhrwerk, in dem alle Triebfedern nur einen Zweck haben"[57]: nämlich gesetzlichen Zwang auszuüben bloß als Gegen-Zwang. Der Bauplan dieser Maschine ist die Verfassung dieser Staatsgesellschaft.

Der gesetzliche Funktionsplan dieses Staatskörpers knüpft dabei an das natürliche Zwangsrecht eines jeden an: soll die Maschine doch die u.U. gefährliche Privatjustiz – in der jeder Richter in eigener Sache ist und damit subjektiv handelt! – ersetzen, sozusagen: „klären". Der Staatskörper kann und soll also – immer in der Form der Gesetzlichkeit – die Selbstverteidigung übernehmen und nicht nur den jeweils Einzelnen, sondern die Gesamtgesellschaft überhaupt schützen. Er kann und soll auch das Wiedererstattungs- und Schadenersatzrecht der Einzelnen überneh-

---

56 Vgl. Klein, Grundsätze, §§ 386ff.

57 So Friedrich der Große, Werke VIII, S.32.

men und exekutieren. Noch mehr: er kann und soll auch – wenn wir der Theorie von Klein folgen! – das natürliche Strafrecht an sich ziehen, was bedeutet: er kann und soll das zur Genugtuung und/oder zur Vergeltung bestimmte Übel auch dazu einsetzen, um zu verhindern, daß der Beleidiger selbst, aber auch alle anderen in Zukunft solche oder ähnliche Handlungen begehen. Um es zu betonen: selbstverständlich geht es um Vergeltung insofern, als dem Zwingenden aus Naturrecht heraus der Zwang angetan werden darf, der Gegen-Zwang ist und der dadurch das Unrecht (die Beleidigung) der ersten Zwangshandlung aufhebt und vernichtet (auch und vor allem als Anreiz für den Beleidiger und die anderen). Für den Staatskörper und von ihm her gesehen kann aber diese Vergeltung nur als Zweck in Betracht kommen: ist er doch nur Mittel zum staatsgesellschaftlich bestimmten Zweck! nämlich der gesetzlichen Exekution, um zu verhindern, daß wegen der Privatjustiz aller ein Krieg jedes gegen jeden ausbricht. Primär ist deshalb die Exekution der naturrechtlichen Vergeltungsstrafe; in dieser ausgeführten Exekution aber liegt zugleich eine Drohung für den Bestraften und für die anderen. Der staatliche Gewalt- und Zwangskörper exekutiert gesetzlich; und damit wirkt er immer auch in die Zukunft, wodurch er auch zugleich Drohkörper wird und ist.

Doch bleibt die Exekution der natürlichen Strafe primär; und deshalb gelten auch die Grenzen des natürlichen Strafrechts des Einzelnen für den Staatskörper, nämlich – in der Theorie von Klein[58] –: Gesundheit oder Leben dürfen nicht verletzt werden, außer der Beleidigte würde sonst selbst in eine Gefahr für Leben oder Gesundheit kommen oder eine fortwährende Einschränkung seiner Freiheit befürchten müssen. Übernimmt der Staatskörper die Exekution, dann fällt der mögliche Grund für Leibes- oder Todesstrafe notwendig fort. Konsequent kann der Staat als Exekutionsstaat nur Freiheitsstrafen verhängen, die selbstverständlich nicht nur im Einsperren bestehen muß, sondern auch[59] eine Arbeitsstrafe sein kann! Deshalb haben zahlreiche Aufklärer folgerichtig das staatliche Recht zumindest auf Verhängung einer Todesstrafe[60] abgelehnt; nach

58 Vgl. Klein, Grundsätze, §§ 110, 111, 218, 219.

59 Unter polizeistaatlichem Einfluß – der unter 3. angesprochen werden wird – muß man sogar sagen: „vor allem" eine Arbeitsstrafe, da damit spezial-präventive Wirkungen erwartet werden. Zum Problem vgl. Kurt Seelmann, Zum Verhältnis von Strafzwecken und Sanktionen in der Strafrechtsliteratur der Aufklärung, in: ZStW 101 (1989), S.335ff. (341). – Zum Ganzen vgl. Georg Forrer, Die Freiheitsstrafe im friderizianischen Preussen, Diss. Zürich 1975, S.41ff.

60 Vgl. dazu H.-H. Lewandowski, Die Todesstrafe in der Aufklärung, Diss. Bonn 1960. – Einzelne Belege bei Sellert/Rüping, Quellenbuch, S.372.

meiner Einschätzung völlig zu recht, wenn man den Staat in dieser Weise als Exekutionskörper betrachtet. Die einzig zulässige Freiheitsstrafe ist im übrigen auch die Folgerung, die den Ansatz des Naturrechts wirklich durchdenkt[61]: ist jedes Unrecht (jede Beleidigung) die Verletzung von Freiheit, kann es bzw. sie nur durch eine ebensolche Verletzung der Freiheit des Zwingenden aufgehoben werden. Strafe muß begrifflich Freiheitsstrafe (im angegebenen weiten Sinne) sein! wenn das System auf Freiheit gegründet ist.

Der Staatskörper ist nach dem Ausgeführten somit (und muß es auch sein) eine Maschine, ein Uhrwerk. In ihm kann nur diese Gesetzlichkeit herrschen; jede Willkür ist ausgeschlossen. Dies gilt vor allem für den Richter, der die Strafe oder den Zwang überhaupt im Einzelfall zu bestimmen hat. Er kann nur Mund des Gesetzes sein, nur Subsumtionsautomat; das Verfahren selbst muß gesetzlich determiniert sein, einer Fabrik vergleichbar, in der das Urteil erzeugt wird wie ein Produkt. Freilich setzt dies nicht nur einen bestimmten Richtertypus voraus, vor allem also einen methodisch für diese Subsumtion ausgebildeten[62] Gesetzeskundigen, sondern verlangt auch, daß diese Gesetzlichkeit der Staatsmaschine offensichtlich ist, was bedeutet: in Gedanken gefaßt und niedergeschrieben ist als System und derart vollständig und klar, daß keine Auslegung mehr möglich ist, sondern nur mehr diese Subsumtion durch die Tätigkeit des Verstandes, dann auch veröffentlicht und so für alle erkennbar ist in der Welt.

Dies ist vor allem deshalb so wichtig, weil das natürliche Strafrecht des Einzelnen – erinnern wir uns an Klein! – Vergeltung des angetanenen Schadens ist, aber in diesem Schaden zugleich auch die mittelbare Folge der entstehenden Unsicherheit gehört, da dieses Unrecht andere zur Nachahmung reizen kann. Zu eben diesem Ergebnis kamen auch die anderen Aufklärer[63], die also nicht die Genugtuungsstraftheorie Kleins vertraten. Aber mit der Errichtung eines Staatskörpers durch die Staatsgesellschaft mußte der Zweck dieses Staates auf die Gesamtgesellschaft ausgedehnt werden. So muß das Gesetz des Staatskörpers auch auf die

61 Vgl. Forrer, Freiheitsstrafe, S. 41 ff.

62 Vgl. dazu Ernst Ferdinand Klein, Über die Ausbildung der jungen Rechtsgelehrten in den Preuß. Staaten, in: Annalen der Gesetzgebung und Rechtsgelehrsamkeit in den preußischen Staaten 23 (1805), S. 238 ff.; Ders., Über das Studium der Rechtswissenschaften in den preußischen Staaten, in: Annalen der Gesetzgebung und Rechtsgelehrsamkeit in den preußischen Staaten 24 (1806), S. 157 ff. – Zum Problem vgl. Uwe Bake, Die Entstehung des dualistischen Systems der Juristenausbildung in Preußen, Diss. Kiel 1971.

63 Vgl. dazu Heinz Müller-Dietz, Vom intellektuellen Verbrechensschaden, in: GA 1983, S. 481 ff.

Gefahr dieser Nachahmung eingehen, um den naturrechtlich (unmittelbar – so Klein – oder zumindest durch den die Staatsgesellschaft begründenden Vereinigungsvertrag vermittelt) erlaubten Umfang des Zwangs- oder Strafübels (also: der Art und auch der Dauer der Freiheitseinschränkung) zu bestimmen. Dazu muß es auf die Gesetze der Psychologie eingehen, in den Worten von Friedrich II.: „tiefe Kenntnis des menschlichen Herzens und des Nationalcharakters"[64] haben; es muß auch die sozialen Ursachen des Unrechts wissen. Genauer und eigentlich: das Gesetz als solches kann dies nicht kennen, sondern ihm ist dieses Wissen notwendig vorausgesetzt (da es doch Gesetz ist). Wissend sein muß der Gesetzgeber. Und dies sind doch diejenigen, die den Staat als gesetzlichen Zwangsapparat einsetzen, also alle Personen, die die Staatsgesellschaft vereinbart haben. Aber sie benötigen doch den Exekutivstaat gerade deshalb, weil sie selbst aus den angegebenen Gründen nicht selbst gesetzlich handeln. So ist ein zweiter Staat notwendig, der nicht mehr nur Gewalt- oder Zwangskörper ist, sondern Gesetzgebungsstaat.

b. Gesetzgebungsstaat I: Nulla poena sine lege. Auch diesem Gesetzgebungsstaat müssen alle – die nur frei sein wollen in ihrem Naturzustand! – zustimmen; und umgekehrt: auch er beruht auf einer Grundvereinbarung, weshalb ihm keine originäre Stellung zukommt. Er bleibt bezogen auf die naturrechtliche Ordnung der Gesamtgesellschaft, also auf den Naturzustand. Nur dessen notwendige Gesetzlichkeit – die oben als Selbst-Gesetzgebung dargestellt wurde! – wird nun durch Grundvereinbarung auf eine staatliche Instanz übertragen. Erneut ist eine Staatsgesellschaft erforderlich, deren Zweck die Gesetzgebung ist. Freilich zunächst nicht als solche und überhaupt: denn zugrunde liegt noch immer der gesellschaftliche Naturzustand, dessen Verhältnisse die Einzelnen gesetzlich bestimmen, was aber – wie die Theorie erkannt hat! – nicht in der notwendigen Klarheit und Bestimmtheit möglich ist. An diese natürliche Gesetzlichkeit hat aber jedenfalls der Gesetzgebungsstaat anzuknüpfen und sie in einzelne Gesetze hin auszudenken, den gesetzlichen Inhalt klar zu machen, zu formulieren und als staatliche (positive) Gesetze zu veröffentlichen, um den Exekutivstaat – also sich selbst als Zwangskörper – gesetzlich zu determinieren. Staatlicher Zwang, staatliche Strafe ist dann nur mehr zulässig, wenn das staatliche Gesetz ihn bzw. sie vorsieht und bestimmt. Der Grundsatz der Verfassung der Staatsgesellschaft lautet: „Nulla poena sine lege". Der Staat bleibt primär noch Zwangskörper, dessen gesetzlicher Bauplan aber nun von ihm selbst bestimmt wird: durch Erkenntnis und Wissen, daher nicht willkürlich, sondern durch den

64 Friedrich der Große, Werke VIII, S. 32.

gesetzmäßigen Verstand selbst. Der Staat als Gesetzgebungsstaat ist so der Verstand/ die Theorie/ das Denken selbst, die aufgeklärte Instanz; und von daher die Verwirklichung der Menschheit, der säkularisierte Gott auf Erden. Der Gesetzgebungsstaat ist so die Seele des Exekutivstaates, die ihn gesetzlich lenkt und steuert als Gewalt- und Zwangskörper in der materiellen Welt. Als Gesetzesstaat selbst ist der Staat immateriell, seelische Kraft, Geist: nämlich die Macht des Denkens, die Kraft und Energie und der Mut der Aufklärung selbst.

c. Gesetzgebungsstaat II: Nullum crimen sine lege. Dieser erste Gesetzgebungsstaat – der bloß den näheren Umfang der Exekution (also sich selbst als Gewaltkörper) gesetzlich bestimmt (also: nulla poena sine lege)! – kann freilich nicht das letzte Wort in Sache Gesetzgebung sein. Die Exekutivstaatsgewalt ist nur als Gegen-Zwang zulässig, setzt also natürliches Unrecht (naturrechtlich unerlaubten Zwang) voraus. Es ist erforderlich, auch die Voraussetzungen dieser eigenen (also: staatlichen) Gegengewalt zu klären. Wieder heißt es: „klären" und nicht „schaffen"! Das Unrecht als Voraussetzung des staatlichen Zwanges – der weiterhin nur Gegen-Zwang sein darf! – wird noch naturrechtlich gedacht, ist noch „natürliches Verbrechen"; aber es kann in seiner genaueren Art nicht mehr natürlich – und auch nicht mehr sinnlich wahrnehmbar: als corpus delicti[65] – erkannt und bestimmt werden, sondern muß vom Gesetzgebungsstaat als Tatbestand definiert und so klar (aufgeklärt) bestimmt werden. „Nullum crimen sine lege" ist notwendiger Grundsatz der Verfassung der Staatsgesellschaft, ein Grundsatz, der ebenfalls aus dem Naturzustand selbst folgt, d.h. selbst naturrechtlich begründet ist.

So besteht ein Verhältnis von Naturzustand und Staat: ersterer ist der Grund des letzteren, letzterer ist die Aufklärung des ersteren. Erinnern wir uns an Friedrich II. und an seine Abhandlung 1749: das vollkommene Gesetzbuch müsse sich an den „Sittengesetzen", den „guten Sitten", orientieren und der „natürlichen Billigkeit" nahekommen, die vor allem ein rechtes Verhältnis zwischen Verbrechen und Strafe verlange und das Gebot der Menschlichkeit fordere. Aber dann betonte der König: das vollkommene Gesetzbuch müsse „so klar und genau sein, daß jeder Streit um die Auslegung ausgeschlossen wäre ... Alles wäre vorausgesehen, alles in Einklang gebracht"[66]. Die Rechtssicherheit verlangt also das in Gedanken erfaßte und dadurch klar bestimmte Gesetz, das auch veröffentlicht ist. Die natürliche Gesetzlichkeit des Naturzustandes ist zwar weiterhin grundlegend und für die Menschlichkeit bestimmend, aber für

---

65 Dazu noch immer grundlegend: Karl Alfred Hall, Die Lehre vom Corpus Delicti, Stuttgart 1933.

66 Friedrich der Große, Werke VIII, S. 30ff.

ein sicheres und geordnetes Zusammenleben zu unbestimmt; die „Billigkeit“ tritt neben die staatlichen (positiven) Gesetze, und tritt dann hinter diese zurück, indem sie zum Inhalt der Gesetze und so positiviert wird, wodurch sie ihren unmittelbaren („natürlichen“) und grundlegenden Charakter verloren hat.

So bleibt der Staat – in seinem Verhältnis als Seele und Körper, also als Gesetzgebung und Exekutivmaschine – weiterhin Mittel zu dem Zweck, den die Personen der Gesamtgesellschaft in ihrem Zusammenschluß zur Staatsgesellschaft gegeben haben: nämlich nur gesetzlichen Zwang als Gegen-Zwang auszuüben. Der Staat ist – um an ein berühmtes Wort von Friedrich II. in seinem „Antimachiavell“ (aus 1739) zu erinnern! – der „erste Diener“ der Gesellschaft (und ihrer Mitglieder), „das Werkzeug ihres Glücks“[67]; aber er ist zugleich der einzig naturrechtlich zulässige Diener; und er dient eigentlich nur sich selbst, nämlich der Idee der staatlichen Gesetzgebung. Als Gesetzgebungsstaat ist er zugleich der Herr, dem die Gesellschaft(smitglieder) gehorchen müssen: ihm, d.h. ihm als Gesetz! Deshalb fuhr Friedrich II. fort: die Untertanen seien „das Werkzeug seines Ruhms“; nämlich: das „Recht auf Besitz und Lebenssicherheit ..., das den Menschen heilig ist wie keines sonst ..., das unverletztlichste nach den Geboten der Menschlichkeit“ ernst genommen und geschützt, also den Ursprung seiner Macht „in der Pflege des Rechts“ gesehen zu haben[68]. Der Staat ist der Pfleger des natürlichen Rechts, also Rechtspflegestaat; indem er den Zweck der Staatsgesellschaft erfüllt, die natürliche Gesetzlichkeit/ Billigkeit/ Sittlichkeit/ Menschlichkeit als Grundsätze (an)zu-nehmen und sie in Gesetzesform zu gießen. Recht muß positiviert werden; d.h.: klar gefaßt und als staatliches Gesetz veröffentlicht werden. Als Naturrecht ist und bleibt das Recht zwar Grund (und Grundsatz), aber ist zugleich als zu unbestimmt, ungeformt, als un-klar erkannt. Das Naturrecht ist Inhalt, aber nicht Form: wie kann es denn dann noch überhaupt Gesetzlichkeit selbst begründen?

Die Hilflosigkeit, in die die Naturrechtslehre geraten ist, ist augenfällig. Der Grundsatz „nullum crimen sine lege“ hat eine Verwandlung gebracht, die es noch herauszuarbeiten gilt. Bislang war primär die Strafexekution gewesen, also der Exekutivstaat, dessen näherer Umfang durch Gesetz bestimmt wurde (nulla poena sine lege). Auch die Drohwirkung zur Verhinderung neuen Unrechts ging von der Exekution aus! D.h.: die Exekution war nicht nur die tatsächliche Übelszufügung gegenüber dem Täter, sondern sie erhielt als öffentlich durchgeführte und durchzuführende Staatsaktion für das „Publikum“ einen mittelbaren, wenn man will: „sym-

67 Friedrich der Große, Werke VII, S.6.

68 Friedrich der Große, Werke VII, S.6, 12, 15.

bolischen“ Charakter, indem es auf die Psyche der Umstehenden und aller anderen, die durch Flugblätter usw. über diese Exekution informiert wurden, wirkte und wirken sollte. Die Menschen identifizierten sich mit dem Täter – wer kann schon ausschließen, kein solches Unrecht zu begehen ?! – und bezogen damit die Exekution als Möglichkeit auf sich selbst, bekamen also Angst vor dem ihnen möglichen (und das heißt: drohenden) Übel; und sollten dies auch. Die Exekution wurde so zu etwas anderem, als sie eigentlich war: nämlich nicht Sanktion für begangenes Unrecht, sondern Drohung in bezug auf mögliches zukünftiges Unrecht. Friedrich II. schrieb am 29. Juni 1785 an den Marquis de Condorcet[69]: Strafe müsse sein, „auf daß die Furcht vor der Bestrafung diejenigen verderbten Seelen zurückhalte, die geeignet sind, solche Verbrechen zu begehen“; maßgebend sei, daß die Bestrafung „eindrucksvoll“ sei, also „Eindruck mache“. Aber diese Drohwirkung setzt eigentlich voraus, daß die überhaupt vom Publikum als möglich vorgestellte Exekution (Sanktion) für den Fall des eigenen Unrechts als gesetzlich-notwendig angesehen wird. Vorausgesetzt ist somit ein gesetzlicher Zusammenhang von Unrecht und Exekution (Sanktion), nicht nur ein Straf-Recht des Staates – begründet in der stellvertretenden Übernahme des Naturrechts des Einzelnen –, sondern eine gesetzliche Straf-Pflicht des Staates. Dies hat eine Konsequenz: der Gesetzgeber nimmt die Voraussetzung der Strafe – also das Unrecht – selbst in das Gesetz, macht den Zusammenhang von Unrecht und Strafe somit selbst zum Inhalt des Gesetzes, formuliert ihn als gesetzlichen Zusammenhang. Was er deshalb auch kann, da er derselbe Staat ist, der sich selbst das Gesetz gibt für die Gewaltexekution, da er Gesetzgebungs- und Exekutivstaat (wie Seele und Körper) ist. Die Exekution folgt gesetzlich auf das Unrecht, die Strafe gesetzlich auf das Verbrechen. Deshalb bedarf es nicht (mehr) der tatsächlichen Exekution, sondern es stellt bereits das diesen Zusammenhang zum Ausdruck bringende Strafgesetz eine Drohung dar: nämlich eine Drohung mit der sonst (bei Übertretung des Gesetzes) gesetzlich – und d.h.: gesetzmäßig verknüpften und daher notwendig – verhängten Strafe. Die Gesetzlichkeit als selbst-gesetztes Gesetz macht die Staatsmaschine berechenbar, vorhersehbar, damit aber auch drohend. Nicht mehr die Exekution droht, sondern das Gesetz selbst: der Gesetzgebungsstaat ist diese Drohung selbst, aber nicht mehr als Gewalt- oder Zwangskörper, sondern als Drohinstanz, die seelischen Charakter hat, deshalb auch auf die Psyche der Untertanen wirken soll. Nun soll die Vorstellung der möglichen Strafexekution, beruhend auf der Einbildungskraft des Betreffenden, Angst machen, das Gemüt erregen; und so von der ebenfalls vorgestellten (und

69 Abgedruckt in: Sellert/Rüping, Quellenbuch, S. 441 fn (Nr. 98. a, b).

beabsichtigten) Unrechtstat abhalten. Maßgebend ist der Bewußtseinsprozeß in der Psyche des Menschen, der als Motivationsgeschehen aufgeklärt und wissenschaftlich untersucht wird: nämlich am Beispiel merkwürdiger Rechtsfälle, die in ihrer psychischen Entstehung und Entwicklung geschildert und analysiert werden. Auch[70] Ernst Ferdinand Klein hat ununterbrochen – in seinen „Annalen der Gesetzgebung und Rechtsgelehrsamkeit" (ab 1788) und in seinem „Archiv des Criminalrechts" (ab 1799) – solche Fälle veröffentlicht[71]. Dabei strebte die psychologische Wissenschaft nach der Herausarbeitung des wesentlichen (d.h.: des wirkkräftigen) Motivs – also: Verbrechen „aus Leidenschaft", „aus Habgier", „aus verlorener Ehre" usw. –, dem die Strafdrohung des staatlichen Gesetzes entgegenwirken sollte.

Das staatliche Gesetz erhielt dadurch einen doppelten Charakter. Einerseits war es die klärende Bestimmung der natürlichen Gesetzlichkeit im Naturzustande (also des Naturrechts); andererseits war es psychische Drohung, die einen Motivationsprozeß herbeiführen bzw. steuern sollte und diesbezüglich den Gesetzen der Psychologie folgen mußte. In der letzteren Bedeutung wirkte es freilich erst bei denen, die die Vorstellung hatten, ein Verbrechen zu begehen, die also gefährlich waren, von niedriger Gesinnung, die Verbrecher waren. Die Drohung traf deshalb nur diejenigen, die verbrecherischen Willen bildeten, die böse waren; und verhinderte damit die Verwirklichung dieses Willens (durch Abschreckung: wie anders sollte man denn auch mit solchen bösen Menschen umgehen?). So konnte das staatliche Gesetz als Drohung die drohende Begehung von Unrecht verhindern. Und dies war doch der Zweck des Staates, wie ihn die Staatsgesellschaft als Exekutionsstaat eingesetzt hatte. Freilich hatte sich nun das Verhältnis umgekehrt. Damals war primär gewesen die Exekution des Gegen-Zwanges als Reaktion auf unrechtlichen Zwang, eine staatliche Zwangshandlung, der auch Drohungscharakter für andere (und den Täter selbst) zukommen konnte und sollte. Nun ist der Drohungscharakter primär; und er ist vordringlich an die Allgemeinheit gerichtet (nämlich an alle potentiellen Verbrecher); die Exekution der angedrohten Strafe ist nur notwendig, um die Drohung wirklich als gesetzlich darzustellen (weshalb sie auch ernst genommen wird). Ob die Exekution rechtlich ist (oder selbst nur unrechtlichen Zwang ausmacht), interessiert nicht mehr; sie ist dann gesetzlich, wenn sie im Gesetz angedroht war (und der

70 Bekannter sind wohl die Fallsammlungen von Paul Johann Anselm von Feuerbach unter dem Titel „Merkwürdige Criminalrechtsfälle" (1808, 1811) bzw. „Aktenmäßige Darstellung merkwürdiger Verbrechen" (1828, 1829).

71 Vgl. dazu Ernst Ferdinand Klein, Über das Studium merkwürdiger Rechtsfälle, in: Annalen der Gesetzgebung und Rechtsgelehrsamkeit in den preußischen Staaten 6 (1790), S. 112ff. – Zum Ganzen vgl. auch Fn. 124.

Betreffende oder Betroffene sie kannte oder kennen mußte). Die Frage der Rechtlichkeit richtet sich (nur) an die gesetzliche Drohung. Dafür ist bisher das Naturrecht zuständig. Aber was soll das natürliche Recht in gesellschaftlichem Naturzustand nun für diese Frage sagen, die die staatliche Drohinstanz betrifft, die es im Naturzustande überhaupt nicht gab und geben konnte? Das Naturrecht bot ohnehin nur mehr die „Grundsätze des Rechts"! Es ist erforderlich, diese Grundsätze auf die staatliche Drohinstanz – d.h. auf den Gesetzgebungsstaat (und nicht mehr auf den Exekutivstaat) – zu beziehen. Dadurch werden diese Grundsätze zu Inhalten einer Gesetzgebungslehre, also zu Forderungen an den staatlichen Gesetzgeber, wie er seine Gesetze bestimmen soll.

c. Gesetzgebungsstaat III: Positivismus. Das Naturrecht hat somit seine grundlegende Bedeutung verloren. Es ist nicht mehr die vorgebenene Natur des Menschen, seine wirkliche Freiheit, auf der das rechtliche Verhältnis des Naturzustandes gründet. Der Naturzustand selbst ist zu verlassen: dazu ist jeder denkende Mensch verpflichtet! Es ist eine Grundvereinbarung vorauszusetzen, die diese Verpflichtung eines jeden – der frei sein will – enthält. Statt des Menschenrechts nun die Menschenpflicht zum Staat, genauer: die Menschenpflicht, sich dem staatlichen Gesetz als Drohung mit dem Gewaltkörper zu unterwerfen, also Untertan zu sein. Freiheit kann es nur unter dem staatlichen Gesetz geben! Das staatliche Gesetz ist verbindlich, weil der Staat Gesetzgebungsstaat ist! Er ist nun das positive Gesetz. Dies ist sein Zweck, nämlich: Gesetze zu geben und so mit Drohung zu verhindern, daß Unrecht geschieht, nämlich ein Unrecht, das er selbst gesetzlich bestimmt. Dem Staat wird sein eigenes Gesetz zum Zweck, wodurch er sich als Selbst-Zweck darstellt. Er ist freilich deshalb niemals Willkür; denn er ist Gesetz! nämlich sein eigenes Gesetz, das er dann gesetzlich durchsetzt gegen Ungesetzlichkeit.

Auch in dieser Gesetzgebung – also der Positivierung der Gesetze – darf er nicht willkürlich sein. Ihm tritt das Naturrecht als grundsätzliches Sollen, d.h. als ein Sollen, das sich auf Grundsätzliches beschränkt (und beschränken muß), gegenüber; genauer: als das Sollen der Naturrechtslehrer. Diese fordern ihn auf: er dürfe nur das mit Strafe bedrohen, was überhaupt als Verbrechen strafbar sein könne. So dürfe der Staat – nach Carl Gottlieb Svarez, wie er es dem Kronprinzen als dem zukünftigen personifizierten Staat 1791/92 mitteilte[72] – nur äußere Handlungen, die Zwangspflichten gegen andere verletzen, unter Strafdrohung stellen, nicht also bloße Meinungen und Gesinnungen, nicht die Verletzungen der bloß moralischen oder religiösen Pflichten des Wohlwollens, selbstverständlich

72 Vgl. Svarez, Vorträge, S.21f., 375f.

nicht Beleidigungen der Gottheit[73]. Strafbedrohte Handlungen dürften von daher nur sein die Verletzungen des Lebens, der Gesundheit von Körper und Geist, der persönlichen Freiheit, der Ehre und des guten Namens und des Vermögens[74], also die Verletzungen des Seinigen, wie es das Naturrecht in den Grundsätzen entwickelt hatte[75] und wie es nun die staatlichen Gesetze genauer bestimmen und regeln. Auch sei der Staat verpflichtet, die natürliche Freiheit seiner Untertanen nur soweit einzuschränken, als es notwendig sei, um die Sicherheit und Freiheit aller zu schützen und aufrechtzuerhalten[76]. Aber diese „Privatverbrechen" rückten für Svarez an die zweite Stelle. „Unstreitig [muß] in den Augen des Gesetzgebers" „die Aufrechterhaltung der öffentlichen Ruhe und Ordnung, die Erhaltung einer guten Staatsverfassung ... den größten Wert haben"[77]. Der größe Schaden, den ein Verbrechen haben könne – und es muß (im Gegensatz zu moralischem und religiösem Vergehen) einen wirklichen Schaden herbeiführen! – sei somit die Beeinträchtigung des Staates als Droh- und Gewaltinstanz. Man beachte daher die Reihung in dem von Svarez aufgestellten Grundsatz: „Der Staat übt das Strafrecht aus, um sich selbst und seine Bürger gegen widerrechtliche Beleidigungen und Beschädigungen sicherzustellen"[78]. Der Staat ist Selbstzweck, der Zweck seiner selbst als des Gesetzgebungs- und Exekutionsstaates. Deshalb war es nur konsequent, wenn Svarez ableitete: „Zweck des Staates [ist], daß jeder einzelne nach seinen Fähigkeiten und Kräften mitwirken soll, die Staatsverbindung aufrechtzuerhalten und zu befestigen"[79].

Wie hat sich hier das Naturrecht verändert. Ursprünglich bestand nur die Rechtspflicht, Eingriffe in die äußere Freiheitssphäre der anderen zu unterlassen, also eine äußere (negative) Unterlassungspflicht; nun ist jeder rechtlich (und damit erzwingbar) verpflichtet, den Staat durch positive Handlungen zu unterstützen und zu festigen! Was soll da noch das Recht des Einzelnen gegenüber diesem Staat? Svarez formulierte die Antwort: „Das Verbrechen beleidigt ... in gewissem Maße den Staat, da es in einer Übertretung seiner Gesetze besteht und die öffentliche Ruhe und Ordnung stört"[80]. Nicht mehr die Beleidigung der Rechte des Einzelnen ist maßgebend, sondern die Mißachtung des staatlichen Gesetzes. Auch

73 So Svarez, Vorträge, S. 21 f., 376.
74 Svarez, Vorträge, S. 25.
75 Svarez, Vorträge, S. 7.
76 Svarez, Vorträge, S. 10.
77 Svarez, Vorträge, S. 25.
78 Svarez, Vorträge, S. 375.
79 Svarez, Vorträge, S. 8; auch S. 606, 466 f.
80 Svarez, Vorträge, S. 381.

Klein veränderte in einem Aufsatz 1799 seine Begriffsbestimmung der Strafe: sie sei – so schrieb er nun! – „das auf die Verbrechen folgende Übel, welches dem Beleidiger, um dem verletzten Gesetze Sanktion zu verschaffen, zugefügt werde“[81].

Deshalb erhält auch die Gesetzesdrohung diese Bedeutung: die Mißachtung des staatlichen Gesetzes muß verhindert werden! Woher soll dafür das Maß, die Grenze, die nähere Bestimmung kommen? Das Naturrecht scheidet dafür aus: es kennt nur Privatverbrechen, kennt nur Verletzungen der Freiheit. Hier wird aber nicht mehr Freiheit unmittelbar verletzt, sondern nur die Verletzung von Freiheit angedroht. Der Einzelne kann dieses Übel vermeiden, indem er das Gesetz einhält, wozu er ohnehin rechtlich verpflichtet ist. Eine rechtliche Grenze scheidet damit aus! Der Staat hat nicht mehr das Recht zu seinem Zweck, sondern sich selbst als Gesetzesstaat (in der Einheit von Gesetzgebung und Exekution).

Deshalb kann auch die Grenze nur aus diesem Selbst-Zweck kommen. Der Staat muß alles tun, um sich selbst zu erhalten. Er muß klug vorgehen, ökonomisch handeln, überhaupt: Verstand, Theorie, Wissen anwenden, um die Menschen so zu steuern, daß sie seinen Gesetzen gehorchen. Der Staat ist – so formulierte es Svarez! – „gleichsam die Seele dieses großen Körpers“ der Gesellschaft[82]. Die Gesellschaft der Untertanen ist nur mehr Körper, der aus sich selbst ungesetzlich, chaotisch, wild, barbarisch, unrechtlich funktioniert, als Kampf eines jeden gegen jeden, als Bürgerkrieg aller, als bloße Willkür. Die gesellschaftliche Natur – der Naturzustand – ist nur mehr natürlich: im Sinne von ohne Verstand, Vernunft, Theorie. Dies ist das Ergebnis der Aufklärung, die die Unwissenheit/Rohheit/eben: Unaufgeklärtheit der Menschen erkennt und „aufklärt“. Die Menschen in der Gesellschaft sind handelnde Individuen; und diese ihre Praxis ist nicht so theoretisch klar (gesetzlich, daher auch berechenbar und vorhersehbar) wie die Theorie des Verstandes, die die Aufklärung selbst ist (und die das Gesetz des aufgeklärten Staates – der von daher selbstverständlich nicht irgendeine Demokratie sein kann! – ist). Der gesellschaftliche Körper ist nur mehr in sich sinnloser Körper. Er muß deshalb gesteuert werden, er kann gelenkt werden durch die Seele, die der Gesetzesstaat ist; er ist sein Material, das er beherrscht als Steuermann, als Lenker und Ordner, ja: als Mechaniker, der aus dem chaotischen Körper die gesetzlich funktionierende Maschine formt und herstellt, der Uhrmacher, der die Untertanen zu Rädchen in seinem Uhrwerk macht. Der Gesetzesstaat ist so wirklich der Gott auf Erden, weil er der

81 Klein, Archiv des Criminalrechts 2/1, S. 83.
82 Svarez, Vorträge, S. 9.

Schöpfer von Ordnung und Sicherheit ist; und auch der Schöpfer von gesetzlichem Leben seiner Untertanen, die so ihre wilde, unmittelbare, chaotisch-willkürliche Natur in gesetzliche Freiheit verwandelt erhalten.

Freilich bleibt der Traum des Naturrechts: als das letzte Ziel der Geschichte des Menschengeschlechts, auf das dieses Erzeugen der gesetzlich funktionierenden Gesellschaft hinsteuern soll. Die Untertanen sollen durch den Gesetzesstaat zu gesetzlich handelnden Subjekten gemacht werden! Humanität soll wirklich werden! aber nur als gesolltes Endziel, als Ideal! Einstweilen muß der Staat die Arbeit der Erziehung zum Gesetz auf sich nehmen. Es gibt viel zu tun; er soll es anpacken!

So wurden die „philosophischen Rechtsgelehrten" und die Männer mit „praktischer Weltweisheit" um Rat gefragt; Preisausschreiben – nicht ohne Grund auch 1777 von der „Ökonomischen Gesellschaft" in Bern – wurden veranstaltet. Der Verstand sollte Mittel für diesen Zweck – Erhaltung und Stärkung des Staates und seiner Gesetze (also des Gesetzesstaates) – erarbeiten und durchdenken. Auch Ernst Ferdinand Klein beteiligte sich am Berner Preisausschreiben: er wolle die „kalte Vernunft" arbeiten lassen[83]. Es gehe darum, „ein Übel ausfindig zu machen, dessen Furcht vermutlich stark gnug wirken wird, um demjenigen, der Lust zu dergleichen Verbrechen hat, diese Lust zu benehmen"[84]; Klein nannte dies das Wesentliche der „schicklichen Strafe". Schicklich sei die ökonomische Strafe und Strafandrohung, die gerade so viel Übel darstelle, daß sie abschrecken könne. Es müsse ein Verhältnis zwischen dem angedrohten Übel und dem vorgestellten Verbrechen bestehen. Gerne bezeichnet man diese Forderung heute als Proportionalität von Verbrechen und Strafe[85]; gerne zitiert man Friedrich II. und dessen These: „Die natürliche Billigkeit verlangt ein rechtes Verhältnis zwischen Verbrechen und Strafe", weshalb nur Räuber, Mörder und Totschläger mit dem Tode bestraft, leichtere Vergehen nur mit gelinden Strafen belegt werden sollten[86]! oder man greift auf Cesare Beccaria oder Montesquieu zurück! Doch lasse man sich nicht täuschen. Ein wirkliches Verhältnis zwischen Verbrechen und Strafe kann nur das Vergeltungsprinzip begründen; und deshalb verwies Friedrich II. auf die natürliche Billigkeit[87]. Nun aber geht es dem aufgeklärten Geist um Abschrekung: und nur um die Frage, mit welchem Mittel man am klügsten/ zweckmäßigsten/ am verständigsten/ billigsten diese Wirkung erreichen könnte. Und es geht nicht um die Stra-

83 So Klein, Abhandlungen, S. 30.

84 Klein, Abhandlungen, S. 35.

85 Vgl. nur Sellert/Rüping, Quellenbuch, S. 368 ff. (mit zahlreichen Belegen).

86 Friedrich der Große, Werke VIII, S. 33 f. – Vgl. auch die Belege Nr. 97 a, b, 99 in Sellert/Rüping, Quellenbuch, S. 441 ff.

87 Vgl. Friedrich der Große, Werke VIII, S. 33.

fe, sondern um die Strafandrohung, also um ein psychisches Phänomen – nämlich: den psychischen Zwang[88] –, das die Wissenschaft der Psychologie klären muß. In den Worten von Klein: „Die Furcht der Strafe soll der Lust, das Verbrechen zu begehen, das Gleichgewicht halten“[89]; was freilich eigentlich nicht ganz korrekt formuliert ist. Ich denke, daß es heißen müßte: die Furcht muß etwas größer sein als diese Lust[90], denn es soll ja effektiv abgeschreckt werden.

Konsequent fragte Klein in seiner Arbeit für Bern nicht zentral nach dem Recht der Staates auf Todesstrafe. Ihn interessierte nur das Problem, ob bzw. in welchen Fällen die Androhung der Todesstrafe erforderlich sei, um die Motivation zu einem vorgestellten und/oder beabsichtigten Verbrechen zu übertreffen. Für Totschlags- und sogar Mordmotive sah er diese Notwendigkeit nicht[91], sondern nur für niederträchtige, boshafte Gemüter und gedungene Meuchelmörder[92]. Auch Svarez trat für die Androhung der Todesstrafe dort ein, wo „das stärkste Motiv nötig [ist], um [den Betreffenden] von der Ausführung der Tat abzuschrecken“, nämlich dort, wo dieser „alle Triebe der Menschlichkeit, alle Motive der Moral und Religion in sich erstickt hat“, wo er also von „einer sehr heftigen und wütenden Leidenschaft“ erfüllt sei[93]. Daneben ließen Svarez und Klein die Androhung der Todesstrafe für Taten zu, die die Existenz des Staates selbst unmittelbar bedrohten, also vor allem für Hochverrat. Hier sei – so meinte Svarez[94] – diese Drohung gerechtfertigt „durch die Notwendigkeit, den Staat gegen ein solches Verbrechen ... sicherzustellen“; sie sei notwendig – so begründete Klein[95] –, weil es bei solchen Staatsverbrechen um die „schnelle Verbreitung der Furcht zu tun sei“; und dazu sei die Drohung mit der Todesstrafe als eine Art von Kriegsrecht notwendig. Svarez trat für diesen Hochverrat sogar für die Drohung

88 Auf diese Theorie, die mit dem Namen Paul Johann Anselm von Feuerbach verbunden ist, kann hier nicht näher eingegangen werden (vgl. zum ihm noch immer lesenswert: Wolf, Rechtsdenker, S. 543 ff.). Hinzuweisen ist in unserem Zusammenhang auf die Kritik Feuerbachs an der Straftheorie Kleins (in: Über die Strafe als Sicherungsmittel vor küntigen Beleidigungen des Verbrechers, Chemnitz 1800, S. 119 ff.) und auf die Kritik Kleins an Feuerbachs Theorie (in: Archiv des Criminalrechts 2/1, 1799/1800, S. 94 ff.; 2/3, 1799/1800, S. 104 ff.; 3/3, 1801, S. 118 ff.).

89 Klein, Abhandlungen, S. 46.

90 Vgl. dazu Klein, Abhandlungen, S. 45 ff.

91 Klein, Abhandlungen, S. 40.

92 Klein, Abhandlungen, S. 41.

93 Svarez, Vorträge, S. 30.

94 Svarez, Vorträge, S. 390.

95 Klein, Annalen 9, S. 194.

mit der härtesten Strafe ein: nicht nur Ehre- und Vermögensverlust, sondern Vierteilung und öffentliches Aufstecken der zerstückelten Teile des Körpers auf Schandpfähle. Noch mehr: es dürften sogar die Kinder des Hochverräters entweder des Landes verwiesen oder lebenslang eingesperrt werden; denn dadurch könne das Gesetz „diesem Verbrechen durch die Furcht für das Unglück der Kinder desto stärkere Motive entgegensetzen", zudem auch der Staat sich gegen die Rache der Kinder sicherstellen[96].

Dies ist das aufgeklärte Verhältnis von Verbrechen und Strafe! dies ist die Konsequenz des kalten Denkens des Verstandes, der Theorie, der Wissenschaft. Was sollen dann die praktischen Belehrungen des Kronprinzen durch Svarez, daß nur moralisch Schuldige bestraft werden dürften, daß auch der schlimmste Verbrecher nicht aufhöre, Mensch zu sein und nicht allen Anspruch auf die Rechte der Menschheit verliere, daß der Staat die Pflichten der wesentlichen Gerechtigkeit nicht verletzen und nicht dem natürlichen Gefühl der Billigkeit entgegenhandeln dürfe[97]? Svarez erwähnte die Strafandrohung des Schiffsziehen, die Josef II. als Ersatz der sonst abgeschafften Todesstrafendrohung 1787 für Österreich eingeführt hatte, im übrigen nicht aus Humanität, sondern aus Zweckmäßigkeit, weil er sich davon mehr Abschreckungswirkung erwartete. Svarez kennzeichnet diese neue Sanktion als „eine der grausamsten, die nur je erfunden worden. Sie führt den Tod des Verbrechers ebenso gewiß als Strang und Schwert, nur langsamer und unter den fürchterlichsten, jedes Gefühl empörenden Leiden herbei und verwandelt das Leben, dessen man schonen zu wollen vorgibt, in einen immerwährenden Todeskampf"[98]. Aber es fehlt jeder Hinweis auf die Unrechtlichkeit, Unmenschlichkeit einer solchen Drohung, ja eines solchen Staates. Svarez stellt nur klar: „Gleichwohl hat diese Strafart bei aller ihrer Furchtbarkeit den Zweck der Abschreckung nicht so erreicht wie die Todesstrafe. Schon der Gedanke allein, daß es doch möglich sei, dieser Strafe durch die Flucht oder auf irgend eine andre Art zu entgehen, schwächt den Eindruck, welche die Furcht dafür auf den Verbrecher machen soll, zu sehr". Mit dem Schiffsziehen zu drohen, sei unnütz, ja schädlich; wie auch die allzu grausamen Verschärfungen der Todesstrafe: diese schreckten – so meinte Svarez – den nicht ab, der sich nicht einmal durch die Furcht vor der Tötung abhalten läßt; „sie erzeugen entweder Mitleiden gegen den Verbrecher und Unwillen gegen den Staat, der ein Vergnügen daran zu finden scheint, seine Untertanen zu martern, oder sie verhärten und erniedrigen den Charakter der Nation und erzeugen in dem gemeinen

96 Svarez, Vorträge, S. 390f.

97 Vgl. Svarez, Vorträge, S. 22, 23, 27.

98 Svare, Vorträge, S. 29.

Manne einen Hang zur Grausamkeit"[99]. Der aufgeklärte Staat droht und exekutiert eben nur wie eine Maschine, kalt, gefühllos, exakt, nüchtern, billig und effektiv: so erhält er – wie Friedrich II. schon meinte! – das Ruhmesblatt in der Geschichte! Nur maschinelles Töten entspricht der Idee der Gesetzlichkeit wirklich. Und außerdem macht dieser Staatsakt am meisten Eindruck, wie Friedrich II. erkannte: „Ich gebe zu, daß eine andauernde Gefangenschaft in der Tat eine grausamere Bestrafung als der Tod ist, aber sie ist nicht so eindrucksvoll wie diese, die sich unter den Augen einer Großzahl von Menschen vollzieht, weil solche Ereignisse mehr Eindruck machen als die vorübergehenden Äußerungen, die an die Leiden erinnern, die jene erdulden, die in den Gefängnissen dahinsiechen"[100].

Mit gegenteiligem Ergebnis wollte Ernst Ferdinand Klein in seiner Arbeit für Bern die Todesstrafenandrohung ersetzen: durch die gesetzliche Androhung des „Staupenschlages auf Tod und Leben"[101]. Überhaupt verlangte er, daß bei jedem Verbrechen von einiger Wichtigkeit die Strafe zugleich Leibesstrafe sein müsse, also körperliche Züchtigung, freilich nicht – wie die pädagogisch motivierte Maßnahme im Rahmen der väterlichen oder vormundschaftlichen Zucht – zur Besserung des Verbrechers, sondern zur Abschreckung der anderen eingesetzt[102]. Doch ist zu fragen, ob Klein wirklich auch in einem anderen Geiste argumentierte. Die Antwort ist ernüchternd. Denn Klein fand am wirksamsten dieses „Staupenschlagen auf Leben und Tod" mit folgender Begründung: „Vor dieser Benennung werden meine Leser (denn so hoffe ich zur Ehre der menschlichen Natur) mit Entsetzen zurückschaudern. Schaudern und Entsetzen zu erregen, ist nun wohl die Absicht dieser Strafe. Ihr äußerlicher Anschein würde nicht schrecklich genug sein können ... Ich wäre ein Ungeheuer, welches vor seinem eigenem Anblick zurückbeben müßte, wenn ich es über mein Herz bringen könnte, eine der grausamsten Todesstrafen unter dem Scheine des verschonten Lebens zu empfehlen. Welcher Gesetzgeber wird, ich will nicht einmal sagen: so unmenschlich, sondern nur so töricht sein, daß er es auf den Zufall ankommen lassen wollte, ob der Gestrafte das Leben als eine Beute davon tragen oder eine härtere, grausamere Todesart erdulden werde als je einer, den er des Todes schuldig erachtete? Nein, meine Absicht hierbei ist die menschlichste, die man haben kann. Ich besorge nämlich, daß die gählinge Abschaffung der Todesstrafen bei vielen Gemütern ... einen übeln Eindruck verursachen und die an ihre Stelle tretenden Strafen zu sehr herabsetzen möchte. Daher der fürchterliche Name einer Strafe, bei welcher das Leben des

99 Svarez, Vorträge, S. 29, 32.
100 Abgedruckt in: Sellert/Rüping, Quellenbuch, S. 442 (Nr. 97.b).
101 Klein, Abhandlungen, S. 68.
102 Klein, Abhandlungen, S. 59.

Gestraften demohnerachtet nicht auf das Spiel gesetzt werden sollte ... [Dennoch] verstehe ich unter einer Stäupung auf Tod und Leben wirklich eine solche ... [Aber] sie soll so beschaffen sein, daß nicht leicht ein schädlicher Einfluß auf die Gesundheit zu besorgen wäre. Aber sie soll doch so strenge sein, daß die sich von den anderen Züchtigungen, von welchen gar kein Nachteil für die Gesundheit zu besorgen wäre, merklich unterschiede"[103]. Klein ließ hier wirklich die kalte Vernunft sprechen! oder war es Zynismus, der diesen Gelehrten dazu brachte, eine Strafe vorzuschlagen, die nur dem Schein nach eine lebensgefährliche sein sollte? die also den Staat zu einem Heuchler und Schauspieler machen sollte, der mit billigen Tricks sein Abschreckungsziel zu erreichen trachtete?

Wie hilflos wirkt danach das (neben Unnütz- und Schädlichkeit) dritte Argument von Svarez gegen grausame Strafverschärfungen: dies sei „ungerecht, eben weil sie unnütz sind und der Staat kein Recht hat, seinen Bürgern mehrere und größere Übel zuzufügen, als es zur Erreichung des Zwecks der allgemeinen und Privatsicherheit notwendig ist"[104]. Dieser Hinweis auf die Ungerechtigkeit ist doch nur mehr ein moralischer Appell, der an das Gewissen des Gewalthabers geht. Aber er hat doch keine Bedeutung mehr für das Recht, das nur mehr staatliches Gesetz ist und damit positiv! Es ist nach meinem Dafürhalten wirkliche Hilflosigkeit (und nicht Zynismus), wenn Svarez über die Hinrichtung eines Totschlägers, der zu seiner Tat aus Leidenschaft hingerissen wurde, schrieb: „Die strenge Gerechtigkeit muß zwar auch einen solchen Unglücklichen dem Henkersschwert überliefern, weil die Sicherheit der bürgerlichen Gesellschaft ein solches Opfer notwendig erfordert. Aber sie tut es ungern und wider Willen; sie wird gewiß alles hervorsuchen, was sein Leben, ohne die Heiligkeit der Gesetze zu verletzen, retten kann; und wenn ihr der unerbittliche Spruch des Gesetzes sein Opfer wirklich abdringt, so wird sie nur mit Tränen im Auge den Stab über ihn brechen"[105]. Der Staat tötet damit eigentlich gar nicht mehr im Sinne eines Handelns (als Verwirklichung eines politischen Willens); er muß töten, weil er das Gesetz ist, das heilig und unverletzbar ist; weshalb auch er – da er dieses Gesetz selbst zum Zwecke hat und als Gesetzesstaat auch wirklich ist! – heilig ist. Seine Menschlichkeit zeigt sich nur darin, daß der Henker weint. Kommt darin nicht die Hilflosigkeit der Theorie, die am Gesetz orientiert ist, des gesetzmäßigen Verstandes, des unmenschlichen Maschinenwesens zum Ausdruck? und gelten die Tränen nicht auch dem notwendigen Verlust des natürlichen Rechtes der Menschen, das ehemals das Heilige auf Erden war?

---

103 Klein, Abhandlungen, S. 68 ff.

104 Svarez, Vorträge, S. 32.

105 Svarez, Vorträge, S. 405.

Ebenso hilflos stand Klein der Abhandlung eines Menschenfreundes gegenüber, der 1806 zur Milderung der Schmerzen der Enthauptung den Hals des Verurteilten mit frischer ungesalzener Butter zu salben und das Richtschwert vor Kälte zu bewahren vorschlug. Er stellte in diesem Zusammenhang die Frage: „Warum müssen die Crimalgesetze menschlich sein ?"[106] und fand keine menschliche, keine rechtliche, keine menschenrechtliche Antwort (mehr). War der Verbrecher nicht jemand, den nicht einmal die Drohung mit der Todesstrafe beeindrucken konnte? mußte er deshalb nicht eine niederträchtige, boshafte Gesinnung haben? hatte er nicht – wie wir oben von Svarez gehört haben – alle Triebe der Menschlichkeit, alle Motive der Moral und Religion in sich erstickt? hörte er damit nicht eigentlich auf, überhaupt Mensch zu sein, fiel er nicht auf die Stufe der tierischen Natur herab? Klein meinte dazu: „Nun kann ich zwar nicht annehmen, daß der Mensch wegen einer unvernünftigen Handlung auf der Liste der vernünftigen Wesen gestrichen werden könne; aber soviel ist doch gewiß: in Rücksicht auf die widerrechtliche Handlung und deren Folgen muß er sich gefallen lassen, wie ein physisches Hindernis des rechtlichen Zustandes unter Menschen behandelt zu werden"[107]. Für das Berner Preisausschreiben schlug Klein sogar eine Ehrenstrafe vor, mit der man den Täter „für einen Abscheu des menschlichen Geschlechts und aller Gemeinschaft mit Menschen unwürdig erklären [sollte]. Ein solcher müßte in einem besonderen von allen übrigen Züchtlingen abgesondertem Gemache ganz allein arbeiten, niemanden als den Zuchtknecht, der ihm Speise und Trank brächte, zu sehen bekommen und nur, wenn er eben gezüchtigt werden sollte, Menschen unter die Augen treten, jedoch nicht anders als in einem Abscheu erweckenden Aufzuge, mit Ketten beschwert, mit einem Stricke am Halse und in einem Gewand von der gröbsten Sackleinwand, mit bloßen Füßen und mit verhülltem Gesicht, als einer, der unwürdig ist, den freien Himmel oder ein menschliches Antlitz zu sehen und von den Menschen für einen Menschen erkannt zu werden"[108]. Wie sollte der Staat einem solchen Verbrecher eine menschliche Behandlung gewähren können? Klein argumentierte nur auf Zweckmäßigkeit hin: die staatliche Strafe „soll in ihrem ganzen Zusammenhange auf das Gemüt der Staatsbürger wirken, und sich nicht mit Verhütung einzelner gemeinschädlicher Handlungen begnügen, sondern das ganze Gemüt der Staatsbürger so stimmen, daß sie sich durchgängig an gesetz-

106 Ernst Ferdinand Klein, Warum müssen die Criminalgesetze menschlich seyn? in: Archiv des Criminalrechts 6/4 (1805/06), S. 48 ff.

107 Klein, Archiv des Criminalrechts, 2/1, S. 78 f.

108 Klein, Abhandlungen, S. 85 f.

liche Ordnung gewöhnen". Droht der Staat mit zu schrecklichen Strafen, dann werde keine gute Gemütsstimmung der Staatsbürger zu erwarten sein; Gleiches sei zu erwarten, „wenn die Obrigkeit auch in dem unwürdigsten Menschen die Würde der menschlichen Natur selbst herabwürdigte". Daher solle der Staat zwar durchaus den Eindruck von Strenge vermitteln, aber nicht von unmenschlicher Härte; es sei zielführender, „daß die Gesetzgebung im Ganzen genommen ein menschliches Ansehen haben müsse", denn sonst würde „das Ansehen des Gesetzes selbst geschwächt". Zugleich dürfe der Staat niemals unter der Niveau der Staatsbürger herab: menschlich denkende Bürger würden das „das ekelhafte und die menschliche Natur herabwürdigende Schauspiel einer schauderhaften Strafe" selbst mißachten, was zuletzt dem Ansehen des Staates schaden müßte[109].

Diese Argumentation von Klein wirft neue Fragen auf; sie stellt das bisher Abgeleitete selbst in Frage. Denn sie öffnet eine Kluft zwischen dem abzuschreckenden Verbrecher und den sonstigen Bürgern der Gesellschaft, dem „Publikum", wie Klein sie nennt. Für den ersteren müssen die Strafdrohungen hart sein; je unmenschlicher er ist oder geworden ist, desto unmenschlichere Übel muß der Staat androhen. Für die letzteren dagegen müssen die Strafdrohungen milde sein, müssen so weit als möglich auf körperliche Schmerzen verzichten; je disziplinierter die Menschen sonst geworden sind, je sensibler sie für Nachteile sind, zu desto weniger Übel darf der Staat greifen, wenn er ihnen Achtung für seine Gesetze (und damit für sich selbst als Gesetzesstaat) einflößen will. Klein wollte von daher sogar in der Ehrenstrafe die schärfste Sanktion sehen: die Furcht vor öffentlicher Schande und Beschämung sei für den Bürger größer als die Furcht vor dem Tod[110]. Ein hartgesottener, auf das Niveau der Tierheit herabgesunkener Gewohnheitsverbrecher könnte aber freilich über solche angedrohte Verluste seiner Ehre nur lachen.

Wie sollte aber der Staat diese Kluft zwischen unterschiedlichen Anforderungen an seine gesetzliche Praxis in Androhung und Vollziehung von Strafen überbrücken? Eine (wenn nicht vielleicht sogar: die einzige) Antwort war der Versuch, es gar nicht zu diesem Auseinanderklaffen von verbrecherischen und „normalen" Menschen der Gesellschaft kommen zu lassen; d.h.: dies war die aufklärerische Antwort, getragen vom Optimismus des Verstandes/der Theorie/ der Wissenschaft. Die Antwort war der Polizeistaat.

---

109 Klein, Archiv des Criminalrechts 6/4, S. 57.
110 Klein, Archiv des Criminalrechts 6/4, S. 56.

3. Polizeistaat

In diesem Polizeistaat – besser (um Mißverständnisse zu vermeiden) zu schreiben als „Polizeystaat", da dann der Bezug dieser „Polizey" zum Ganzen der „Polis" oder „Politeia" (auch und vor allem im allgemeinen Sinne als „Verwaltungsstaat" oder „Wohlfahrtsstaat") zum Ausdruck kommt[111]! – kam die Aufklärung zu ihrem Höhepunkt und zu ihrer Vollendung. In ihm konnte der Verstand, das Wissen, die Theorie, die Energie und der Mut zur Schaffung einer neuen, besseren, humanen Welt triumphieren. Zugleich mußte sie in ihm an ihre eigene Grenze stoßen und die Aufklärung über sich selbst erfahren, was schließlich zu ihrer Selbst-Aufhebung führte.

Der Ausgang ist klar: der Staat darf nicht seine Gesetze – d.h. sich selbst als Gesetzesstaat – bloß gegen verbrecherische Motive einsetzen, darf nicht nur eine Drohinstanz sein, die bloß auf diese Vorstellungen und Absichten reagiert. Er muß versuchen, mit seinen Gesetzen bereits die Entstehung solchen verbrecherischen Willens zu verhindern. Dafür kann er nicht (nur) Drohinstanz sein: denn dies zeigt ihn in einer Gestalt, die die gesetzestreuen Menschen in der Gesellschaft nicht akzeptieren können. Wer das Gesetz ohnehin achtet, kann nicht fortwährend mit Strafdrohungen konfrontiert werden. Hier muß das Vertrauen in den Gesetzesstaat dadurch gehalten, vielleicht sogar gestärkt werden, daß dieser mit Maßnahmen im Vorfeld des Verbrechens zu verhindern sucht, daß sein Gesetz überhaupt mißachtet wird. (Weshalb eine andere Antwort sein wird: die maschinelle Tötung, aber dann grundsätzlich überhaupt den Vollzug der Übelszufügung den Sinnen der Öffentlichkeit zu entziehen, aber doch den Eindruck zu vermitteln, daß etwas gegen dieses Verbrechen aktiv unternommen werden, wodurch dann überhaupt nur mehr positive Generalprävention ausgeübt wird als Bestärkung eines völlig unbestimmten, aber umfassenden Staatsvertrauens.)

So verlangte Klein, daß es sich der Gesetzgeber die Sache nicht zu bequem machen solle: „Er muß sich nicht begnügen, Handlungen, die er verhindern will, durch Strafgesetze zu verbieten, sondern er muß Anstal-

111 Dazu vgl. Kurt Wolzendorff, Der Polizeigedanke des modernen Staates, Breslau 1918; Hans Maier, Die ältere deutsche Staats- und Verwaltungslehre, Neuwied 1966; Ders., Ältere deutsche Staatslehre und westliche politische Tradition, München 1969; Dietmar Willoweit (Hrsg.), Staatsschutz. Aufklärung 7/2 (1994). – Dieser „Polizey"-Begriff findet sich im übrigen noch in der Rechtsphilosophie Hegels; noch mehr: es lassen sich durchaus Beziehungen zum ALR herstellen; vgl. Rolf K. Hocevar, Hegel und der Preußische Staat, München 1973, S. 13ff.

ten treffen, daß dergleichen Handlungen entweder gar nicht begangen werden können oder doch nur von denjenigen, welche vorher gewarnt worden"[112]. Diese allgemeine Verhütung der Verbrechen gehöre – so Klein in seinen „Grundsätzen der natürlichen Rechtswissenschaft" – zur Polizei (im engeren Sinne), die sich überhaupt mit der Hinwegräumung der Hindernisse und Mißbräuche der Freiheit beschäftige (§ 521).

Auch Svarez stellte neben die staatliche Verhütung von Verbrechen durch die Furcht vor Strafe die Verhütung „durch Anstalten, welche die Begehung der Verbrechen hindern und erschweren. Letzteres gehört zum Rechte der Polizei"[113]. Dabei sah Svarez vor allem drei Anstalten geeignet: eine aufmerksame Überwachung, die Verstopfung der Quellen der Verbrechen (für ihn vor allem: Bekämpfung von Müßigang und Armut[114]) und das Vorgehen gegen Bettler und Landstreicher[115]. Dabei dachte Svarez hauptsächlich an die Errichtung von „Anstalten, wo Leute, die sonst keine Gelegenheit haben, ihren Unterhalt zu verdienen, diese Gelegenheit finden und in den Stand gesetzt werden, Müßigang und Mangel ... abzuwehren"; dies sei notwendig, „wenn der große Zweck, die Moralität unter dem gemeinen Volke zu verbessern, erreicht werden soll"[116]. Daneben trat Svarez für die Staatsaufgabe ein, „daß Anstalten getroffen werden sollen, durch welche die moralischen Bewegungsgründe zur Ausübung der Pflichten des Wohlwollens erweckt, unterhalten und gestärkt werden sollen; dahin Unterrichts- und Erziehungsanstalten, Unterstützung der Wissenschaften und Künste"; dadurch sollte den Bürgern nicht nur „Unterricht von ihren Pflichten" erteilt, sondern ihnen auch „ein nicht bloß notdürftiger, sondern auch bequemer und froher Lebensgenuß erleichtert" werden[117].

All diese polizeilichen Maßnahmen (als Maßnahmen des Staates als Polizeistaat) können – so Svarez weiter! – durch Strafen (in Androhung und Exekution) unterstützt werden. Diese Polizeistrafen seien einerseits milder zu bestimmen als die Kriminalstrafen: denn „wer ein Polizeigesetz übertritt, verletzt noch nicht die Sicherheit des Staats und seiner Bürger, sondern er setzt dieselbe nur erst noch einer bevorstehenden Gefahr aus, die immer noch angewendet werden kann". Andererseits freilich könne es Polizeigesetze geben, „an deren Beobachtung dem Staat und der bürgerlichen Gesellschaft so viel gelegen ist, daß auf ihre Übertretung stren-

112 Klein, Annalen 6, S. 101.

113 Svarez, Vorträge, S. 37.

114 Für Friedrich den Großen im übrigen: Verschwendung aller Art; vgl. Werke VII, S. 266.

115 Svarez, Vorträge, S. 43, 431.

116 Svarez, Vorträge, S. 8, 38, 643.

117 Svarez, Vorträge, S. 38.

gere Strafen verordnet werden müssen als auf manche Kriminalgesetze"; Svarez denkt dabei an das Verhältnis von Diebstahl (als Verbrechen) und Aufnehmung und Hegung eines verdächtigen Menschen (als Polizeivergehen)[118]. Freilich muß sich auf diese Weise der Unterschied von Kriminal- und Polizeirecht verwischen; was selbstverständlich auch die notwendige Konsequenz ist, da von der Aufgaben-/ Zweckbestimmung des Staates her – Sicherheit und Ordnung zu gewährleisten – der Unterschied auch nicht begründet werden kann. Es kann nur ein quantitatives Verhältnis (etwa im Sinne eines Stufenverhältnis der immer größeren Schwere der Drohung) zugrunde gelegt werden. Zuerst droht der Polizeistaat gesetzlich mit Polizeistrafen; reicht dies nicht aus, greift der Staat zu Kriminalstrafdrohungen. Reicht dies auch nicht aus, so muß exekutiert werden.

Svarez verdeutlichte dies am Beispiel des Kindesmordes[119]. Wie erwähnt, hatte Friedrich II. in seiner Abhandlung 1749 den Unrechtsgehalt der Abtreibung dadurch zu mildern versucht, daß er den gesetzlichen Konsequenzen einer unehelichen Niederkunft erheblichen Anteil an der Verzweiflung der Täterin zuerkannte; aus demselben Grunde erging 1765 sein „Edikt zur Verhütung des Kindesmordes". Svarez knüpfte daran an, meinte aber, daß in der Zwischenzeit der Staat durch neue Gesetze die Situation der unehelichen Schwangeren so verbessert habe, daß der Kindesmord nun wieder „mit den nachdrücklichsten Strafen" belegt werden könne; zusätzlich müßten auch diejenigen bestraft werden, die die Schwangerschaft oder die Niederkunft verheimlichen und dadurch zur Verwahrlosung des Kindes den geringsten Anlaß geben.

So droht auch der Polizeistaat mit Strafen und vollstreckt sie auch. Ihre Rechtlichkeit steht mit dem alten Naturrecht nicht in Zusammenhang. Klein und Svarez erkannten die Gefahr für die Freiheit, die durch diese Polizeitätigkeit drohte. Daher legte Svarez „Grundsätze des Polizeirechts"[120] vor, die Schranken setzen sollten. Vor allem der zweite Grundsatz sollte dafür bedeutend sein: „Der Schade, welcher durch die Einschränkung der Freiheit abgewendet werden soll, muß bei weitem erheblicher sein als der Nachteil, welchen das Ganze oder auch die einzelnen durch eine solche Einschränkung leiden". Aber leider nahm der vierte Grundsatz vieles zurück: „Zu Einschränkungen, welche zur Abwendung gemeiner Störungen und Gefahren abzielen, hat der Staat ein stärkeres Recht als zu solchen, wodurch bloß ... Nebenvorteile für das Ganze befördert werden sollen"; denn Svarez fuhr ausdrücklich fort: „So haben Po-

118 Svarez, Vorträge, S. 41 f.

119 Svarez, Vorträge, S. 407 ff.

120 Vgl. Svarez, Vorträge, S. 485 ff.

lizeigesetze, welche dahin abzielen, Verbrechen zu verhüten, ... einen stärkeren Grund der Verbindlichkeit in sich". Auch Klein konzentrierte seinen Hinweis auf die mögliche Gefährlichkeit der Polizei für die Freiheit auf die Polizei im weiteren Sinne (§ 525).

Aber selbst der Strafcharakter der Polizeimaßnahmen trat in den Hintergrund, was für die ohnehin schon eingetretene Verwischung der Polizei- mit der Kriminalstrafe problematische Konsequenzen hatte. Der Polizeistaat mußte für die Erfüllung seines Zweckes auch Sicherungsmittel einsetzen. Klein untersucht 1799 die Frage „Darf ein Verbrecher, welcher zur Strafe schon auf eine gewisse Zeit seiner Freiheit beraubt worden, nach ausgestandener Strafe annoch zur Sicherheit des gemeinen Wesens gefangen gehalten werden?" und kam zu einer bejahenden Antwort[121]. Denn der damit verbundene (weitere) Freiheitsentzug sei nicht als Strafe gedacht – also als das Übel, dessen Furcht dem Reize zum Verbrechen entgegenwirken sollte –, solle deshalb auch nicht empfindlich treffen, sondern nur die zukünftige Gefahr bannen[122]. Klein fügte in einem weiteren Aufsatz desselben Jahres zum Trost des so Sicherungsverwahrten hinzu: jede Missetat ziehe nun einmal auch andere Übel nach sich, welche natürliche Folgen schlechter Handlungen seien (so verliere z. B. der Fälscher das Vertrauen seiner Umwelt); deshalb müsse auch der boshafte Verbrecher nun die Sicherungsmaßnahme ertragen[123]. – Die staatlich verhängte Sicherung als natürliche Folge! vergleichbar dem „Unglück", das die Kinder des Hochverräters treffen soll – nach § 95 ALR –, wenn der Staat zur Abwendung künftiger Gefahren sie in lebenslänglicher Gefangenschaft hält oder sie verbannt, wie wir oben von Svarez gehört haben. Erhält nicht dadurch auch die Todesstrafe eine neue Dimension? ist sie doch unbestreitbar die beste Sicherungsmaßnahme.

Eine weitere Gefahr entstand mit dem Polizeistaat, die weder Svarez noch Klein offensichtlich ernst nahmen. Durch die Vorverlegung des

---

121 Dazu vgl. Brünker, Kriminalist; Hoffmann, Lehre; Mumme, Auffassung; Nagel, Strafzweck. – Klein gilt deshalb als einer der Begründer der Lehre von der sog. „Zweispurigkeit" der strafrechtlichen Sanktionen.

122 Ernst Ferdinand Klein, Darf ein Verbrecher, welcher zur Strafe schon auf eine gewisse Zeit seiner Freiheit beraubt worden, nach ausgestandener Strafe annoch zur Sicherheit des gemeinen Wesens gefangen gehalten werden? in: Archiv des Criminalrechts 1/2 (1799), S. 29.

123 Ernst Ferdinand Klein, Ist die Einschränkung der Freiheit des Verbrechers nach ausgestandener Strafe nur alsdenn erlaubt, wenn sie zugleich die Nachbarn in Gefahr setzt? in: Archiv des Criminalrechts 1/3 (1799), S. 64 ff.; Ders., Von dem wesentlichen Unterschiede zwischen der Einsperrung zur Sicherheit und der eigentlichen Gefängnisstrafe, in: Archiv des Criminalrechts 2/2 (1799/1800), S. 74 ff.

staatlichen Eingreifens ging der Bezug zur Tat verloren! Schon die Gesetzesdrohung richtete sich an bzw. gegen die innere Absicht (Vorstellung). Nun wurde – qua Gefahr für die Sicherheit! – die gesamte innere Einstellung, der Charakter, die sittliche Reife oder Verwahrlosung, usw. interessant und relevant. An die Stelle der unrechtlichen Tat mußte der gefährliche Täter treten, genauer: das gefährliche Individuum, das für die Begehung einer Tat überhaupt in Frage kam. Der Staat mußte frühzeitig zupacken und eingreifen. Er benötigte eine Theorie der Jugend, um geschickt und zielführend mögliche Gefahren der Entwicklung zu beseitigen; er brauchte eine Theorie des Charakters, der Willensbildung, kurz: eine wissenschaftliche Psychologie, die die seelischen Strukturen und Gesetzmäßigkeiten erarbeitete und Techniken zur Verfügung stellte, mit denen manipuliert werden konnte. Der Staat mußte seine Untertanen kennenlernen und kennenlernen können[124]: als gesetzmäßig funktionierende, fremdgesteuerte Objekte – vergleichbar psychischen Körpern[125] –, die keinerlei Widerstand leisten konnten gegen seine von außen her zielgerichtet eingesetzte Maßnahmen. Moral und Religion waren Hilfsmittel dieser Steuerung. Die sündhaften Verfehlungen, die Laster und Gemeinheiten, die von ihnen gebrandmarkt wurden, waren auch ihm, dem Staate, unangenehm; auch sie waren daher zu verhindern, denn auch sie störten das reibungslose Funktionieren des großen Systems, das der Gesellschaftskörper – unter der Leitung der Staatseele – darstellte. Dazu taugte eine religiös-moralische Erziehung durch die Eltern am besten; und kostete am wenigsten. Vor allem sexuelle Wollust war zu unterdrücken: gute Staatsbürger lebten in keuscher Ehe oder als ehelose Beamte, was ihnen jeweils die Kraft ließ, sich für den Staat einzusetzen. Mit freiheitlicher Selbstbestimmung (Autonomie) hatten freilich Moral und Religion nichts mehr zu tun. Der Polizeistaat benötigte sie als Gehilfen in seinem großen Werk der Lenkung der Gesellschaft. Deshalb schützte er die Religionsgesellschaften und Glaubensgemeinschaften ebenso wie die guten Sitten und heimischen Gebräuche[126]: nicht weil sie freiheitliche Bekenntnisse für Gott oder freiheitliche Selbstverwirklichung des Guten waren, sondern weil sie durch ihre Regelhaftigkeit disziplinierten, die Mitglieder abrichteten und so tauglich machten für den Staat. Der Staat

124 Auch dieser Zweck steht hinter dem Interesse an merkwürdigen Rechtsfällen (vgl. Fn 70, 71). Vgl. aber auch die Arbeit von dem in Fn. 14 genannten Christoph Goßler: Versuch über das Volk, Berlin 1786.

125 Deshalb mußte auch der Determinismus zugrunde gelegt werden. Vgl. dazu Heinz Holzhauer, Willensfreiheit und Strafe, Berlin 1970.

126 Vgl. zu diesem Problem Thomas Theisinger, Die Irrlehrefrage im Wöllnerschen Religionsedikt und im System des Allgemeinen Landrechts für die preußischen Staaten aus dem Jahre 1794, Diss. Heidelberg 1975.

kümmerte sich so auch um Moral und Religion: denn sie waren der Erreichung seines Zweckes dienlich. In diesem Sinne stellte Svarez am 19. Januar 1791 in einem seiner Vorträge vor der sog. „Mittwochsgesellschaft" die Frage nach dem „Zweck des Staates": und lehnte die These, daß der Staat sich nur um die Sicherheit der Personen und des Eigentums gegenüber äußeren Störungen und Beeinträchtigungen zu kümmern habe, ab[127]. Zwar könne er nicht unmittelbar Tugenden erzwingen (weil sie dadurch aufhören würden, Tugenden zu sein); aber es sei die „Mittelstraße" die beste, wonach der Staat berechtigt sei (und dies bedeutet: auch durch äußere Maßnahmen erzwingen dürfe), „Anstalten zu machen, durch welche die moralischen Bewegungsgründe zur Ausübung der Pflichten des Wohlwollens in den Gemütern seiner Bürger erweckt, unterhalten und verstärkt werden können ... Er ist berechtigt, solche unvollkommenen Pflichten durch Gesetze in Zwangspflichten zu verwandeln, von welchen sich mit überzeugender Gewißheit voraussehen läßt, daß die unterlassene Beobachtung derselben unmittelbar und geradezu entweder die Erreichung des Hauptzwecks der Staatsverbindung hindern oder die Auflösung des Bundes der bürgerlichen Gesellschaft zur Folge haben würde"[128]. Klein war schon 1778/79 in seiner Berner Arbeit für einen solchen Zweck eingetreten: die Hinrichtung (sogar) dürfe nicht abscheulich, nur abschreckend sein; zugleich sollte sie „zur Erweckung guter und zweckmäßiger moralischer Gefühle geschickt" sein[129].

So wurde der Polizeistaat zu einem Tugendstaat, der freilich im Grunde Gesetzesstaat blieb, weil er die Tugend für gesetzlich herstellbar (wenn auch nicht: unmittelbar erzwingbar) hielt. Ihm ging es nun auch vorwiegend um Achtung seiner selbst, nämlich seiner Gesetze! Hiefür galt es klug zu sein und listig; und überzeugend in der Propaganda und der Selbstdarstellung in den Medien. Nicht nur waren die Bösen abzuschrekken und zu exekutieren, jedenfalls zu sichern; sondern Adressaten waren auch und vor allem die Braven, die zwar gut leben wollten, aber vielleicht zu schwach waren, um diesen Willen auch durchzustehen in den Verführungen des Alltags. Die Braven mußten in ihrem Bravsein gestärkt und belohnt werden. Der Staat mußte ihnen gefallen: er mußte „positive Generalprävention" üben[130]. Der Staat mußte das richtige „Theater des Rechts" veranstalten, Vertrauen bilden, die Rechtstreue ansprechen; dazu war jedes Mittel recht, auch das der Täuschung: nach außen hin fügte

127 Svarez, Vorträge, S. 640.

128 Svarez, Vorträge, S. 643.

129 Klein, Abhandlungen, S. 88. – Vgl. dazu Hellmuth, Naturrechtsphilosophie, S. 273ff.

130 Zu diesem Begriff vgl. Helga Müller, Der Begriff der Generalprävention im 19. Jahrhundert, Frankfurt 1984.

man dem Verurteilten Qualen zu, doch war dieser zuvor bereits heimlich getötet worden[131]. Um diese Erfolge bei den Bösen wie auch bei den Braven zu erreichen, war höchste Aufklärung, beste Wissenschaft und Politikberatung erforderlich: wie sage ich (Gewaltkörper im letzten Grunde) es meinen Untertanen, so daß sie mir (abgeschreckt oder sogar freudig) folgen? und ihre Glückseligkeit im Gehorsam finden? Der Staat häufte das Wissen der Psychologen, Soziologen, Biologen, also aller Menschheitsforscher an.

Auf diese Weise strebte der Polizeistaat sein letztes Ziel an und legte so die Grundlagen zu seinem höchsten Ruhm – um den es ja bereits Friedrich II. schon 1749 gegangen war! –: nämlich in der Übernahme der Aufgabe zur Besserung aller, ja selbst des bösesten Verbrecher(s)[132]. Bis jetzt hatte die Strafe (im Androhen und – daraus folgend – im Vollzug) nur im Sinne der Generalprävention die Allgemeinheit im Blick: sei es „negativ“ durch Abschreckung, sei es „positiv“ durch Stärkung der Rechts- und Staatstreue! Nun aber schrieb Klein „Über das Moralische in der Strafe“; und kam zu dem Ergebnis, daß der Zwang der Strafe zwar nicht Tugend herbeiführen könne; aber trotzdem sei die Strafe von moralischer Natur: denn sie sei bestimmt, auf den Willen zu wirken und die freien Entschlüsse der Menschen zu bestimmen; sie sollte daher so eingerichtet werden, daß sie auch zur wirklichen moralischen Besserung des Täters beitragen könne und zugleich auch zur Besserung anderer führe. Die mit Freiheitsentzug verbundene Arbeitsstrafe rückte dadurch ins Zentrum: nun zunehmend verstanden als Instrument zur allmählichen Gewöhnung des Verbrechers an eine ordentliche Lebensführung, an „Arbeitsamkeit, Pünktlichkeit und Ordnung“[134].

Was ist da aus dem Staat der Aufklärung, wie er in ihrem Ansatz abgeleitet war, geworden : als Inhalt der Staatsgesellschaft der freien Personen, die ihr Recht durch seinen Zwang durchsetzen wollten, damit sie ihre natürliche Freiheit unter ihren Gesetzen entwickeln und verwirklichen können? Nun ist es ein Staat, der durch vielfältige Maßnahmen mit höchster Klugheit und geschickter Verschleierung seiner Gewalt unter wissenschaftlicher Beratung seine Untertanen formt und lenkt zum achtungsvollen Gehorsam gegenüber seinen Gesetzen. Was ist aus dem Grund des Staates der Aufklärung im Ansatz geworden: aus dem natür-

---

131 Zu diesen Praktiken der Täuschung vgl. Seelmann, ZStW 101, S. 342f.

132 Zum Problem vgl. m.w.N. Peter Landau, Die rechtsphilosophische Begründung der Besserungsstrafe, in: Strafgerechtigkeit. Festschr. f. Arthur Kaufmann, Heidelberg 1993, S. 473ff.

133 Ernst Ferdinand Klein, Über das Moralische in der Strafe, in: Archiv des Criminalrechts 1/3 (1799), S. 40ff.

134 Vgl. dazu Seelmann, ZStW 101, S. 344f.

lichen Recht aller, aus der Menschheit in jedem einzelnen? Nun ist es ein Ideal von Humanität, das erträumt wird als Endziel der Geschichte des Menschengeschlechts, unpolitisch, a-rechtlich, Gegenstand nur mehr von künstlerischer Phantasie und von geschichtsphilosophischer Spekulation. Aus der Wirklichkeit der Freiheit und ihres Menschenrechts ist ein leeres Sollen geworden, durch eine Aufklärung, die sich selbst, ihren Verstand, ihre Theorie, ihre Gesetzlichkeit so rücksichtslos durchdachte, daß diese Freiheit und diese Rechtlichkeit aufgeklärt, d. h. nun: als nicht-theoretisch faßbar, als nicht verstandesmäßig realisierbar, als nicht gesetzlich unfrei entlarvt und aufgehoben wurde. Übrigblieb theoretische Klarheit und gesetzmäßiges Funktionieren des Verstandes: eine Maschinenwelt, die man als gesetzliches System beschreiben und erfassen kann. Interesse bestand an dem reibungslosen Zusammenpassen aller Elemente: erinnern wir uns an die Kennzeichnung des Staates durch Friedrich II. als „Uhrwerk, in dem alle Triebfedern nur einen Zweck haben". Störungen werden nach Möglichkeit verhindert, sonst repariert oder beseitigt. Alle genannten Strafzwecke – Abschreckung, Verstärkung der Rechts- und Staatstreue, Sicherung, Erziehung als Besserung – werden nebeneinander und/oder miteinander gesetzt, wobei selbst ihre von manchen erkannte Antinomie nicht allzu störte; waren sie doch alle identisch in dem einen und einzigen Zweck: der Erhaltung des Staates selbst.

Wenn die Aufklärung dieses ihr eigenes Ergebnis erkennt, wenn sie sich darüber (und das bedeutet: über sich selbst) aufklärt, muß sie an ihr Ende gelangen und gelangt sein! Wenn sie diese ihre Bewegung reflektiert und die innere Logik erkennt, muß sie wieder zurück zu ihrem Anfang: muß Freiheit, Rechtlichkeit der Verhältnisse der Menschen als Grundlage jedes Staates, muß selbst-gesetzgebende Vernunft der Menschen voraussetzen, auch dann, wenn die Theorie des Verstandes dazu nichts mehr sagen kann. Sie muß den Verstand und damit sich selbst einer Kritik unterwerfen, einer Kritik der theoretischen Vernunft, um den Mut zu Postulaten einer praktischen Vernunft zu finden. Der Aufklärer, der diesen Mut zur Aufhebung der Aufklärung gefunden hat, war Immanuel Kant.

II. Das ALR als aufgeklärtes und doch nicht philosophisches Strafgesetzbuch

Aber zurück zu unserer Ausgangsfrage nach den vielen Widersprüchen im ALR, wie sie in der Einleitung gestellt wurde. Ich hoffe, daß meine vorweggenommene Antwort – im ALR komme nur die Widersprüchlichkeit der Aufklärung selbst zum Ausdruck! – nun verständlich(er) geworden ist. Einige Probleme, die in der Einleitung angesprochen worden sind, haben durch die Ausführungen bereits eine Lösung gefunden. Auf einiges ist in diesem eher als Ausblick gedachten Abschnitt hinzuweisen[135].

1. Das ungeklärte Verhältnis von Gesetzesstaat und Polizeistaat

Es wurde hoffentlich klar, warum das ALR so einen gewaltigen Umfang und soviele Paragraphen hat: es ist letztlich das Gesetzbuch eines Polizeistaates. Ein Großteil seiner Bestimmungen betrifft polizeiliche Vorbeugungsmaßnahmen; die Überschrift des entsprechenden Titels im Entwurf seines Vorgängers – des Allgemeinen Gesetzbuches von 1786 – lautete sogar: „Von den Rechten und Pflichten des Staats zur Verhütung und Bestrafung der Verbrechen" (man beachte die Reihenfolge)! Die in der Einleitung zitierten Bestimmungen sind so erklärlich, ebenso die Schutzbestimmungen für Religionsgesellschaften und gegen die Sodomie (und sonstige sexuelle – fleischliche – Sünden) (wobei Klein in einem Aufsatz auch den Grund für die so unbestimmte Fassung dieses § 1069 – „Sodomiterei und andre dergleichen unnatürliche Sünden, welche wegen ihrer Abscheulichkeit nicht genannt werden können" – angab: es sei nicht ratsam, durch das Gesetz selbst junge Leute mit einem Laster bekannt zu machen, welches sie ohne dasselbe vielleicht nicht gekannt haben würden)[136].

Auch die Widersprüchlichkeit des ALR läßt sich wenigstens in Stichworten verdeutlichen. Das ALR setzte – und hier eindeutig von den beiden Vätern Svarez und Klein bis in die Formulierungen hinein geprägt! – an bei der natürlichen Freiheit jedes Menschen (vgl. § 83 der Einleitung) und konzipierte das gesellschaftliche Zusammenleben von dieser gleichen Freiheit auf der Grundlage des Gesellschaftsvertrages (der „Grundvereinbarung") her. Zugleich landete das ALR aber am Ende in einem Polizeistaat, der mit ihm als umfassendes Regelwerk alles bestimmen und lenken wollte, der jeder möglichen Störung zuvorkommen, sogar moralische Laster und unnatürliche Sünden bekämpfen wollte. Bezeichnend für diese Einstellung ist § 1: „Eine jede Obrigkeit und jeder Vorgesetzte im Volke muß Laster und Verbrechen bei seinen Untergebenen zu ver-

135 Zum Ganzen vgl. auch die ambivalente Einschätzung bei Wolfgang Naucke, Hauptdaten der preußischen Strafrechtsgeschichte 1786–1806, in: Hans Hattenhauer/Götz Landwehr (Hrsg.), Das nachfriderizianische Preußen 1786–1806, Heidelberg 1988, S.237–244.

136 Ernst Ferdinand Klein, Anzeige von: Kritische Versuche über Recht und Unrecht von Carl Ludewig Christoph Rösin, in: Annalen der Gesetzgebung und Rechtsgelehrsamkeit in den preußischen Staaten 8 (1791), S.389 ff (391 f.).

hüten ernstlich beflissen sein". Wie paßt diese natürliche Freiheit und diese Beflissenheit zur allumfassenden Reglementierung zusammen ?

Von daher kann die Frage – ob denn das Preußen des ALR ein Rechtsstaat gewesen sei oder vielleicht nur ein Gesetzesstaat (oder nur ein Polizeistaat)![137] – nicht beantwortet werden; oder nur dahingehend beantwortet werden, daß Preußen alles zusammen in einer nicht aufgeklärten Einheit dieser deshalb auch nicht begriffenen Spannung war.

2. *Das ungeklärte Verhältnis von Verbrechen und Polizeidelikt*

Das ALR setzte auch ein mit einem freiheitlichen Verbrechensbegriff: „wer durch eine freie Handlung jemandem widerrrechtlich Schaden zufügt" (§ 7); damit auch mit einem materiellen Verbrechensbegriff: denn § 509 zählt – unter der Überschrift „Vom Schaden" – auf: Ehre, Gesundheit, Leib, Leben, Freiheit und Vermögen; man kann darin durchaus den Ansatz zu einer modernen Rechtsgutslehre sehen[138]. In den Vordergrund trat aber dennoch der Schaden, der dem Staat selbst zugefügt werden kann, der dabei so weit gedacht wurde, daß die Beleidigung der Religionsgesellschaften, ja die Begehung der Sodomie darunter gefaßt wurde; die Einbeziehung der Polizeivergehen und ihrer Strafen war von daher nur konsequent. Freilich bleibt dies widersprüchlich zum Ansatz. Denn auch die Grenzen von Recht einerseits, Moral und Religion andererseits mußten verschwimmen, wenn der Staat auch in letzteren nur die Funktion für seine eigene Sicherheit und seine Existenz sah und daher so an effektiven moralischen und religiösen Normen interessiert war, daß er sie unter seinen staatlichen Schutz stellte.

---

137 Vgl. z.B. Hermann Conrad, Die geistigen Grundlagen des Allgemeinen Landrechts für die preußischen Staaten von 1794, Köln/Opladen 1958; Ders., Das Allgemeine Landrecht von 1794 als Grundgesetz des friderizianischen Staates, Berlin 1965; Uwe Jens Heuer, Allgemeines Landrecht und Klassenkampf, Berlin 1960; Diethelm Klippel, Von der Aufklärung der Herrscher zur Herrschaft der Aufklärung, in: Z.f.hist. Forschung 17 (1990), S.193ff.; Andreas Schwennicke, Die Entstehung der Einleitung des Preußischen Allgemeinen Landrechts von 1794, Frankfurt 1994; Dietmar Willoweit, War das Königreich Preußen ein Rechtsstaat? in: Staat, Kirche, Wissenschaft in einer pluralistischen Gesellschaft. Festschr. f. Paul Mikat, Berlin 1989, S.451ff.

138 Vgl. zum Problem Peter Sina, Die Dogmengeschichte des strafrechtlichen Begriffs „Rechtsgut", Basel 1962, S.3ff.

3. Der Grundwiderspruch zwischen Prävention und Vergeltung

Und doch besteht auch eine umgekehrte Widersprüchlichkeit[139], die dem ALR und seinen Vätern Svarez und Klein (und dem geistigen Urheber, Friedrich II.) zuletzt zur Ehre gereichen kann und muß. Und vielleicht ist dieser fundamentale Widerspruch überhaupt erst die Möglichkeit gewesen, die anderen Widersprüche – von denen einige genannt wurden – zu ertragen, weshalb er etwas genauer herausgearbeitet werden muß. Es ist der Widerspruch zwischen Prävention (Unfreiheit) und Vergeltung (Freiheit).

Auf der einen Seite setzt das ALR eindeutig zunächst an bei einem funktionalen Staats- und Strafverständnis. § 24 des Entwurfs des AGB 1786 brachte dies unmißverständlich zum Ausdruck: „Der Zweck der Strafen ist vorzüglich die Sicherheit des Staats und seiner Einwohner, zugleich aber auch die Besserung des Verbrechers, durch Züchtigung der schädlichen Leidenschaft, die ihn zu dem Verbrechen bewogen hat". Die Konsequenz dieser Zweckbestimmung (vor allem bezüglich der Abschreckung) war sicherlich die strenge Einhaltung der Grundsätze „Nullum crimen, nulla poena sine lege scripta et certa", die ausdrücklich in § 9 des XX. Titels genannt sind: „Handlungen und Unterlassungen, welche nicht in den Gesetzen verboten sind, können als eigentliche Verbrechen nicht angesehen werden, wenn gleich Einem oder dem Andern daraus ein wirklicher Nachteil entstanden sein sollte"[140]. Von daher sind auch die offensichtlichen Versuche zu würdigen, die Tatbestände klar zu formulieren und so „moderne" Unrechtstypen zu entwerfen. Eine Fußnote am Ende dieses Entwurfes – die das Problem der Todesstrafe aufwarf – nahm zu diesem Zweck des staatlichen Strafrechts nochmals Stellung: der „Hauptzweck aller Strafen [sei] Sicherheit für den Staat und Abschreckung andrer". Doch war es nur konsequent, daß diese beiden Stellen des Entwurfes 1786 in der Endredaktion wegfielen. Für den Polizeistaat in seiner entwickelten Gestalt sind alle Zwecke – von Abschreckung (heute: „negative" Generalprävention genannt) über Besserung („Individualprävention") bis zur „positiven" Generalprävention (die

139 Auf die – freilich abwertend – Wächter hinweist: vgl. Aufklärung, S. 188 ff.

140 Freilich sah das ALR noch außerordentliche Strafen vor. Zu diesem Problem vgl. Ernst Ferdinand Klein, Über außerordentliche Strafen wegen unvollständigen Beweises und über Sicherheitsanstalten, in: Annalen der Gesetzgebung und Rechtsgelehrsamkeit in den preußischen Staaten 23 (1805), S. 144 ff. – Zum Problem vgl. Brünker, Kriminalist, S. 66 ff.; Friedrich Schaffstein, Verdachtsstrafe, außerordentliche Strafe und Sicherungsmittel im Inquisitionsprozeß des 17. und 18. Jahrhunderts, ZStW 101 (1989), S. 493 ff.

das Vertrauen der rechtstreuen Bürger in die Rechtlichkeit und Verläßlichkeit des Staates verstärkt und erneuert) – in gewisser Weise gleich-gültig: sie alle sind für das einzige Ziel – „allgemeine Ruhe und persönliche Sicherheit der Bürger des Staates gegen die Unternehmungen verruchter Bösewichter einen Schutz zu verschaffen“ (so diese Fußnote bezüglich der Todesstrafen) – in gleicher Weise wichtig; weshalb im übrigen diese Fußnote auch die Notwendigkeit der Todesstrafen bzw. ihrer Androhung rechtfertigte: es sei eben einfach noch nicht möglich, diese „an sich immer höchst traurige Mittel [zu] entbehren“; die Alternative wäre einzig die Ersetzung durch Züchtigungen, die den Tod des Verbrechers ebenso gewiß, aber nur langsamer und in Gesellschaft der fürchterlichsten, jedes Gefühl empörenden Leidens herbeiführen und das Leben – das man doch eigentlich schonen wolle – in einen immerwährenden Todeskampf verwandeln würden, wodurch die Täter „in aller Absicht unter das Vieh herabgewürdigt“ würden. Jedenfalls blieb diese Zweckbestimmung der staatlichen Strafen (bis hinauf zu den Todesstrafen) auch im ALR wesentlich, obwohl die Bestimmung dieses § 24 des Entwurfs in der Endfassung wegfiel. Eindeutig steht auch im ALR die Abschreckung an erster Stelle: nur von ihr her erklären sich die furchtbaren Strafdrohungen selbst gegen Tote, Tiere und sogar Bildnisse.

Und trotzdem weist das ALR zu diesem funktionalen Straf(rechts)verständnis einen fundamentalen Widerspruch auf, indem es dieser Zweckbestimmung des Staates eine Grenze entgegensetzt, die der Verstand nicht verstehen und deshalb nur bekämpfen kann (was manche Aufklärer auch mit Vehemenz getan haben[141]); nämlich die Forderung der §§ 16ff., die von der „Moralität der Verbrechen“ handeln. Damit wurde nicht der Vermengung von Moral und Recht das Wort geredet; Klein unterschied in zahlreichen Abhandlungen[142] ausdrücklich zwischen der „moralischen Schätzung“ einer Handlung und ihrer „moralischen Zurechnung“: erstere

141 Vgl. noch 1987 Gerd H. Wächter mit seiner Frankfurter Dissertation „Strafrechtliche Aufklärung“, S. 188ff.

142 Vgl. Ernst Ferdinand Klein, Herr Professor Carl Grolmann, Archiv des Criminalrechts 1/4 (1799), S. 128ff.; Vorläufige Bemerkungen über die Zurechnung der Verbrechen zur Strafe, Archiv des Criminalrechts 2/4 (1799/1800), S. 51ff.; Von der Zurechnung der Verbrechen zur Strafe, nach dem gesunden Menschenverstande, Archiv des Criminalrechts 4/3 (1802), S. 6ff.; Über die Schätzung des Menschen und seiner Handlungen, Archiv des Criminalrechts 4/4 (1802), S. 33ff.; Über die Befugnis und Fähigkeit des Criminalrichters, den moralischen Wert oder Unwert einer Handlung zu erforschen, Archiv des Criminalrechts 5/3 (1804), S. 107ff.; Über die Frage: in wie fern darf man andere über ihre Gesinnung zur Rede stellen? Archiv des Criminalrechts 7/3 (1807–1810), S. 332ff.

beziehe sich auf die qualitative Würde des Subjekts, letztere nur auf das Verhältnis der Triebfedern, das Gesetz zu beobachten oder zu verletzen, d. h. letztere sei nur die Qualifikation der freien Handlung selbst; und nur „soweit eine Handlung frei ist, werden die ... Folgen derselben dem Handelnden allemal zugerechnet" (wie § 7 des Ersten Teils, Dritten Titels [„Von Handlungen und den daraus entstehenden Rechten"] formulierte). Als Verbrechen könne nur eine freie Handlung bestraft werden (vgl. § 16 des Zwanzigsten Titels)[143]!

Welch ungeheurer Satz in diesem Gesamtsystem der Unfreiheit, des maschinellen Funktionierens, all der wissenschaftlich erarbeiteten Gesetzlichkeit (und damit: Unfreiheit) des Menschen. Und welch Widerspruch zu all dem sonst Zugrundegelegten! Der Richter sollte doch nur Mund des Gesetzes sein, die Strafbestimmungen des Gesetzes ohne jede eigene Stellungnahme als Subsumtionsautomat vollziehen : und nun muß er plötzlich die Freiheit des Täters anerkennen, ihm als freies Subjekt gegenübertreten und ihn nach dem Grad der ihm bei der Tat (noch) möglichen Freiheit verurteilen, also entsprechend dem Grad, in dem ihm „Freiheit und Überlegung" (§ 18) möglich waren. Je unfreier, je affektiver, je verzweifelter und geängstigter jemand gehandelt hat, je mehr er verführt worden ist zu seiner Tat, desto niedriger muß die Strafe bemessen werden. Unter der Überschrift „Moralität der Verbrechen" verbirgt sich das Schuldprinzip und die Notwendigkeit, die Strafe aus der verbrecherischen Tat – die letztlich in Freiheit wurzelt! – abzuleiten und zu begründen. Und nicht kann dafür der Zweck des Staates relevant sein! Denn dafür würde gelten: es wäre notwendig, dieser Verzweiflung, Angst, Affektivität ein viel größeres Strafübel drohend vor Augen zu stellen, also die Strafdrohung zu verschärfen, um ein Gegenmotiv in ausreichender Stärke zu setzen. Doch durch diese Paragraphen, die die Zurechnung zur Freiheit verlangen, gewinnt die Rechtsprechung eine eigenständige Bedeutung, verliert sie ihre bloße Exekutivfunktion, bricht die Notwendigkeit, Strafvollzug sekundär von der Drohung des Strafübels her zu begreifen, auseinander. Strafe ist nun die Antwort aus der verbrecherischen Handlung eines Subjekts, ist nur bezogen auf dieses Unrecht und soll dieses aufheben, vergelten, aus der Welt schaffen, um so das Verhältnis des Täters zum Verletzten („Beleidigten") und zu allen anderen wiederherzustellen.

---

143 Dahinter steht selbstverständlich die philosophische Zurechnungslehre der Tradition. Vgl. z. B. R. Küppers, Die Zurechnungslehre Samuel Pufendorfs, Diss. Bonn 1965; Heinz Schärtl, Die Zurechnungslehre Christian Wolffs, Diss. München 1970; Hans Ulrich Schaudt, Die Zurechnungslehre im Gemeinen deutschen Strafrecht des 19. Jahrhunderts, Diss. Bonn 1959; Sellert/Rüping, Quellenbuch, S. 352 ff.

Dieser Strafbegriff – der zugleich ein Höherbewertung der richterlichen Tätigkeit mit sich bringt[144]! – ist absolut, weil er nicht auf irgendwelche Zwecke des Staates schaut, zu denen er in Relation – als Mittel – gesetzt werden könnte.

Dieser Strafbegriff ermöglichte im übrigen erst die Unterscheidung von Strafe und Sicherungsmittel, wie sie im Ansatz das ALR bereits enthält[145]. So sieht § 5 II 20 eine „Erwerbsdetention" für Diebe vor, d.h. diese Täter sind bis zum Nachweis ehrlicher Erwerbsmöglichkeiten zu verwahren; so ordnet § 1160 Arbeitshaus gegen die dreimal verurteilten Diebe an, was „Besserungsdetention" genannt wird[146].

Das ALR kennt deshalb die Strafe als Mittel zum Zweck des Staates eigentlich nur auf der Dimension der gesetzlichen Strafdrohung! Hier wirkt und soll wirken der Polizeistaat mit seinen Drohungen und vorbeugenden sanfteren Zwängen. Gegenüber dem Täterindividuum selbst ist das in Freiheit gesetzte Unrecht der Maßstab, Maßstab auch für eine Rechtsprechung, die zwar die staatlichen Gesetze anzuwenden hat, aber nicht als bloße Subsumtion durch Verstandestätigkeit, sondern durch freies Weiterdenken der gesetzlichen Bestimmungen, durch ein Hindenken dieser Bestimmungen zu einem Verhältnis von freien Subjekten, der Richterpersönlichkeit und dem Täterindividuum, wie es im gesellschaftlichen Naturzustand zugrundeliegend gedacht und angesetzt war. Das ALR als Anleitung des Richters für diese die Rechtlichkeit und Menschlichkeit des Zusammenlebens auslegende Tätigkeit orientiert sich deshalb auch an so zahlreichen Tatbeständen. Wie anders sollte denn erklärbar sein, warum nicht nur die Herbeiführung des Schadens – also gemäß § 509 die Beleidigung/Verletzung der Ehre, Gesundheit, Leib, Leben, Freiheit oder Vermögen – unter Strafdrohung gestellt ist, also das „Erfolgsunrecht"?

---

144 Vgl. Ernst Ferdinand Klein, Über die Billigkeit bey Entscheidung der Rechtsfälle, in: Annalen der Gesetzgebung und Rechtsgelehrsamkeit in den preußischen Staaten 1 (1788), S. 357ff.; Ders., Von der Würde des richterlichenAmtes, in: Annalen der Gesetzgebung und Rechtsgelehrsamkeit in den preußischen Staaten 2 (1789), S. 10ff.; Ders., Über den Unterschied der Form und des Wesens der Gerechtigkeit, in: Annalen der Gesetzgebung und Rechtsgelehrsamkeit in den preußischen Staaten 6 (1790), S. 32ff.

145 Vgl. dazu Fn. 122, 123; zum Problem vgl. Hoffmann, Lehre; Mumme, Auffassung; Nagel, Strafzweck.

146 Zur Geschichte dieser Vorschriften vgl. Friedrich Ebel, Rechtsgeschichte Band 2, Heidelberg 1993, S. 96; Werner Schmid, Über die preußischen Diebstahlverordnungen vom 26.2.1799, in: Hans Hattenhauer/Götz Landwehr (Hrsg.), Das nachfriderizianische Preußen 1786–1806, Heidelberg 1988, S. 131ff.; Eberhard Schmidt, Entwicklung und Vollzug der Freiheitsstrafe in Brandenburg-Preußen bis zum Ausgang des 18. Jahrhunderts, Berlin 1915.

sondern der Gesetzgeber des ALR sich bemühte, in zahlreichen, fast zu genauen Differenzierungen des „Handlungsunrechts" die einzelnen Strafen aufzugliedern und zu unterscheiden? Der große Umfang des strafrechtlichen Teils des ALR läßt sich nur von diesem Bestreben begreifen, die auf dieses Handlungsunrecht bezogene Schuld des Täters in diffiziler Weise zu typisieren und gerecht zu ahnden.

4. Das doppelte Gesetzbuch

Als dieses dickleibige Strafgesetzbuch ist das ALR höchst ungeeignet für die Abschreckung der Untertanen. Eine Fußnote zu § 82 des Entwurfs 1786 stellte dies ausdrücklich klar: „Das Criminalgesetzbuch muß noch mehr, als das Bürgerliche, ein eigentlicher Volkscodex sein, der nicht nur überhaupt dem großen Haufen der Einwohner des Staats so viel als möglich in die Hände zu bringen, sondern auch selbst bei dem Schulunterricht mit zu Grunde zu legen ist. Es muß also aus kurzen und deutlichen Vorschriften bestehen". Diese Fußnote ging eindeutig auf Friedrich II. zurück, der im März 1785 an den Rand des Entwurfes zum Personenrecht schrieb: „Es ist aber Sehr Dicke und Gesetze müssen kurtz und nicht Weitläufig seindt"[147], und auch auf (darin dem König folgenden) Svarez, der in einer Abhandlung 1788 sich über diese Frage der Kürze von Gesetzen äußerte. Svarez entwickelte hier eine These, die den Charakter des ALR in einem anderen Lichte erscheinen lassen muß. Er kam nämlich auf den „Gedanken, daß wir ein doppeltes Gesetzbuch nötig haben: eines für den Richter und Rechtsgelehrten und das andre für das Volk überhaupt". Letzteres könne und müsse kurzgefaßt sein; es sei hinreichend – so Svarez in dieser theoretischen Abhandlung weiter[148] –, wenn in diesem Volkscodex „nur die Klassen der verbotenen Handlungen und in jeder Klasse die dahin gehörenden Hauptarten angegeben sind". Anders ausgedrückt: für die Zwecke der Generalprävention (und zwar sowohl bezüglich der Abschreckung als auch bezüglich der Bestärkung der Rechts- und Staatstreue) genügen plakative Hinweise auf verbotenes Verhalten und – vor allem – auf die dafür drohenden schweren Strafen. „Die mancherlei Abartungen der Verbrechen, die verschiedenen Umstände,

147 Zitiert bei: Hattenhauer, Einführung, S. 11.

148 Und dann auch in praktischer Verwirklichung, nämlich in der 1793 erschienenen, gemeinsam mit Goßler verfaßten Schrift „Unterricht über die Gesetze für die Einwohner des Preußischen Staates". – Zum Problem vgl. auch Ernst Ferdinand Klein, Ist es zuträglich, daß der gemeine Mann die Gesetze wisse? in: Annalen der Gesetzgebung und Rechtsgelehrsamkeit in den preußischen Staaten 2 (1789), S. 21 ff.

welche die Moralität dabei verstärken oder schwächen, und die daraus sich ergebenden genaueren Abstufungen der Strafen können aus dem Volkskodex füglich wegbleiben"; diese gehören somit nach Svarez in das Gesetzbuch für die Richter (und Rechtsgelehrten). Dafür liegt der Grund auf der Hand: die Tätigkeit von Richter und Rechtsgelehrten – sicherlich dieser „philosophischen Rechtsgelehrten", die der Entwurf zu Gutachten aufforderte! – orientiert sich nicht an dem Zweck der Generalprävention, überhaupt nicht an irgendeinem staatlichen Zweck; sondern nur an der Gerechtigkeit, an der natürlichen Rechtlichkeit und Menschlichkeit, an der „natürlichen Billigkeit", wie sie im freiheitlichen Umgang der Menschen – hier Richter, dort Verbrecher – notwendig ist (weshalb sie auch im Naturzustand vorhanden sein muß).

So erweist sich das ALR überhaupt nicht als Gesetzbuch eines Polizeistaates. Die dem gesamten Anschein all der Strafdrohungen und Vorbeugungsmaßnahmen widersprechende Regelung der „Moralität der Verbrechen" beruht auf einer absoluten Straftheorie, was nicht anders heißt als: auf einem Strafbegriff, der die Strafe als Konsequenz des vom Täter gesetzten Unrechts, nämlich: als dessen Aufhebung ansieht und deshalb das Maß dieser Strafe aus dem gesetzten Verbrechen entnimmt.

Dieses Ergebnis wirft im übrigen viele Fragen auf, auf die hier nicht eingegangen werden kann, vor allem die nach dem Stellenwert der Aufklärung als Theorie für das ALR. Zu fragen wäre etwa: war der Verstand der aufgeklärten Bürger – die als neue Intelligenz die Bürokratie bildeten[149] – das dieses Gesetz Begründende oder stellte er nur die neue Legitimation für eine Tradition dar, die in vielem weitergelebt wurde? ging es um theoretische Rationalität im Sinne der Gesetzlichkeit oder um eine praktisch-politische Richtigkeit im Sinne der „guten Sitten" und der „natürlichen Billigkeit"[150], die nach Wegfall der theologischen Fundierung nun neu zu begründen war? blieb es also in der Praxis in vielem beim Alten, das aber eine neue Theorie heranzog, um attraktiv für die aufsteigende Intelligenz zu sein und zu bleiben? waren die bürgerlichen Theoretiker die neue Herrschaft? oder umgekehrt: benutzte die alte Herrschaft die neue Intelligenz ?

5. *Der Ausblick: Immanuel Kant*

Selbstverständlich weist das zum absoluten Strafbegriff Ausgeführte auf die Philosophie von Immanuel Kant hin, die oben als Überwindung der

149 Zu diesem Problem vgl. weiterführend Hellmuth, Naturrechtsphilosophie.
150 So die Formulierung Friedrichs II., Werke VIII, S.30ff.

Aufklärung gekennzeichnet wurde. Als Abschluß und zugleich Ausblick soll zumindest ein Hinweis auf den Königsberger Philosophen stehen.

Die Auffassung von Ernst Ferdinand Klein war Kant bekannt. Sein Schüler Johann Benjamin Erhard schrieb ihm am 6. September 1791 aus Jena[151], daß er Bekanntschaft mit eben diesem Herrn Klein gemacht habe, einem „von den seltnen Männern, deren Enthusiasmus ihrer Einsicht untergeordnet ist, ohne erkaltet zu sein". Erhard fuhr fort: „Der vorzüglichste Gegenstand unserer Unterhaltung war das Kriminalrecht"; und er stellte einige Hauptpunkte des Gesprächs zusammen, darunter die Thesen: „Die Übertretung der Gesetze, nicht der Schaden der Gesellschaft bestimmt die Größe des Verbrechens ... Da das Gesetz absolut gebietet, so kann auch die Strafe nicht als ein Mittel zu einem anderen Zweck, sondern einzig zur Heiligung (nicht zur Erfüllung auf eine andere Art) des Gesetzes gebraucht werden ... Aber da nicht Genugtuung des Schadens, noch Besserung noch Beispiel die Absicht der Strafe sein kann, so kann man auch nicht sagen, daß sie die Erduldung eines physischen Übels, als solches, wegen eines moralischen Vergehens sei, sondern sie ist das Symbol der Strafwürdigkeit einer Handlung, durch eine denen Rechten, die der Verbrecher verwirkt hat, entsprechende Kränkung desselben". Kant erwiderte am 21. Dezember 1792[152] und war mit der zuletzt zitierten Kennzeichnung der Strafe – als „ein[es] Symbol[s] der Strafwürdigkeit" – hoch zufrieden. Wir wissen nicht, wieweit Erhard hier seine eigene Theorie (und nicht die von Klein geäußere Ansicht) übermittelt hat. Aber jedenfalls kennen wir den Brief, den Ernst Ferdinand Klein selbst am 28. Februar 1800 an den damals fast 76jährigen Kant geschrieben hat[153]: „Verehrungswürdiger Greis, erlauben Sie gütigst, daß ich Ihnen die Beilage übersende .... .- Es fängt jetzt an, eine neure Theorie im Kriminalrechte Aufsehen zu erregen, nach welcher die Menschen bloß wie Tiere behandelt werden[154].- Ich weiß wohl, daß die Freiheit des Willens nicht sinnlich wahrgenommen werden kann; aber eigentliche Strafe setzt doch den Fall voraus, wo der Mensch nicht bloß als Pflanze oder Tier wirksam gewesen ist, sondern wo er als Mensch gehandelt hat, und wo die Freiheit des Willens (vorausgesetzt, daß sie überhaupt geglaubt werden) als anwendbar gedacht werden kann. – Ich habe zwar auch bei Ihrer Straftheorie einige Zweifel, die ich Ihnen gern zur Auflösung vorgelegt hätte, wenn ich nicht Bedenken getragen hätte, Ihnen damit beschwerlich zu fallen. Allein darin glaube ich doch Ihre Meinung richtig gefaßt zu haben, daß

151 Abgedruckt in: Immanuel Kants Werke (hsgg. Ernst Cassirer), Band X, Berlin 1921, S. 107ff.

152 Abgedruckt in: Kant, Werke X, S. 185f.

153 Abgedruckt in: Kant, Werke X, S. 369.

154 Gemeint ist offensichtlich die Theorie Feuerbachs.

die eigentliche Strafe, wenn sie nicht in eine bloß tierische Züchtigung ausarten soll, welcher man auch die Wahnsinnigen und Rasenden unterwerfen könnte, menschliche, d.i. solche Handlungen voraussetze, welche als frei gedacht werden können. – Ich glaube daher, daß üble Gewohnheiten und Leidenschaften die gesetzliche Strafe nicht ausschließen können, weil diesen durch Annahme anderer Maximen entgegengewirkt werden kann, aber wohl Affekten, welche bei einer schnell wirkenden Veranlassung bloß tierische Handlungen hervorbringen. – Die Sache ist wichtig und ich wünschte, wenn es nicht zu viel gebeten wäre, hierüber Ihre Belehrung. – Mit inniger Verehrung bin ich Ihr ergebenster Klein".

Kant, der vier Jahre später (am 12. Februar 1804) starb, hat diesen Brief nicht mehr beantwortet. So blieb Klein unaufgeklärt: über sich und seine eigene Verbrechens- und Straftheorie. Das ALR – als seine und des Svarez Schöpfung – macht dies auch deutlich. Es gilt daher weiterhin (und für uns heute), die Antwort auf die Frage Kleins im Sinne Kants zu finden.

Diskussion nach Vortrag Prof. Schild

Prof. Ebel, Berlin

Vielen Dank, Herr Schild, für diese Grundlegung der philosophischen Aspekte des ALR in bezug auf das Strafrecht. Das sieht man diesen 1577 Paragraphen ja nicht so ohne weiteres an, was Sie uns vorgeführt haben. Die Verbindung zu den anderen Vorträgen ist insbesondere der Aspekt, daß Sie hier das Strafrecht und das staatliche Wirken in seiner Ausprägung mit rechtsstaatlichen Kompetenzen oder, genauer gesagt, zu gesetzesstaatlichen Kompetenzen gezeichnet haben, die inneren Widersprüche des naturrechtlichen Ansatzes zur Überwindung seiner selbst uns vorgeführt haben. Daß diese Fragen keine Antworten finden, das hat ja das Strafrecht des ALR selbst dann auch so gefühlt. Es hat ja nur noch ein Jahr nach dem Tode Kants so gegolten und dann eben nicht mehr. Es war der erste Teil, der eigentlich die Zeitläufte nicht überdauert hat, und ob das damit zusammenhängt, wäre eine Frage, die des weiteren zu stellen wäre und die ich nicht beantworten kann. Aber ich will auch hier kein Korreferat halten, wofür ich nicht kompetent wäre, sondern zur Diskussion auffordern.

Prof. Jan Schröder, Tübingen

Herr Schild, ich fand es sehr eindrucksvoll, wie Sie das Umschlagen vom Naturrecht in ein positivistisches Strafrechtsdenken geschildert haben. Wenn man Sie allerdings so verstehen soll, daß das Naturrecht letzten Endes überhaupt ohne Einfluß auf das Strafrecht des ALR geblieben ist und sich alles auflöst in eine Frage der gesetzgeberischen Zweckmäßigkeit, dann möchte ich doch in einem Punkt widersprechen. Ich meine, man müßte differenzieren zwischen dem Bereich des Verbrechens und dem der Strafe. Im Bereich des Verbrechens, also der Bewertung der einzelnen Delikte, der Rechtsgüterordnung, finden sich doch durchaus die naturrechtlichen Elemente der Säkularisierung, Rationalisierung und – inhaltlich – der Liberalisierung, von denen Sie gesprochen haben. Man kann ganz konkret drei Deliktsgruppen benennen. Einmal die Diebstahls- und Eigentumsdelikte, die jetzt milder beurteilt werden und keine Kapitalverbrechen mehr sind. Das erklärt sich meines Erachtens aus der naturrechtlichen Liberalisierung, der Entwicklung zum Abbau des Ständestaats. Das Eigentum wirkt nicht mehr statusbestimmend, es hat nicht mehr den hohen Rang, den es früher gehabt hat – ursprünglich sind die Menschen eben nur frei und gleich und noch ohne Eigentum. Zweitens die Sexualdelikte. Sie haben die Sodomievorschrift als Beispiel für eine im Grunde unaufgeklärte Regelung zitiert. In der Tat wirkt sie auf uns komisch, auch die Zimperlichkeit, mit der man von einer Beschreibung von Sexualverbrechen, „die so scheußlich sind, daß sie nicht benannt werden können", Abstand nimmt. Man muß aber doch, meine ich, sehen, daß die Sodomie-Vorschrift des ALR sehr viel milder ist als die seiner Vorläufer. Früher wurde der Täter eingekerkert und verbannt. Auch das erklärt sich naturrechtlich-rationalistisch. Das Prinzip ist „neminem laede", und man fragt nun eben: wer wird denn bei der Sodomie eigentlich verletzt? Die Sodomie ist irgendwie anstößig, aber es ist außerordentlich schwierig, das Rechtsgut zu bezeichnen, das hier betroffen sein soll. Die Todeswürdigkeit der Sodomie paßt in das neue Strafrechtsdenken nicht mehr hinein, und ähnlich liegt es wohl bei anderen Sexualdelikten. Der dritte Punkt sind die Religionsdelikte. Auch hier führt die Entwicklung entweder zur Abschaffung, wie bei der Hexerei, aus rationalistischen Gründen. Oder es kommt im ALR zu einer energischen Abmilderung. Das läßt sich, wie ich glaube, wiederum naturrechtlich erklären. Der Staat, der ja nach dem Naturrecht durch einen Vertrag zustande kommt, ist ein rein säkularer Staat. Die Religion kann gewisse disziplinierende Funktionen im Rahmen der Staatszwecke erfüllen, aber sie ist nicht mehr eine Essentiale dieser Staatsgründung. Dementsprechend kann die Religion auch keinen besonders intensiven Schutz mehr genießen. In der Bewertung dieser Rechtsgüter hat also nach meiner Meinung das Strafrecht des ALR durchaus naturrechtliche – natürlich dann auch parallele, im Naturrecht nur reflektierte gesellschaftliche – Veränderungen als Hintergrund.

Der andere Bereich ist der der Strafen selbst, und hier würde ich Ihnen darin recht geben, daß das Naturrecht dafür keine Theorie ausgebildet hat. Das erklärt sich, wie Sie ja auch angedeutet haben, wohl schon aus der Geschichte des Naturrechts. Die naturrechtliche Straftheorie wird beim Individuum, im vorgesellschaftlichen Zustand entwickelt. Sie gehört zum Kriegsrecht des einzelnen gegen den einzelnen. Das ist ein diffuser Bereich mit unklaren Übergängen zwischen Notwehr, Schadensersatz und Strafe. Als die Naturrechtler dann in einem sehr mühseligen Prozeß erkannt haben, daß die Strafe eine staatliche Aufgabe ist, stellen sie eigentlich nur fest, daß die jeweilige Strafe eine Frage der Zweckmäßigkeit ist – und die überließ das Naturrecht ja bekanntlich der Politik. In der Sache ist am frappierendsten, worauf Sie hingewiesen haben, daß sich das ALR nicht einmal scheut, auch noch Strafen wie die Räderung und die Verbrennung anzudrohen (wenn sie auch vielleicht nicht mehr vollzogen worden sind). Von Humanisierung kann man hier sicherlich nicht sprechen, obwohl der Aufklärung oft ja auch humanisierende Tendenzen unterstellt werden. Für mich stellt sich – um das abschließend zu sagen –

die Frage: woher kommt eigentlich die „Humanisierung“ der Todesstrafen, die ja jedenfalls irgendwann zwischen dem ALR und dem preußischen Strafgesetzbuch von 1851 stattfindet, und hat sie überhaupt noch etwas mit der Aufklärung zu tun? Sie haben dazu zwei Punkte genannt: Der eine ist, daß die Menschenwürde vielleicht schon bei Kant eine andere Funktion, ein anderes Gewicht bekommt als sie bei Klein und den zum Teil Kant ja mißverstehenden Kantianern hatte. Der andere ist der Übergang zur Generalprävention. Wenn nicht mehr der Strafvollzug, sondern die Strafdrohung entscheidend ist, dann könnte es irgendwie naheliegen, daß diese nur im Vollzug abschreckenden Strafen durch andere ersetzt werden. Aber dies alles bedürfte noch der Klärung, und ich fand Ihren Vortrag außerordentlich interessant und wegweisend.

Prof. Kleinheyer, Bonn

Ja, Herr Schild, ich habe mir furchtbar viel aufgeschrieben, weil ich auf Schritt und Tritt eigentlich anderer Meinung war als Sie. Auf Schritt und Tritt habe ich natürlich auch nach meinem Dafürhalten Richtiges gefunden in dem, was Sie ausgeführt haben. Zunächst glaube ich im Grundsatz, daß Sie in Ihrer Herleitung aus der Stellung der einzelnen im Naturzustand vielleicht zu viele Schlußfolgerungen gezogen haben hinsichtlich der Erklärung des Strafrechts des ALR. Ich würde eigentlich mehr in den Vordergrund schieben, was Sie am Ende dann wieder betont haben, daß nämlich der Staat sich hier doch sehr deutlich als die eigentliche Quelle des Strafrechts darstellt. Ich verweise darauf, daß das Strafrecht geregelt ist im 20. Titel des 2. Teils, d.h. also als letztes der Staatshoheitsrechte wird dort das Recht zu strafen behandelt. Das Recht des Staates zu strafen, darum geht es in diesem Titel. Darüber gehen dann natürlich individualistische Herleitungen des Rechts zu strafen, meine ich, weitgehend verloren. In Ihrem Abstellen – insofern schließe ich an Herrn Schröder an – auf die Strafdrohung habe ich eigentlich mehr Feuerbach gehört als ALR. Denn das ALR stellt nicht auf die Strafdrohung ab. Sie spielt zwar immer mal eine Rolle, aber auf Schritt und Tritt sieht man, daß vielmehr die Vollstreckung der Strafe im Vordergrund steht. Sie haben ja viele Beispiele dafür genannt zum Schluß, daß dies eben die Leute bewegt hat, wie man die Strafe vollstrecken müsse. Die Strafvollstreckung ist das eigentliche Mittel der Abschreckung. Ich glaube, das entspricht auch dem Bildungsstand; man kann gar nicht darauf rechnen, mit einem Strafgesetzbuch dieser Art irgend jemanden abzuschrecken. Wer wird sich hinsetzen und das lesen? Wenn Sie allerdings sagen, das ALR richte sich auch nicht an die Bürger, sondern an die Richter, möchte ich Ihnen zu dem Punkt wiederum widersprechen. Denn der Idee nach richtet sich das Gesetz schon an die Bürger und an die Richter, an beide. Ich sehe den Grundsatz „nulla poena sine lege“ nicht im ALR verankert, aber ich sehe wohl den Grundsatz „nullum crimen sine lege“, d.h. also eine Handlung, die nicht verboten ist, kann nicht als Verbrechen bestraft werden; während das Problem der passenden Strafe, meine ich, im ALR nicht so bewältigt worden ist. Da ragt noch sehr viel von der außerordentlichen Strafe hinein; wie auch im Grunde die Herausformung der einzelnen Straftatbestände ja erst später gelungen ist, unter dem Einfluß der psychologischen Zwangstheorie Feuerbachs. Beiläufig haben Sie gesagt, das Verfahren mußte geregelt werden. Das Verfahren ist im ALR überhaupt nicht geregelt. Die Kabinettsordre von 1780 unterscheidet gerade Gesetze und Prozeßordnung. Prozeßordnung ist etwas ganz anderes als Gesetz. Das pflanzt sich heute noch in unserer Bezeichnung als Zivilprozeßordnung und Strafprozeßordnung fort, die wir zwar heute als Gesetze verstehen, die man damals aber eben nicht als Gesetze, sondern als Regelungsanweisungen, als Verwaltungsanordnung für das richtende Personal verstand. Die Prozeßordnungen sind eigentlich wirklich nur an die Richter gewandt. Sie sind sicherlich keine Gesetze im Sinne der Definition, die Sie auch gebracht haben, die ich übrigens sehr schön fand, diese Klein'sche Definition des Gesetzes.

Zum Schluß haben Sie auf den polizeistaatlichen Charakter des Strafrechts des ALR abgestellt. Den Versuch zu verhindern, daß es zur Verbrechensbegehung kommt, kann man ja auch positiv kennzeichnen, und das würde ich tun. Das Paradebeispiel ist für mich immer der Kampf gegen die Kindestötung, der ja auch Gegenstand von Preisausschreiben gewesen ist. Sehr naturrechtlich denkend hat man sich mit der Frage auseinandergesetzt, wie man etwas derart Unnatürliches, daß eine Mutter ihr neugeborenes Kind umbringt, verhindern könne: einer der wichtigsten Züge des ALR, die erstmals dort auftauchende Rechtspolitik. Der Gedanke, man müsse Straftaten durch eine vorsorgende Politik verhindern, der ist wirklich ein Wesenszug des ALR, aber das hat nun nichts mehr mit Rechtsphilosophie zu tun.

Prof. Krause, Trier

Herr Kleinheyer, Sie hatten gesagt, es sei das Recht des Staates zu strafen. Wenn man genau hinsieht, ist es doch wohl die Pflicht des Staates, für den Rechtsfrieden zu sorgen, aus der die Strafkompetenz erwächst. Und dann noch zu ihrem Hinweis auf den „Unterricht“. Dort steht von den Strafen kein Wort. Es genügt Svarez, wenn das einfache Volk weiß, daß ein Tun bei Strafe verboten ist. Die Strafen selbst braucht es nicht zu kennen. Dann aber kann er doch nicht so sehr auf die Abschreckung durch Strafdrohung gesetzt haben.

Nun noch einige Bemerkungen zu ihrem Hinweis auf den Normkonflikt beim Kindesmord, für das Duell gilt übrigens ähnliches. In beiden Fällen ist den Gesetzesverfassern ganz bewußt, daß Kriminalität durch einen Normkonflikt entsteht, in den die Individuen hineingeraten: den Konflikt zwischen gesellschaftlichen Normen und absoluten Normen des Strafrechts. Sie fragen daher, wie dieser Normkonflikt vermieden werden kann. Ich muß gestehen, ich war, als ich darauf stieß, überrascht, daß die Frage schon so früh relevant wird. Insgesamt sollte man das Strafrecht des ALR überhaupt nicht allzu prinzipiell ansehen; Aufklärung ist nicht immer abstrakt rational, sie ist in weitem Umfange auch schlicht pragmatisch. Schließlich haben sie einen Autor des Strafrechts des ALR vergessen. Verfasser ist nämlich nicht Klein, der – ich weiß nicht warum – immer wieder genannt wird. Ich habe in den Materialien zum Strafrecht kaum Hinweise auf Klein gefunden. Die ersten Überlegungen zum Strafrecht stammen vielmehr von Goßler. Und Goßler schreibt, die Erarbeitung des Strafrechts des ALR begleitend ein Buch, um sich über den Sinn des Strafrechts klar zu werden. Es handelt sich um seinen „Versuch über das Volk". Er will herausfinden, warum die armen Leute straffällig werden, woher die Straftäter kommen, wie sie zu ihrer Tat kamen und in welcher Situation sie dabei standen. Allgemein kommt er zu einem ganz nüchternen Schluß: die Mehrzahl der Straftäter ist ungebildet, sie befand sich in Konflikten und in wirtschaftlichen Mißsituationen. All das wird schlicht human festgestellt, und nicht von oben herab oder von einem abstrakten Ansatz her betrachtet.

Die Rechtsstaatsidee im Allgemeinen Landrecht

Detlef Merten, Speyer

I. Einleitung

Die Friedrich-Biographie Theodor *Schieders*[1] führt den Untertitel „Ein Königtum der Widersprüche". In Anlehnung hieran kann man das Allgemeine Landrecht für die Preußischen Staaten als „Gesetzbuch der Widersprüche" bezeichnen. Die Parallelität ist nicht zufällig. Trägt doch die Kodifikation, obwohl erst acht Jahre nach dem Tod des Königs in Kraft getreten, die Züge seiner Person und seiner Zeit[2], weshalb sie auch „Gesetzbuch Friedrichs des Großen"[3] und „Grundgesetz des friderizianischen Staates"[4] genannt wird[5].

Gesetzbuch der Widersprüche! Der Sache nach hatte ihm schon Alexis *de Tocqueville*[6] Antinomien attestiert und es als einen „ganz moder-

1 Friedrich der Große. Ein Königtum der Widersprüche, 1983.

2 Vgl. auch Alexis *de Tocqueville*, L'Ancien Régime et la Révolution, Paris 1856, übersetzt von Theodor Oelchers, 1978, S. 222.

3 *Tocqueville* (FN 2), aaO; Hans *Thieme*, Das Gesetzbuch Friedrichs des Großen. Zum 150. Jahrestag des Todes Friedrichs des Großen am 17. April 1786, in: DJZ 1936, Sp. 939ff.; ähnlich Hans *Hattenhauer*, Einführung in die Geschichte des Preußischen Allgemeinen Landrechts, in: ders. (Hg.), Allgemeines Landrecht für die Preußischen Staaten von 1794, 2. Aufl., 1994, S. 1; Wilhelm *Ebel*, Das Preußische im Preußischen Allgemeinen Landrecht, in: Jahrbuch der Albertus-Universität zu Königsberg/Pr. 12, 1962, S. 152; Günter *Birtsch*, HZ 208, 1969, S. 294 zu FN 107.

4 Hermann *Conrad*, Das Allgemeine Landrecht von 1794 als Grundgesetz des friderizianischen Staates, 1965; zustimmend Hans *Schlosser*, Grundzüge der Neueren Privatrechtsgeschichte, 7. Aufl., 1993, S. 99; ähnlich Franz *Wieacker*, Privatrechtsgeschichte der Neuzeit, 2. Aufl., 1967, S. 331: „Dokument friderizianischer Staatsbaukunst".

5 Preismedaillen, die für die Mitarbeit des fachkundigen Publikums am Gesetzbuch verliehen wurden, enthielten die Umschrift „Fridericus Legislator, 1784"; vgl. Justizkommissar *Simons* Bericht über die szientivische Redaktion der Materialien der preußischen Gesetzgebung, in: Mathis (Hg.), Allgemeine Juristische Monatsschrift für die Preußischen Staaten 11, 1811, S. 192ff. (217 f).

6 L'Ancien Régime (FN 2), S. 223f.; vom „Januskopf" spricht Heinrich *v. Treitschke*, Deutsche Geschichte im 19. Jahrhundert, Teil I, Leipzig 1879, S. 77.

nen Kopf" auf einem „mittelalterlichen Rumpf" charakterisiert. Mittelalterlich mußte einem Franzosen Mitte des 19. Jahrhunderts in der Tat das preußische Ständerecht anmuten, wie es Heutigen antiquiert erscheint, daß Frauen in Frankreich vor 1945 kein Wahlrecht zustand[7]. Die ständische Gliederung der Gesellschaft hätte seinerzeit wohl nur eine Revolution beseitigen können. Revolutionsgläubigkeit übersieht aber leicht die Kosten gewaltsamer Umbrüche in Gestalt von Blut und Terror[8], über die spätere Jubelfeiern gerne hinwegsehen und hinweggehen. Das Verdienst des aufgeklärten Absolutismus[9] ist es gerade, Preußen wie auch dem Habsburger Reich die Schrecken einer Revolution erspart zu haben. Dieses Defizit, dem Deutschland auch im Jahre 1989 nicht abgeholfen hat, erscheint manchem als erster Schritt auf einem verstaubten Sonderweg[10]. In Wirklichkeit galt jedoch das aufgeklärte Brandenburg-Preußen im 18. Jahrhundert national wie international als fortschrittliches Gemeinwesen, dem die Auswüchse des Ancien Régime fremd waren[11].

Die Diskrepanz zwischen aufklärerischem Ideal und gesellschaftlicher Realität war den Verfassern des Allgemeinen Landrechts bewußt. So weist

---

7 Vgl. Peter Klaus *Hartmann*, Französische Verfassungsgeschichte der Neuzeit (1450–1980), 1985, S. 121.

8 Zur Gewalt als Begriffselement der Revolution Manfred *Hettling*, 1848 – Illusion einer Revolution, in: ders. (Hg.), Revolution in Deutschland 1789–1989, 1991, S. 27.

9 Vgl. Fritz *Hartung*, Der aufgeklärte Absolutismus, auch in: ders., Staatsbildende Kräfte der Neuzeit, 1961, S. 149 ff. (154 ff.); Walter *Hubatsch*, Das Zeitalter des Absolutismus 1600–1789, 4. Aufl., 1975, S. 176; Stephan *Skalweit*, Preußen als historisches Problem, in: Jahrbuch für die Geschichte Mittel- und Ostdeutschlands III, 1954, S. 198 ff.; Th. *Schieder* (FN 1), S. 284 ff.; Elisabeth *Fehrenbach*, Vom Ancien Régime zum Wiener Kongreß, 1981, S. 51; Volker *Sellin*, Friedrich der Große und der aufgeklärte Absolutismus, in: Engelhardt/Sellin/Stuhe, Soziale Bewegung und politische Verfassung, Conze-Festschrift, 1976, S. 83 ff.; Johannes *Kunisch*, Absolutismus, 1986, S. 188 ff.; umfassend Walter *Demel*, Vom aufgeklärten Reformstaat zum bürokratischen Staatsabsolutismus, 1993, passim, insbes. S. 61 ff. mit Literaturnachweisen S. 136 ff.

10 Eindrucksvoll zu diesem Problem Gerhard *Ritter*, Europa und die deutsche Frage, 1948, S. 194 f.; vgl. auch Karl *Michaelis*, Die Deutschen und ihr Rechtsstaat, 1980, S. 25 ff.

11 Vgl. Lothar *Gall*, Von der ständischen zur bürgerlichen Gesellschaft, 1993, S. 13; Rudolf *Buchner*, Deutsche Geschichte im europäischen Rahmen, 1975, S. 268 f.

Christoph *Goßler*[12], seit 1783 Mitarbeiter im Arbeitsstab Großkanzler *v. Carmers*[13], darauf hin, daß „die Grundsätze des Feudalsystems mit der gegenwärtigen Staatsverfassung durchaus unverträglich sind"[14]. Trotz einiger Ansätze im Allgemeinen Landrecht bringen jedoch erst die *Stein-Hardenbergschen* Reformen eine radikale Änderung. Nach der militärischen Niederlage sollen sie, wie *Hardenberg* in seiner Rigaer Denkschrift[15] schreiben wird, eine „Revolution im guten Sinn ... durch Weisheit der Regierung" durchführen, sind daher antirevolutionär und revolutionär zugleich[16].

Die stereotype Gegenüberstellung von fortschrittlichem Code civil und feudalistischem Landrecht verstellt den Blick auf das Wesentliche. Denn im Unterschied zum Recht der ständischen Gesellschaft ist das Allgemeine Landrecht dort, wo es die Staat-Bürger-Beziehungen regelt, für seine Zeit modern. Demgegenüber ist der obligate Hinweis auf fehlende demo-

12 Hierzu Peter *Krause*, Christoph Goßler (1752–1816), in: ders., Vernunftrecht und Rechtsreform, Aufklärung Jg. 3, H. 2, 1988, S. 119ff.

13 Zu diesem Dietmar *Willoweit*, Johann Heinrich Casimir von Carmer und die preußische Justizreform, in: Johannes Kunisch (Hg.), Persönlichkeiten im Umkreis Friedrichs des Großen, 1988, S. 153ff.; Eberhard *Schmidt*, Johann Heinrich Casimir von Carmer, jetzt in: ders., Beiträge zur Geschichte des preußischen Rechtsstaates, 1980, S. 324ff.

14 Berlinische Monatsschrift 19, 1792, S. 435; vgl. in diesem Zusammenhang auch die „unmaßgeblichen Bemerckungen" der Ostpreußischen Kammer vom 18.4.1786 zum Entwurf des AGB (Teil I, Abt. 2, Tit. 2): „Glücklich ist ein Staat zu nennen, in welchem die Unterthänigkeit gäntzlich aufgehoben worden, und über solche keine Gesetze gegeben werden dürfen. Sie entehret die Menschheit, behindert die Industrie und macht Menschen zu Sclaven eigennütziger Grund Herrschaften, die den natürlichen Trieb zur Freiheit in sich fühlen. Soll die Gesetzgebende Macht in einem Monarchischen Staat nicht vermögend sein, diese drückende Unterthänigkeit gäntzlich aufzuheben; so ist es wenigstens nothwendig, selbige, so viel nur möglich ist, einzuschränken. Diese Einschränckung dürfte aber *durch den § 72, pag. 32* nicht erreichet, wohl aber die Leibeigenschaft noch mehr vergrößert werden", Acta Borussica (A. B.), Denkmäler der Preußischen Staatsverwaltung im 18. Jahrhundert. Die Behördenorganisation und die allgemeine Staatsverwaltung Preußens im 18. Jahrhundert, Bd. XVI, 2, Nr. 628, S. 906.

15 Denkschrift *Hardenbergs* über die Reorganisation des preußischen Staates vom 12. September 1807, abgedr. in: Leopold *von Ranke*, Hardenberg und die Geschichte des preußischen Staates von 1793–1813, 2. Aufl., Bd. III, Leipzig 1881, S. 363ff. (365).

16 Vgl. Hans-Ulrich *Wehler*, Deutsche Gesellschaftsgeschichte, 2. Aufl., Bd. I, 1989, S. 401ff.

kratische Elemente im friderizianischen Staat banal. Und es ist töricht, Verzierungen heutiger Rechtsstaatlichkeit zum Richtstab für die Geschichte zu küren. Eine rechtsstaatliche Hurra-Mentalität auf der Suche nach „rechtsstaatlichen Defiziten" in der Vergangenheit[17] übersieht, daß der „totale Rechtsstaat"[18] auch gegenläufige, weil rechtsstaatsgefährdende Züge trägt. Gesetzgeberisches Übermaß dient nicht der Klarheit und Berechenbarkeit des Rechts; ausufernder Gerichtsschutz und „Instanzenseligkeit"[19] können die Rechtssicherheit gefährden. Denn Rechtsstaatlichkeit umfaßt auch Recht-zeitigkeit, nämlich Rechtsgewißheit in angemessener Frist. „Prompte Justiz" als Reaktion auf Prozeßdauer und Prozeßverschleppungen war ein Hauptanliegen brandenburg-preußischer Bemühungen um eine Justizreform im 18. Jahrhundert[20]. *Friedrich der Große* äußert 1774[21]: „An die Justiz; sollen dahin sehen, daß den Menschen kein Unrecht geschiehet, jedoch die Sache bald abthun, nicht nach ihrer gewöhnlichen Art zaudern. Ich bin mit ihren langen Formalitäten und Verschleppungen gar nicht zufrieden und werde darunter von neuem Reformen machen müssen."

Allerdings darf der heute wieder modische Ruf nach „kurzen Prozessen"[22] die rechtsstaatlichen Minimalfristen für Prozeßvorbereitung und Prozeßdurchführung nicht mißachten. Die kürzesten Prozesse werden bekanntlich von Standgerichten exekutiert.

---

17 Vgl. in diesem Zusammenhang auch *BVerfGE 58*, 257 (269f.).

18 Karl August *Bettermann*, Der totale Rechtsstaat. Zwei kritische Vorträge, 1986.

19 Horst *Sendler*, DVBl. 1982, S. 164 l. Sp.; vgl. *dens.*, Über richterliche Kontrolldichte in Deutschland und anderswo, NJW 1994, S. 1518 ff.

20 Hierzu *Merten*, Die Justiz in den Politischen Testamenten brandenburg-preußischer Souveräne, in: Staat und Parteien, Morsey-Festschrift, 1992, S. 13 ff. (29 ff.).

21 A.B. XVI, 1, Nr. 120, S. 132.

22 Vgl. in diesem Zusammenhang auch Uwe *Scheffler*, Kurzer Prozeß mit rechtsstaatlichen Grundsätzen?, NJW 1994, S. 2191 ff.; Karl Heinz *Gössel*, Empfehlen sich Änderungen des Strafverfahrensrechts mit dem Ziel, ohne Preisgabe rechtsstaatlicher Grundsätze den Strafprozeß, insbesondere die Hauptverhandlung, zu beschleunigen?, Gutachten C zum 60. Deutschen Juristentag, 1994.

II. Rechtsstaatsidee als Wesensgehalt des Rechtsstaats

Spürt man der Rechtsstaatsidee[23] im Allgemeinen Landrecht nach, so muß man eingedenk sein, daß „Rechtsstaat" dem positiven Recht, insbesondere dem Verfassungsrecht, erst in diesem Jahrhundert geläufig wird. Das Wort als solches taucht Ende des 18. Jahrhunderts auf, als *Kant* und seine Anhänger „Schule der Rechts-Staats-Lehre" genannt werden[24]. Wenn auch der vorangegangenen Epoche der Begriff noch fehlte, so kann sie um die Sache gewußt haben[25], wie Deutschland durch die Sozialversicherungsgesetze *Bismarcks* zum Sozialstaat wurde, obwohl der Name erst später aufkam.

Die Idee des Rechtsstaats kann nur dessen Essenz oder Wesensgehalt, nicht Marginalien und erst recht nicht Quisquilien meinen. Mag man die gerichtliche Generalklausel (Art. 19 Abs. 4 GG) emphatisch als „Schlußstein im Gewölbe des Rechtsstaats"[26] bezeichnen, so gehört doch gerichtlicher Rechtsschutz nur in elementarer, nicht in seiner heutigen opulenten Form zu dessen Essentialia[27]. Erst recht darf man Defizite wie die Laienbeteiligung an der Rechtspflege nicht beklagen, solange der rechtsstaatliche Ahnennachweis nicht erbracht ist. Die Gesetzmäßigkeit der Judikative wird von Laienrichtern nicht besser, bei komplizierten oder

---

23 Zur Rechtsidee als Kriterium historischer Forschung *Nörr* (FN 25) S. 395 f.; zur Entstehung der Idee des Rechtsstaats im alten Preußen Otto *Hintze*, Preußens Entwicklung zum Rechtsstaat, in: ders., Gesammelte Abhandlungen, Bd. III, Regierung und Verwaltung, 2. Aufl., S. 97 ff. (99 ff.); vgl. ferner Richard *Thoma*, Rechtsstaatsidee und Verwaltungsrechtswissenschaft, JöR 4, 1910, S. 196 ff.; Carl Hermann *Ule*, VerwArch. 76, 1985, S. 2 f.; Helmuth *Schulze-Fielitz*, DVBl. 1991, S. 893 r.Sp.; zur „Vorstellung" von der Gesetzesherrschaft im Landrecht auch Walter *Jellinek*, Verwaltungsrecht, 3. Aufl., 1931, S. 87.

24 J. W. *Placidus*, Litteratur der Staatslehre, Straßburg 1798, S. 72 f.; vgl. auch Michael *Stolleis*, Geschichte des öffentlichen Rechts in Deutschland, Bd. I, 1988, S. 326; Klaus *Stern*, Das Staatsrecht der Bundesrepublik Deutschland, Bd. I, 2. Aufl., 1984, S. 769.

25 Ähnlich Knut Wolfgang *Nörr*, Von der Kodifikation zur Verfassung, in: ders. (Hg.), 40 Jahre Bundesrepublik Deutschland, 40 Jahre Rechtsentwicklung, 1990, S. 396; Michael *Stolleis*, JuS 1989, S. 873 sub II 3 a.

26 Richard *Thoma*, Über die Grundrechte im Grundgesetz für die Bundesrepublik Deutschland, in: Recht, Staat, Wirtschaft, hg. von Hermann Wandersleb, Bd. III, 1951, S. 9.

27 Vgl. *Merten*, Rechtsstaat und Gewaltmonopol, 1975, S. 17 in und zu FN 59; a. A. Dietmar *Willoweit*, Deutsche Verfassungsgeschichte, 2. Aufl., 1992, S. 194, der für den Rechtsstaat eine „lückenlose gerichtliche Kontrolle" postuliert, die jedoch selbst das Grundgesetz trotz mehrfachen Bekenntnisses zur Rechtsstaatlichkeit nicht gewährt (arg. Art. 10 Abs. 2 Satz 2 GG).

emotional umstrittenen Rechtsfragen eher schlechter gewährleistet als durch Berufsrichter[28]. Ungeachtet ihrer Bedeutung für den modernen Strafprozeß stellen Prozeßöffentlichkeit[29] und Laienbeteiligung keine Rechtsstaatselemente dar, so daß jedenfalls wegen Fehlens dieser Grundsätze dem Allgemeinen Landrecht keine rechtsstaatlichen Mängel vorzuwerfen sind. Es gilt eben, den schon von Otto *Mayer* gerügten Fehler zu vermeiden, in den Begriff des Rechtsstaats jeweils die eigenen „juristischen Ideale hineinzulegen"[30].

In unzulässiger Weise idealisiert oder idiologisiert, wer den Rechtsstaat an die Herrschaftsform kettet und ihn für die Demokratie reserviert. Rechtsstaatlichkeit kann in Monarchien wie in Demokratien herrschen[31], wie auch das Grundgesetz Rechtsstaatlichkeit und Demokratie nebeneinanderstellt[32]. Umgekehrt schließt eine absolutistische Demokratie mit schrankenlosem Volkswillen als Höchstwert Rechtsstaatlichkeit ebenso aus wie eine despotische Monokratie.

III. Gesetzesherrschaft als Kern der Rechtsstaatsidee

Rechtsstaatlichkeit bedeutet Bekenntnis zum Recht als Grundbedingung staatlichen Daseins[33] oder mit den Worten der Verfassung von Massachusetts[34] ein „government of laws and not of men". Das Recht des Rechtsstaats ist das geschriebene Recht, die lex scripta. Dieses Gesetz folgt für die Aufklärung „aus der Natur der Dinge mit Notwendigkeit"[35], ist gleichsam geronnene Vernunft. Dementsprechend begehrt *Friedrich der Große* 1746 von *Cocceji* „ein teutsches Landrecht, welches bloß auf die

---

28 Eine Bürgerpartizipation wird auch vom Demokratieprinzip nicht gefordert. Andernfalls wären die obersten Gerichtshöfe des Bundes, soweit sie ohne Laienrichter auskommen, demokratisch nicht hinreichend legitimiert.

29 Im Unterschied zur Parlamentsöffentlichkeit ist sie außer in Bayern (vgl. Art.. 90 bayer. Verf.) nicht in Verfassungsrang erhoben worden. Anders noch § 178 der Paulskirchen-Verfassung.

30 Deutsches Verwaltungsrecht, Bd. I, Leipzig 1895, S. 61.

31 So schon Robert *von Mohl*, Encyklopädie der Staatswissenschaften, 2. Aufl., Freiburg/Tübingen 1872, S. 106ff.; hierzu auch *Thoma*, JöR 4, 1910, S. 197f.; vgl. ferner *Schulze-Fielitz*, DVBl. 1991, S. 893 r.Sp.

32 Vgl. Art. 23 Abs. 1, 28 Abs. 1.

33 Otto *Bähr*, Der Rechtsstaat, Kassel 1864, S. 2.

34 Vom 2.3.1780 (Art. 30), abgedr. bei Wilhelm *Altmann*, Ausgewählte Urkunden zur außerdeutschen Verfassungsgeschichte seit 1776, Berlin 1897, S. 26.

35 *Montesquieu*, De l'Esprit des Lois, I, 1, in der Übersetzung Ernst *Forsthoffs*, Vom Geist der Gesetze, 1951, Bd. I, S. 9.

Vernunft und Landesverfassung sich gründet"[36]. In ähnlichem Sinne hatte *Friedrich Wilhelm I.*, gewiß kein aufgeklärter, aber ein die Aufklärung mitunter antizipierender Herrscher[37], 1714 bei seinem Auftrag an die Juristenfakultät in Halle, ein Landrecht für die Kurmark in drei Monaten zu verfassen, Wert auf „natürliche Billigkeit" und „gesunde Vernunft" gelegt[38]. In seiner Ordre[39] sowie dem Arbeitsplan[40] zur Schaffung eines allgemeinen Gesetzbuchs ersucht *Friedrich*, „nur das Wesentliche mit dem Naturgesetz und der heutigen Verfassung übereinstimmende" aus dem Corpus Juris zu abstrahieren, das neue Gesetzbuch „dem Recht der Natur und der Billigkeit" gemäß einzurichten und auch ungeschriebene Gesetze, Gewohnheiten und Observanzen, sofern sie nicht „wider Vernunft und Billigkeit laufen", aufzunehmen[41].

Da Gesetze für die Aufklärung Emanation und Inkarnation der Vernunft sind, ist es einsichtig, daß sie „für den Herrscher wie für den Letzten seiner Untertanen" gelten müssen, wie der Preußenkönig im Politischen Testament von 1768[42] schreibt. Das Postulat der Gesetzesherrschaft durchzieht wie ein roter Faden seine staatstheoretischen Schriften, beginnend mit den „Betrachtungen über den gegenwärtigen politischen Zustand Europas" aus dem Jahre 1738 bis hin zu den späten Publikationen. In Übereinstimmung mit der Lehre vom Gesellschaftsvertrag, wie

---

36 Instruktion an Cocceji, Nr. 31, A.B. VII, Nr. 82, S. 147.

37 Hierzu Günter *Birtsch*, Friedrich Wilhelm I. und die Anfänge der Aufklärung in Brandenburg-Preußen, in: Oswald Hauser (Hg.), Preußen, Europa und das Reich, 1987, S. 87ff., insbes. S. 101f.; *Sellin* (FN 9), S. 103f.

38 Ordre vom 18.6.1714, A.B. I, S. 738ff.; auch abgedr. bei Max *Fleischmann*, Christian Thomasius, 1931, S. 217ff.

39 Cabinets-Ordre an Großkanzler v. Carmer vom 14.4.1780, A.B. XVI, 2, Nr. 465, S. 602ff. (605); vgl. auch die Cabinets-Ordre an v. Carmer vom 6.4.1780 (aaO Nr. 464, S. 600f.), wonach dieser „das Recht der Natur vor die Römische Rechte" vorziehen soll.

40 Plan nach welchem bey Ausarbeitung des neuen Gesetzbuchs verfahren werden soll. Genehmigt durch Cabinets-Ordre vom 27.7.1780, Geheimes Staatsarchiv Preußischer Kulturbesitz Berlin (GStA PK), Rep. 84 XVI, Nr. 7 Bd. 1, Bl. 31ff., Nr. 1, 3, 14.

41 Entsprechend heißt es im Publikationspatent *Friedrich Wilhelms II.* zum AGB, die Gesetzgebung sei auf „die einfachen Grundsätze der Vernunft und natürlichen Billigkeit zurückgeführt" worden; Patent wegen Publication des neuen allgemeinen Gesetzbuchs für die Preußischen Staaten vom 20.3.1791, in: Allgemeines Gesetzbuch für die Preußischen Staaten, Teil 1, Berlin 1791, S. IV.

42 Abgedr. in: Gustav Berthold *Volz* (Hg.), Die politischen Testamente, 1920, S. 110ff. (111); Richard *Dietrich*, Die Politischen Testamente der Hohenzollern, 1986, S. 462ff. (464).

sie von der modernen Staatsphilosophie seiner Zeit vertreten wird, ist *Friedrich* der Auffassung, das Schutzbedürfnis sowie der Wunsch nach Aufrechterhaltung der Gesetze habe die Menschen bewogen, sich Obere zu geben; dies sei der wahre Ursprung der Herrschergewalt[43] und deren Inhaber der erste Diener des Staates[44]. Ist Gesetzesdurchsetzung aber Herrscheraufgabe, so wiederum das Politische Testament von 1768[45], dann muß der erste Diener des Staates auch der erste Diener der Gesetze sein. Damit schlägt das Politische Testament eine Brücke zur Antike. Schon *Platon*[46] hatte die Herrscher als „Diener der Gesetze" bezeichnet und denjenigen Staaten Heil verheißen, in denen das Gesetz „Gebieter über die Herrschenden und die Herrschenden Sklaven des Gesetzes sind".

Monarchische Monokratie als Nomokratie! In diesem Sinne formuliert das Allgemeine Landrecht in § 22 seiner Einleitung: „Die Gesetze des Staats verbinden alle Mitglieder desselben, ohne Unterschied des Standes, Ranges und Geschlechts." Poetischer umschreibt es Heinrich *von Kleist* in dem wohl preußischsten aller Dramen: „Das Gesetz will ich, die Mutter meiner Krone, aufrecht halten"[47].

IV. Die Allgemeinverbindlichkeit des Gesetzes

1. Das Landrecht statuiert die Allgemeinverbindlichkeit des Gesetzes, wie auch die Entstehungsgeschichte belegt. So heißt es in dem Entwurf eines Allgemeinen Gesetzbuchs von 1784 noch deutlicher als später im Allgemeinen Gesetzbuch und im Allgemeinen Landrecht: „Alle Mitglieder des Staats, ohne Unterschied des Standes, Ranges oder Geschlechts sind den Gesetzen unterworfen" (§ 22 Einl.). Diese Gesetzesunterworfenheit wird in den späteren Fassungen konziliant zu einer Verbindung durch das Gesetz, die Subjektion gleichsam zur Konjunktion. Darüber

---

43 Vgl. Considérations sur l'état présent du corps politique de l'Europe, in: J.D.E. Preuß (Hg.), OEuvres de Frédéric le Grand, VIII, 1848, S. 3 ff. (25 f.); Essai sur les formes de gouvernement et sur les devoirs des souverains, OEuvres IX, S. 195 ff. (196 f., 198); zum Gesellschaftsvertrag auch Lettres sur l'amour de la patrie, II. Lettre de Philopatros, OEuvres IX, S. 214 ff. (215 f.).

44 Zu diesem Ausspruch L'Antimachiavel (OEuvres VIII, S. 65 f.); Réfutation (aaO, S. 168); Mémoires pour servir ... (OEuvres I, S. 123); Essai sur les formes ... (OEuvres IX, S. 197); Testament politique von 1752, in: *Dietrich* (FN 42), S. 328 f.

45 AaO (FN 42).

46 Nomoi, 715 d.

47 Prinz Friedrich von Homburg, V, 5 (Kurfürst).

hinaus enthält der Gesetzbuch-Entwurf eine Folgevorschrift (§ 23), die die Gesetzesbindung auch der Staatsgewalt noch augenfälliger macht: „Alle im Staat vorfallende Handlungen und Geschäfte müssen den Vorschriften der Gesetze gemäß eingerichtet werden." Diese Norm, die sich dann im Allgemeinen Gesetzbuch und im Allgemeinen Landrecht nicht mehr findet, ergänzt die personale Bindung durch eine territoriale und eine materiale.

In der Kritik am Entwurf, den Monita, zu denen *v. Carmer* die Öffentlichkeit ausdrücklich auffordert[48] und durch Auslobung von Preisen und Medaillen ermuntert[49], wird § 22 Einl. entgegengehalten, daß dadurch auch der König den Gesetzen unterworfen werde[50]. *Svarez* bemerkt dazu: „Auch der Regent ist schuldig, in den Verhandlungen mit seinen Bürgern die Gesetze des Staats zu beobachten. Wo er davon eximirt ist, muß solches im Gesetzbuch selbst bestimmt seyn"[51]. § 22 Einl. kann daher nicht auf die Fälle beschränkt werden, in denen der König „wie eine Privatperson im Rechtsverkehr auftritt"[52]. Daß private Handlungen und Geschäfte des Landesherrn nach den jeweiligen Landesgesetzen zu beurteilen sind, verfügt das Landrecht nämlich schon an anderer Stelle (§ 18 II 13) in Abgrenzung zum Personen- und Familienrecht des Landesherrn, das sich nicht nach allgemeinem Recht, sondern nach Hausverfassungen und Verträgen bestimmt. Eine Reduzierung des § 22 Einl. auf den Fiskalbereich verkennt zudem, daß das Allgemeine Landrecht kein bloßes Zivilgesetzbuch ist, sondern weite Bereiche des öffentlichen Rechts einschließlich des Völkerrechts[53] einbezieht, woraus sich zum Teil auch sein Umfang erklärt. So finden sich im 13. Titel des Zweiten Teils Bestimmungen über die Rechte und Pflichten des Staats überhaupt, hierunter insbesondere auch über die Majestätsrechte des Oberhaupts des Staates, wie das Landrecht den Monarchen kühl und abstrakt nennt. Der

48 Zur Ungewöhnlichkeit und Vorbildlichkeit dieses Verfahrens äußert sich *Kant* wenige Monate später (am 30.9.1784) in seiner Abhandlung: „Beantwortung der Frage: Was ist Aufklärung?", in: ders., Werke in sechs Bänden, hg. von Wilhelm Weischedel, Bd. VI, S. 51 (60), A 493.

49 Vorerinnerung zum Entwurf eines allgemeinen Gesetzbuchs für die Preußischen Staaten, Erster Teil, Berlin und Leipzig 1784, S. 5ff.; vgl. auch *Simon* (FN 5), S. 216ff.

50 GStA PK, Rep. 84 Abt. XVI Nr. 7, Bd. 72, S. 34 r. (M).

51 GStA PK, Rep. 84 Abt. XVI Nr. 7, Bd. 80, S. 5 r. (M).

52 So Andreas *Schwennicke*, Die Entstehung der Einleitung des Preußischen Allgemeinen Landrechts von 1794, 1993, S. 220.

53 Hierzu Karl-Heinz *Ziegler*, Reflexe des Völkerrechts im Allgemeinen Landrecht für die Preußischen Staaten von 1794, in: Europäisches Rechtsdenken in Geschichte und Gegenwart, Coing-Festschrift, 1982, Bd. I, S. 453ff.

später revidierte § 1 Einl. des Gesetzbuch-Entwurfs sagt unmißverständlich: „Das Allgemeine Gesetzbuch enthält die Vorschriften, durch welche die Rechte und Verbindlichkeiten der Mitglieder des Staats überhaupt, so wohl gegen den Staat, als unter sich selbst bestimmt werden."

Gegen die Einbeziehung des Staatsrechts wendet sich nicht nur die ständische Kritik am Entwurf. Auch Johann Georg *Schlosser*[54], der Schwager *Goethes*, tadelt die Vermengung von öffentlichem und privatem Recht und fordert einen vom „Zivilkodex" getrennten „Regierungskodex". *Svarez* hält jedoch in seiner „Revisio monitorum" an der Einheitskodifikation fest: „Es ist richtig, daß nicht alle Rechte und Pflichten des Staats gegen seine Bürger in dem gegenwärtigen Gesetzbuche bestimmt werden können. Daß aber auch mehr darinn bestimmt werden, als bloß die Fiskalisch Rechte, beweißt die gantze Dritte Abtheilung des Personen Rechts. Mir scheinen solche Rechte und Pflichten des Staats hieher zu gehören, in Ansehung welcher sich derselbe der richterlichen Entscheidung unterwerfen muß; od. welche den unmittelbaren Grund von Rechten und Pflichten der Staatsbürger unter sich enthalten; dergestalt daß letztere nicht richtig verstanden und beurtheilt werden können, insofern nicht die Rechte und Pflichten des Staats, woraus solche entspringen, prämittirt sind"[55].

Die staatsrechtlichen Sätze sind es gerade, die den Widerstand gegen das Allgemeine Gesetzbuch hervorrufen und es beinahe zum Scheitern bringen. So äußert der schlesische Justizminister *Danckelmann* 1793 in einem Promemoria an *Friedrich Wilhelm II.* Bedenken gegen die Kodifikation „wegen der darinnen vorkommenden Materien des Staats-Rechts"[56]. Der König nimmt den Einwand auf und weist *v. Carmer* wenige Tage später an, bei der Gesetzesrevision „alle Sätze, die das Staatsrecht und die Regierungsform betreffen", wegzulassen, weil diese nicht in das Gesetzbuch gehörten. Die Ordre wird jedoch nur zum Teil befolgt. Im Landrecht verbleiben gewichtige staatsrechtliche Materien[57], auch wenn es das „innere Staatsrecht", d.h. das Staatsorganisationsrecht, wie z.B. die Mitwirkungsrechte der Stände bei der Gesetzgebung, nicht enthält.

2. Mit der Gesetzesgebundenheit auch der monarchischen Staatsgewalt nehmen die aufgeklärten Gesetzesverfasser in heutiger Terminologie den „Vorrang des Gesetzes" in das Landrecht auf, zu dem sich ihr aufgeklärter

54 Briefe über die Gesetzgebung, Frankfurt 1789, insbes. S.115ff.
55 GStA PK, Rep. 84 Abt. XVI Nr. 7, Bd. 80 S.1 r. (M).
56 GStA PK, Rep. 84 Abt. XVI Nr. 7, Bd. 88, S.40 r. (M).
57 Ebenso Hans *Thieme*, DJZ 1936, Sp. 941.

König seit Jahrzehnten bekannt hat. In den gedruckten wie den ungedruckten Quellen findet sich eine Fülle von Äußerungen, in denen *Friedrich* insbesondere bei der Bescheidung von Suppliken mit geringen Abweichungen im Wortlaut, aber einheitlich in der Sache antwortet, er könne nichts tun, „die Gesetze des Landes, die können nicht geendert werden“[58], es solle „alles denen Rechten und denen Landesgesetzen gemäß tractiret werden“, die Gesetze müßten regieren und es sei seine Schuldigkeit, die Gesetze zu unterstützen, „aber nicht umbzuwerfen“[59]. Gesetzesherrschaft bejaht er sogar für das rigorose Strafrecht Frankreichs. An *Voltaire* schreibt er 1766, man müsse die Blutgesetze („ces lois de sang“) reformieren, solange sie aber bestünden, komme der Richter nicht umhin, seine Urteile auf sie zu stützen[60].

Die Selbstbindung des Herrschers an die Majestät der Gesetze, wie *Friedrich* in seinem Politischen Testament von 1768 formuliert[61], stellt einen wichtigen Markstein in der deutschen Verfassungsgeschichte dar und ist einer der Gründe dafür, den aufgeklärten Absolutismus historiographisch als eigene Epoche und nicht nur als Spielart des Despotismus zu begreifen. Denn der nun auch im Landrecht verankerte Gesetzesvorrang schränkt den Absolutismus ein, wobei sich der deutsche vom französischen Absolutismus ohnehin durch fehlenden Zentralismus[62] und wesentlich spätere Entmachtung der Stände unterscheidet. Immerhin wirken diese auch am Allgemeinen Landrecht mit, das sie im Ergebnis nicht entscheidend beeinflussen, aber in einigen Punkten – mitunter auch in fortschrittlichem Sinne – ändern können[63].

3. Die Gesetzesherrschaft mindert die Machtfülle des absoluten Monarchen, auch wenn ihm die Gesetzgebung als Herrscherrecht verbleibt. Zu ihm bekennt sich das Allgemeine Landrecht (§ 6 II 13) mit den Worten: „Das Recht, Gesetze und allgemeine Polizeyverordnungen zu geben,

---

58 GStA PK, Rep. 9 Y 2, Fasc. 134.

59 Cabinetsordre vom 22.10.1752, A.B. IX Nr. 277, S.495; vgl. ferner A.B. XIII Nr. 258, S.524, insbes. auch in Anm. 1.

60 Brief vom 13.8.1766, abgedr. in: Briefwechsel Friedrichs des Großen mit Voltaire, hg. von KOser und Droysen, 3. Teil, Publikationen aus den K. Preußischen Staatsarchiven, 86, 1911, Nr. 468, S.127.

61 „Les Loix dans leur eclat et Leur Majesté“, *Dietrich* (FN 42), S.462; *Volz* (FN 42), S.110.

62 Hierzu Wilhelm *Mommsen*, Zur Beurteilung des Absolutismus, HZ 158, 1938, S.52f.

63 Vgl. Günter *Birtsch*, Gesetzgebung und Repräsentation im späten Absolutismus, HZ 208, 1969, S.265ff.; Klaus *Vetter*, Kurmärkischer Adel und preußische Reformen, 1979, S.26ff.

dieselben wieder aufzuheben und Erklärungen darüber mit gesetzlicher Kraft zu ertheilen, ist ein Majestätsrecht."

Das Gesetzgebungs- und Gesetzesänderungsrecht beseitigt jedoch nicht die grundsätzliche Gesetzesbindung, was bis auf den heutigen Tag vielfach übersehen wird. Auch das Grundgesetz verpflichtet in Art. 20 Abs. 3 die Gesetzgebung nur auf die „verfassungsmäßige Ordnung", obwohl auch die Legislative das Gesetz zu beachten hat, solange sie es nicht aufhebt, ändert oder ersetzt. Nichts anderes gilt nach dem Allgemeinen Landrecht für das Oberhaupt des Staates. § 59 Einl. statuiert: „Gesetze behalten solange ihre Kraft, bis sie von dem Gesetzgeber ausdrücklich wieder aufgehoben werden." Bemerkenswert an dieser Bestimmung ist im übrigen, daß hier im Sinne der Gewaltentrennungslehre funktional vom „Gesetzgeber" gesprochen wird und der Monarch in den Hintergrund tritt.

4. Neben dem Gesetzgebungsrecht räumt das Allgemeine Landrecht dem Oberhaupt des Staats und nur ihm das Recht ein, „Privilegia, als Ausnahmen von dergleichen Gesetzen zu bewilligen" (§ 7 II 13)[64]. Als Beispiele für solche „Privilegia" führt *Svarez* in einer Ausarbeitung[65] Befreiungen, Verleihungen, Begnadigungen, Monopole und sonstige abweichende Verordnungen an. Er stuft diese Privilegia als „leges speciales" ein, was wohl etymologisch zutrifft, aber schon mit der Rechtsquellenlehre seiner Zeit nicht übereinstimmt. Bereits Johann Jacob *Moser*[66] und Johann Stephan *Pütter*[67] unterscheiden das eigentliche Gesetz, die „norma generalis", die sich an alle Landesuntertanen oder doch zumindest an bestimmte Gruppen der Bürger wendet, von den landesherrlichen Reskripten, Dekreten, Mandaten oder Praecepten, die nur einzelne Bürger betreffen. Zwar bezeichnet das Landrecht Privilegien und Freiheiten als „besondre Gesetze und Verordnungen" (§ 57 Einl.), bestimmt jedoch in § 5 Einl. allgemein, daß „die von dem Landesherrn in einzelnen Fällen oder in Ansehung einzelner Gegenstände, getroffenen Verordnungen ... in andern Fällen oder bey andern Gegenständen als Gesetz nicht angesehen werden" können. Damit wird der Gesetzescharakter ausdrücklich verneint. Wie so oft

64 Vgl. jedoch auch § 10 II 1 ALR und in diesem Zusammenhang die Allerh. Ordre *Friedrich Wilhelms IV.* vom 28.9.1844 (JMBl. S.244).

65 GStA PK, Rep. 84 Abt. XVI Nr. 7, Bd. 80, S.10f., auch abgedr. bei *Schwennicke* (FN 52), S.401ff.

66 Von der Landeshoheit in Regierungssachen, Frankfurt und Leipzig 1772, Kap. 4 § 29, S.303.

67 Institutiones iuris publici germanici, 2. Ausgabe, Göttingen 1776, § 221, S.217.

hatte auch hier der Gesetzbuch-Entwurf knapper und eleganter formuliert: „Was der Landesherr in einzelnen Fällen verordnet, soll nicht auf andere ausgedehnt werden."

Der Sache nach ist der Privilegienvorbehalt ein Dispensvorbehalt, der eine begünstigende, nicht aber belastende Gesetzesdurchbrechung gestattet. Das Verbot drittbelastender Privilegien (§ 9 AGB)[68] wurde in das Landrecht nicht übernommen.

V. Die Allgemeinheit des Gesetzes als Rechtsgleichheit

1. Die Allgemeinverbindlichkeit des Gesetzes umschließt dessen Allgemeinheit. Staatsgesetze berechtigen oder verpflichten alle Bürger, „ohne Unterschied des Standes, Ranges und Geschlechts" (§ 22 Einl.), womit sich das Allgemeine Landrecht der Staatsphilosophie des aufgeklärten Absolutismus anschließt. Für diese folgt aus dem gleichen Naturzustand der Menschen deren Gleichheit[69], weshalb *Friedrich* in seinem Antimachiavell[70] die Fürsten ermahnt, ihre Untertanen nicht wie Sklaven, sondern wie ihresgleichen und in gewisser Hinsicht wie ihre Herren zu behandeln. Sind vor der Vernunft alle Menschen gleich, so müssen sie es auch vor dem vernünftigen Gesetz sein, das alle Gesetzesunterworfenen zu „concitoyens"[71] macht und rechtsstaatliche, wenn auch nicht ständische Ebenbürtigkeit zwischen Souverän und Untertan schafft, so daß „einem jeden, er sei vornehm oder gering, prompte Gerechtigkeit widerfahren" muß[72]. Damit verbürgt das Gesetz formelle

---

68 Ähnlich schon § 11 Gesetzbuch-Entwurf.

69 Vgl. *Jaucourts*, Art. „Egalité naturelle" in der Enzyklopädie; jetzt in: *d'Alembert/Diderot*, Enzyklopädie, hg. von Günter Berger, 1989, S. 128 ff.

70 Réfutation, OEuvres VIII, S. 298; vgl. auch seine Epitre von 1736 „A mon frère de Prusse" (OEuvres IX, S. 57 [59]):
„Ainsi tous ces humains dont la terre fourmille
Sont fils d'un même père et font une famille,
Et, malgré tout l'orgueil que dont votre rang,
Ils sont nés vos égaux, ils sont de votre sang".

71 So *Friedrich der Große* in seinem Politischen Testament von 1752, Introduction, Satz 2, abgedr. in: *Dietrich* (FN 42), S. 254.

72 Cabinets-Ordre *Friedrichs* vom 11. 12. 1779 an Minister v. Zedlitz, abgedr. bei J. D. E. *Preuß*, Friedrich der Große, Bd. 3, Berlin 1833, Anhang I Beil. 17 o, S. 503 f.

Gleichheit[73], weil es – in der Sprache des Allgemeinen Landrechts – alle gleichermaßen „verbindet“, auf die der Normtatbestand zutrifft. Allerdings entspricht der Gleichheit vor dem Gesetz keine Gleichheit im Gesetz, worauf Dissertationen pflichtschuldigst hinweisen. Aber selbst das Grundgesetz garantiert in seinem Art. 3 Abs. 1 wörtlich lediglich Gleichheit „vor dem Gesetz“. Daß das Recht nicht nur allen gegenüber gleich, sondern auch gleiches Recht für alle gelten muß, ist eine Errungenschaft dieses Jahrhunderts. Erst unter der Weimarer Reichsverfassung wurde die unmittelbare Geltung des Gleichheitssatzes auch für den Gesetzgeber gefordert, wie dann der Parlamentarische Rat ebenfalls Gleichheit als Gleichheit durch das Gesetz verstand.

2. Der Allgemeinheit des Gesetzes widersprechen Einzelfall- oder Einzelpersonengesetze, weshalb das Gesetz nach *Rousseau*[74] „die Untertanen insgesamt und die Handlungen an sich“ ins Auge fassen muß, „dagegen nie einen Menschen als einzelnen und ebensowenig eine besondere Handlung“, und auch das Grundgesetz jedenfalls grundrechtsbeschränkende Einzelfallgesetze verbietet. Muß das Gesetz für eine unbestimmte Vielzahl von Fällen gelten, so verringert sich die Gefahr gesetzgeberischer Willkür und legislativen Beliebens.

So bricht die erste Kodifikation der Aufklärung konsequent mit der absolutistischen Staatstheorie, wonach jeder Befehl des Souveräns Gesetzeskraft hat: „Sed et quod principi placuit, legis habet vigorem“[75]. Wie § 5 Einl. zeigt, haben Reskripte oder Verordnungen des Landesherrn in anderen Fällen oder für andere Gegenstände eben nicht Gesetzeskraft, sondern nur untergesetzlichen Rang und können demzufolge, wie § 60 Einl. deutlich macht, vorhandene Gesetze nicht aufheben[76].

Die Unterscheidung zwischen generell-abstrakter Norm und individuell-konkreter Maßnahme steht im Gegensatz zur bisherigen Staatspraxis, Reskripte und Kabinettsordres als Einzelfallentscheidungen in die Ediktensammlung aufzunehmen, wodurch das Gesetzesrecht zu einem

73 Vgl. in diesem Zusammenhang auch Gerd *Kleinheyer*, Aspekte der Gleichheit in den Aufklärungskodifikationen und den Konstitutionen des Vormärz, in: Von der ständischen Gesellschaft zur bürgerlichen Gleichheit, Der Staat, Beiheft 4, 1980, S. 7ff.; Ulrich *Scheuner*, Begriff und rechtliche Tragweite der Grundrechte im Übergang von der Aufklärung zum 19. Jahrhundert, ebenda, S. 105ff., S. 109 sub 7.

74 Du contrat social II, 6.

75 Corpus iuris civilis, Inst. 1.2.6 pr.; Dig. 1.4 pr.

76 Vgl. auch Hans *Hattenhauer*, Preußens Richter und das Gesetz (1786–1814), in: Hattenhauer/Landwehr (Hg.), Das nachfriderizianische Preußen 1786–1806, 1988, S. 37ff. (47).

großen Teil aus Einzelfallentscheidungen bestand, die als allgemeine Regeln angesehen wurden[77]. Diese Rechtssetzung war zwar praktikabel und flexibel, führte jedoch immer wieder zu Schwierigkeiten und zu Verzögerungen bei der Publikation, so daß der König schließlich den Abdruck verwaltungsinterner Anweisungen verfügte, wenn sie „allgemeine Richtschnuren" enthielten, nach welchen sich jedermann richten mußte und die deswegen auch zu „eines jeden Wissenschaft" kommen durften und sollten[78].

VI. Gewaltentrennung und Machtspruchverbot

Das Allgemeine Landrecht enthält nach Art eines Lehrbuchs[79], das es auch sein will, eine Rechtsquellenlehre. Gesetze sind die allgemeinen und besonderen Gesetze (§ 1 Einl.), wobei letztere als Provinzialverordnungen und Statuten erst durch landesherrliche Bestätigung Gesetzeskraft erhalten (§ 2 Einl.). Ihnen werden in § 5 Einl. die Entscheidungen des Landesherrn in Einzelfällen gegenübergestellt, die nicht als Gesetze anzusehen sind. Der oft zitierte und kritisierte § 6 Einl. behandelt dann Richtersprüche und Lehrmeinungen: „Auf Meinungen der Rechtslehrer, oder ältere Aussprüche der Richter, soll, bey künftigen Entscheidungen, keine Rücksicht genommen werden"[80]. Sprachlich schöner und inhaltlich präziser ist auch hier wieder der Gesetzbuch-Entwurf, der die subjektiven Grenzen der Rechtskraft in § 4 Einl. umschreibt: „Entscheidungen der Richter vertreten nur unter den Parteien, zwischen welchen sie rechtskräftig ergangen sind, die Stelle eines Gesetzes."

Die von *Montesquieu*[81] im Interesse bürgerlicher Freiheit erhobene Forderung nach Gewaltentrennung, d.h. nach Zuordnung von Gesetzgebung und Gesetzesvollziehung einerseits sowie von Rechtsprechung andererseits zu unterschiedlichen Amtsträgern, ist im Allgemeinen Land-

---

77 Vgl. hierzu *Willoweit*, Gesetzespublikation und verwaltungsinterne Gesetzgebung in Preußen vor der Kodifikation, in: Beiträge zur Rechtsgeschichte, Conrad-Gedächtnisschrift, 1979, S. 601 ff.

78 Reskript vom 30.11.1765, A.B. XIII Nr. 358, S. 706.

79 Als ein „unter Königlicher Firma herausgegebenes großes Lehrbuch" ironisiert es später Carl Ludwig *von Haller*, Restauration der Staatswissenschaft, 2. Aufl., Winterthur 1820, Bd. I, S. 194.

80 Ähnlich später § 12 des österr. ABGB von 1811; ein Kommentarverbot für Professoren enthielt schon das Projekt des Corporis Juris Fridericiani, Halle 1750, Vorrede § 28 IX, S. 12.

81 De l'Esprit des Lois, XI, 6.

recht nicht (mehr) verwirklicht. Der Ansatz für eine Separation in Gestalt des Verbots königlicher Machtsprüche, wie er sich in § 6 des Gesetzbuch-Entwurfs und in revidierter Form auch im Allgemeinen Gesetzbuch gefunden hatte, wurde bei der Revision des Gesetzbuchs gestrichen und geriet gleichsam auf die Verlustliste der Rechtsstaatlichkeit. Der Machtspruch[82] darf freilich nicht aus der einseitigen Sicht des 19. Jahrhunderts als monarchische Willkürjustiz und Eingriff in die richterliche Unabhängigkeit gewürdigt werden. Er stellt im Gegensatz zum Rechtsspruch eine Endentscheidung in zivilrechtlichen Angelegenheiten dar, die vielfach von den Beteiligten durch Suppliken erstrebt wird. Unter *Friedrich Wilhelm I.* und in den ersten Regierungsjahren *Friedrichs des Großen* sind Machtsprüche nichts Ungewohntes oder Ungewöhnliches, insbesondere mangelt ihnen jede pejorative Bedeutung.

Es spricht viel dafür, daß es *Friedrich der Große* dann unter dem Einfluß *Montesquieus* ablehnt, in die Zivilrechtsprechung einzugreifen[83]. Hatte er ursprünglich die Fürsten als geborene Richter gesehen[84], so lehnt er später Machtsprüche als „unstatthaft" ab und weigert sich, in Zivilrechtsstreitigkeiten einzugreifen: „Dieses ist offenbar gegen meine so oft bekannt gemachte Gesinnungen, nach welchen Ich alle Rechtspflege dem pflichtgemäßen Ermessen Meiner Justitz-Collegiorum überlasse, welche einmahl zu aller Unpartheiligkeit angewiesen sind, und wobey ich dem Recht freyen Lauf lasse"[85], dekretiert er und bekräftigt in einer Verordnung von 1772: „Wir oder unser Etatministerium geben keine Entscheidungen, so die Kraft einer richterlichen Sentenz haben." Im politischen Vermächtnis von 1752[86] schreibt *Friedrich*, er habe sich entschlossen, niemals in den Lauf der Gerichtsverfahren einzugreifen, weil in den Gerichtshöfen das Gesetz sprechen, der Souverän aber schweigen müsse. Noch grundsätzlicher und in fast wörtlicher Anlehnung an *Montesquieu* formuliert er im

82 Zu ihm Eberhard *Schmidt*, Rechtssprüche und Machtsprüche der preußischen Könige des 18. Jahrhunderts, jetzt in: ders., Beiträge zur Geschichte des preußischen Rechtsstaates, 1980, S. 210ff.; Hermann *Conrad*, Deutsche Rechtsgeschichte, Bd. II, 1966, S. 284f.; Jürgen *Regge*, Kabinettsjustiz in Brandenburg-Preußen, 1977, S. 54ff.

83 Hierzu *Merten*, Friedrich der Große und Montesquieu, in: Verwaltung im Rechtsstaat, Ule-Festschrift, 1987, S. 187ff.

84 „Les princes sont nés juges des peuples." Réfutation de prince de Machiavel, OEuvres VIII, S. 176 a.E.; S. 225: „juges d'institution", vgl. auch S. 167 unten.

85 Kabinettsverfügung vom 2. 12. 1774, abgedr. bei *Hymmen*, Beyträge zu der juristischen Litteratur in den Preußischen Staaten, 3. Sammlung, Berlin 1779, S. 112.

86 *Dietrich* (FN 42), S. 256.

Politischen Testament von 1768[87]: Die unmittelbare Verwaltung der Rechtspflege werde heute von keinem Souverän in Europa persönlich wahrgenommen; es stehe dem Herrscher nicht zu, bei Prozeßentscheidungen seine Autorität einzusetzen; die Gesetze sollten alleine regieren, und der Herrscher solle sich darauf beschränken, sie zu schützen.

Eine Enthaltsamkeit in iudicando fällt *Friedrich* um so leichter, als *Cocceji*, selbst Gegner der Machtsprüche, die Justiz reformiert, viele Mängel der Rechtspflege beseitigt und eine neue Prozeßordnung geschaffen hatte. Wenn der König auch die Kontrolle im Einzelfall nicht mehr ausübt, so begibt er sich doch nicht völlig der Justizaufsicht. Sein Eingreifen in dem berühmten Falle des Müllers *Arnold* ist daher nur scheinbar ein Widerspruch zu seinen Justizmaximen. Denn *Friedrich* will sich nicht als unbeschränkter Herrscher über Gesetze hinwegsetzen, sondern glaubt, wenn auch zu Unrecht, in einem konkreten Fall das Recht gegen die Klassenjustiz einer „verdorbenen Justizadministration" durchsetzen zu müssen. An der grundsätzlichen Ablehnung von Machtsprüchen hält er auch in der Folgezeit fest.

Die Aufnahme eines Machtspruchverbots in den Entwurf eines Allgemeinen Gesetzbuchs und in das Allgemeine Gesetzbuch selbst entspricht aufklärerischem Gedankengut, zumal auch die französische Menschenrechtserklärung von 1789 bekannt hatte: „Eine Gesellschaft, in der die Verbürgung der Rechte nicht gesichert und die Gewaltenteilung nicht festgelegt ist, hat keine Verfassung" (Art. 16).

Aber die Gewaltentrennung als Kind der französischen Revolution ruft in Preußen die Kritik restaurativer Kreise hervor, die „an der ihnen zu rechtsstaatlichen Terminologie des Allgemeinen Gesetzbuchs" Anstoß nehmen[88]. Als Ironie der Geschichte wird so der Fortschritt für das eine Land zum Rückschritt im anderen[89]. *Goldbeck*, der spätere Nachfolger *v. Carmers*, bezeichnet das Machtspruchverbot von allen Sätzen des Staatsrechts und der Regierungsform als den „verwerflichsten", da er das „Vertrauen der Unterthanen, daß ihr Landesherr nur gerechte Befehle gebe", untergrabe[90]. Gegen den Vorwurf, die beanstandeten Bestimmungen seien „aus der französischen Konstitution genommen", verteidigt sich *v. Carmer*[91] zu Recht mit dem Hinweis, daß sie sich schon im ersten Teile

87 *Dietrich* (FN 42), s. 462ff.

88 Gerhard *Dilcher*, Vom ständischen Herrschaftsvertrag zum Verfassungsgesetz, in: Der Staat 27, 1988, S.176 FN 51.

89 Vgl. auch Ulrich *Scheuner* (Diskussionsbeitrag), in: Hermann Conrad, Die geistigen Grundlagen des Allgemeinen Landrechts für die preußischen Staaten von 1794, 1958, S.52.

90 GStA PK, Rep. 84 Abt. XVI Nr. 7, Bd. 88, S.55 (M).

91 GStA PK, Rep. 84 Abt. XVI Nr. 7, Bd. 88, S.71 r. (M.).

des Entwurfs fänden, welcher 1784 und damit zu vorrevolutionärer Zeit ans Licht getreten sei. Dennoch muß das Machtspruchverbot nebst einigen weiteren Vorschriften der Einleitung auf Geheiß *Friedrich Wilhelms II.* gestrichen werden.

Das Machtspruchverbot im Gesetzbuch-Entwurf und im Gesetzbuch selbst war allerdings nicht eindeutig formuliert. Nach § 6 Einl. des Entwurfs sollte durch Machtsprüche „niemand an seinem Rechte gekränkt werden." Entsprechend heißt es im Gesetzbuch, daß Machtsprüche oder andere Verfügungen, die in streitigen Fällen ohne rechtliches Erkenntnis erteilt worden sind, weder Rechte noch Verbindlichkeiten bewirken. Die möglicherweise bewußt unklaren Formulierungen erklären sich wohl zum einen aus dem Umstand, daß man Entscheidungen des Souveräns nicht als unstatthaft bezeichnen wollte, zumal die Richter an sie gebunden waren. Zum anderen spricht viel dafür, daß die gewählte Formulierung nur die grundsätzliche Unzulässigkeit von Machtsprüchen verkleiden sollte. Stellt doch der Wortlaut eine Verbindung zwischen den Rechten der Bürger untereinander und den Rechten und Pflichten des Staats her, so daß das Machtspruchverbot gleichsam kraft Adhäsion Eingang in das Gesetzbuch finden durfte[92]. *Friedrich der Große* hatte sich jedenfalls wegen der Gesetzesherrschaft und nicht im Interesse der Rechte Dritter einer Richtertätigkeit in Zivilstreitigkeiten enthalten wollen. Auch *Svarez* betont in seinen Kronprinzenvorträgen[93], die er etwa zu derselben Zeit dem nachmaligen König *Friedrich Wilhelm III.* hält, der Regent dürfe mangels der nötigen Kenntnisse und der erforderlichen Zeit nicht selbst Richter sein, sondern müsse die gerichtlichen Erkenntnisse aufrechterhalten und sich willkürlicher Aufhebungen oder Abänderungen enthalten. Damit plädiert er für Gewaltentrennung und Beseitigung eines absolutistischen Relikts, nicht aber für einen Drittschutz.

Durch die Streichung des Machtspruchverbots entfällt die sachliche Unabhängigkeit der Richter und damit ein wesentliches Element rechtsstaatlicher Gewaltentrennung im Landrecht. Aber auch ohne Gesetzesgarantie nehmen die Richter sie für sich in Anspruch, wie wiederum der Müller-*Arnold*-Fall zeigt. Auf die letzte Supplik der Eheleute *Arnold* hatte *Friedrich* dem Kammergericht befohlen, die Sache ganz kurz und ohne Weitläufigkeiten abzumachen sowie ihm Anzeige zu erstatten, wie seine Ordre befolgt worden sei. Dennoch teilt Kammergerichtspräsident *v. Rebeur* dem König nur mit, daß der Senat ein Endurteil gefällt habe. Als der Monarch eine Abschrift des Urteils begehrt, soll *v. Rebeur* geant-

92 Vgl. oben zu FN 55.

93 Hermann Conrad/Gerd Kleinheyer (Hg.), Vorträge über Recht und Staat von Carl Gottlieb Svarez (1746–1798), 1960, S. 484f., vgl. auch S. 236ff.

wortet haben: „Wir haben so erkannt und dies muß genügen; denn im Codice Fridericiano steht, daß der Richter sich an Kabinets-Ordres nicht kehren soll"[94].

Und obwohl der König das Kammergericht anweist, gegen die im Falle *Arnold* verhafteten Richter auf Kassation und auf Festungshaft von mindestens einem Jahr zu erkennen, entscheidet der Kriminalsenat, daß alle beschuldigten Richter für schuldlos zu erachten seien[95]. Auf nochmaligen Befehl antwortet Minister *Zedlitz*, daß er außer Stande sei, ein verurteilendes Erkenntnis abzufassen[96]. Weder gegen ihn noch gegen die Richter des Strafsenats geht der König vor, der nunmehr das Strafurteil selbst erläßt[97].

VII. Formale Elemente der Gesetzesherrschaft

Weniger umstritten waren formale Elemente der Gesetzesherrschaft, die mit der Rechtsstaatsidee untrennbar verbunden sind. Hierzu rechnet das in §§ 10f. ALR verankerte Publikationsgebot, das angesichts der Erfahrungen mit Geheimerlassen in zwei deutschen Diktaturen heute möglicherweise noch aktueller ist als vor zweihundert Jahren. Gesetze müssen an den gewöhnlichen Orten öffentlich angeschlagen und auszugsweise in den jeweiligen Intelligenzblättern der Provinz bekanntgemacht werden. Demzufolge kann sich grundsätzlich niemand mit der Unwissenheit eines gehörig publizierten Gesetzes entschuldigen (§ 12). Für die ignorantia iuris bei Strafgesetzen enthält das Landrecht Ausnahmevorschriften in der Einleitung und im 20. Titel des Zweiten Teils. Grundsätzlich trifft die Strenge der Gesetze nur den, welcher das Strafgesetz zu wissen schuldig und imstande gewesen ist (§ 11 II 20).

Da nur eine Einsehbarkeit im wörtlichen Sinne es dem Bürger gestattet, sich nach dem Gesetz zu richten und gesetzeskonform zu handeln[98], entspricht es aufklärerischem Vernunftdenken, die Verbindlichkeit der Gesetze abweichend von bisheriger Publikationspraxis[99] erst mit gehöri-

94 Vgl. Karl *Dickel*, Friedrich der Große und die Prozesse des Müllers Arnold, Marburg 1891, S. 15.

95 Hierzu Malte *Diesselhorst*, Die Prozesse des Müllers Arnold und das Eingreifen Friedrichs des Großen, 1984, S. 56ff.

96 J.D.E. *Preuß* (FN 72), S. 405; siehe auch Anhang I, S. 519ff.

97 Immediaturteil vom 1.1.1780, A.B. XVI, 2, Nr. 456, S. 588f.

98 Hierzu auch *Svarez*, Kronprinzenvorträge (FN 93), S. 616, s. auch S. 235.

99 Wie hier *Willoweit*, Conrad-Gedächtnisschrift (FN 77), S. 603 in und zu FN 15.

ger Bekanntmachung eintreten zu lassen und eine Gesetzesrückwirkung auszuschließen[100] (§§ 10, 14 Einl.). Die in § 20 Einl. des Gesetzbuch-Entwurfs vorgesehene Rückerstreckung eines Gesetzes durch den Landesherrn „aus überwiegenden Gründen des gemeinen Besten" wurde auf Grund ständischer Eingaben fallengelassen[101]. Für das Strafrecht wird das rechtsstaatliche „nullum crimen, nulla poena sine lege" dadurch bekräftigt, daß nur gesetzlich verbotene Handlungen und Unterlassungen als Verbrechen angesehen werden dürfen (§ 9 II 20)[102].

Rechtsstaatliche Berechenbarkeit des Gesetzes heischt neben Einsehbarkeit Verständlichkeit auch für den gemeinen Mann. Auf sie hatte schon *Friedrich Wilhelm I.* bei seinem Auftrag, ein Landrecht für die Kurmark zu verfassen, im Jahre 1714 Wert gelegt[103], und auch *Friedrich* begehrt 1746[104] von *Cocceji* ein „teutsches Landrecht" in Abkehr vom „ungewissen und confusen lateinischen Recht"[105]. Als er im April 1780 den Auftrag für ein „subsidiarisches Gesetzbuch" erteilt, findet er es „sehr unschicklich", daß Gesetze „größtenteils in einer Sprache geschrieben sind, welche diejenigen nicht verstehen, denen sie doch zu ihrer Richtschnur dienen sollen"[106]. Und in seinem Arbeitsplan vom Juli 1780 begehrt er ein Gesetz „in deutscher Sprache, ordentlich, verständlich, natürlich und ungekünstelt mit der einem Gesetzgeber verständigen Würde abgefaßt"[107], damit, wie es im Publikationspatent[108] des Allgemeinen Gesetzbuchs heißt, „ein jeder Einwohner des Staats, dessen natürliche Fähigkeiten durch Erziehung nur einigerma-

---

100 Ebenso später Art. 2 des französischen Code civil von 1804 und § 5 des österreichischen ABGB von 1811.

101 Vgl. *Birtsch*, HZ 208, 1969, S. 291; *Schwennicke* (FN 52), S. 208ff.

102 Vgl. in diesem Zusammenhang Gerd *Kleinheyer*, Vom Wesen der Strafgesetze in der neueren Rechtsentwicklung, 1968, S. 14f.

103 Siehe oben FN 38.

104 Siehe oben FN 36.

105 Wie er auch für die Konfirmation von Strafurteilen verlangt, „hübsch Teutsch (zu) schreiben". Cabinets-Ordre an Etats-Minister v. Broich vom 7.8.1744 (A.B. VI, 2, Nr. 508, S. 820). Dort ebenfalls: „Ihr hättet von selbsten leicht einsehen können, wie es sich ganz nicht schicke, Mir Rubriquen, so mit so viel juristischem Latein bespickt sind, vorzulegen, da solche zwar denen Juristen-Facultäten, Schöppenstühlen und Criminalgerichten bekannt genug sein mögen, vor Mir aber lauter Arabisch sind".

106 Ähnlich Cesare *Beccaria*, Über Verbrechen und Strafen, 1766, Kap. V, der es als das größte Übel bezeichnet, „wenn die Gesetze in einer dem Volke fremden Sprache geschrieben sind, wodurch das Volk von einigen wenigen abhängig wird."

107 Mundartliche Ausdrücke sind zu meiden. Vgl. Rescript des General-Directoriums vom 7.3.1776, A.B. XVI, 1, Nr. 262, S. 300.

108 FN 41.

ßen ausgebildet sind", die Gesetze selbst lesen, verstehen und sie beachten könne. Wie wichtig das „deutsche Gesetzbuch" für die Bevölkerung war[109], erhellt aus der Tatsache, daß nach Bauernunruhen in Schlesien 1799 Landräte die Kassation des Landrechts und seine Neuherausgabe in lateinischer Sprache empfahlen, um das Landvolk vor einem „Mißverständnis" der Gesetze zu bewahren[110].

Das Landrecht, insbesondere aber der Gesetzbuch-Entwurf[111], ist von beeindruckender Sprachkraft sowie Einfachheit und Klarheit des Ausdrucks. Ungeachtet des Gesamtumfangs bestehen die einzelnen Paragraphen größtenteils nur aus einem Satz[112]. So gebietet das Landrecht mit lapidarer Kürze: „Geschwister haben voneinander keinen Pflichttheil zu fordern" (§ 33 II 3); „Dagegen ist niemand sich durch eigne Gewalt Recht zu verschaffen befugt" (§ 77 Einl.[113]). Insoweit ist der Kodex nicht nur Vorbild für spätere weitschweifige Normsetzer[114], die allerdings Fraktur nicht mehr lesen und deshalb auch nicht reden können, sondern darf in seiner Sprachschöpfung durchaus mit *Luthers* Bibelübersetzung verglichen werden[115], weswegen auch *Svarez* angesichts seiner Verdienste um die deutsche Sprache dem König zur Aufnahme in die Akademie der Wissenschaften vorgeschlagen wird[116].

Berechenbarkeit des Gesetzes setzt die Bedeutungssicherheit der Norm voraus[117]. *Friedrich der Große* rügt in seiner Kabinettsordre an *v. Carmer*[118] Gesetze, „die durch ihre Dunkelheit und Zweideutigkeit zu weit-

---

109 In einem Brief vom 29.7.1794 schreibt *v. Cramer*, er wisse von Leuten, die „ihre Untertanen in der Unwissenheit von ihren Rechten" halten wollen und „deswegen das deutsche Gesetzbuch nicht gern" sehen, abgedr. bei Johannes *Ziekursch*, Hundert Jahre schlesicher Agrargeschichte, 2. Aufl., 1927, S. 240 FN vor FN 1.

110 Vgl. *Ziekursch*, aaO, S. 259 oben.

111 Vgl. z.B. § 50 Einl.: „Das allgemeine Wohl ist der Grund der Gesetze".

112 Zu den legistischen Problemen vgl. auch *Svarez*, Unterricht für das Volk über die Gesetze, 1793, Vorrede, abgedr. in: Erik *Wolf* (Hg.), Quellenbuch zur Geschichte der deutschen Rechtswissenschaft, 1948, S. 189.

113 Noch prägnanter § 59 Einl. Gesetzbuch-Entwurf: „Niemand darf sich eigenmächtigerweise Recht verschaffen".

114 So enthält § 1587a BGB 1060 Wörter. Das sind knapp sechzehn Vaterunser.

115 Was schon die Zeitgenossen taten. Vgl. Adolf *Stölzel*, Carl Gottlieb Svarez, Berlin 1885, S. 446. Berühmt auch der Vergleich Achim *v. Arnims* in einem Brief an Savigny: „Das Landrecht war für unser Volk in rechtlicher Hinsicht so wichtig wie Luthers Bibelübersetzung" (ZRG Germ. Abt. 13, 1892, S. 228ff.).

116 Vgl. *Hattenhauer*, Einführung (FN 3), S. 24f.

117 Hierzu auch Winfried *Brugger*, AöR 119, 1994, S. 3 sub I 1a.

118 Vom 14.4.1780, A.B. XVI, 2, Nr. 465, S. 602 (605).

läufigen Disputen der Rechtsgelehrten Anlaß geben"[119], weshalb das neue Gesetzbuch „genau bestimmt" sein soll. In aufklärerischem Vertrauen auf rationale Verstandeskraft und treffsichere Formulierungskunst[120] glauben der Monarch und seine Gesetzesverfasser, durch eindeutige und präzise Vorschriften künftigen Zweifeln vorbeugen und richterliche Interpretation zugunsten logischer Schlußfolgerung[121] weitgehend ausschließen zu können. Deshalb muß der Richter bei Zweifeln am Gesetzessinn die Entscheidung der Gesetzkommission einholen (§ 47 Einl.)[122].

Das Ziel eines „ius certum"[123] beruht auf dem Streben nach Gesetzmäßigkeit und Freiheitssicherung sowie Ausschluß richterlicher Willkür[124], führt jedoch zu subtiler und detaillierter Normsetzung, die den Gesetzesstoff anschwellen läßt und das Landrecht weitläufig, nicht weltläufig macht[125]. So beschäftigen sich über eintausend Bestimmungen mit der Ehe[126]. Aber die Entscheidung für Kasuistik und gegen Abstraktion soll auch die bürgerliche Freiheit schützen[127]. So werden die gegenseitigen Rechte und Pflichten der Gutsuntertanen aus Fürsorgegründen beinahe pedantisch festgesetzt. 163 Paragraphen behandeln die bäuerli-

---

119 Vgl. schon die Kritik *Montesquieus*, De l'Esprit des Lois, XXIX, 16. Zu seinem Einfluß auf Friedrich auch in Fragen der Legistik *Merten* (FN 83), S.196f.; dort auch die Nachweise einschlägiger Äußerungen *Friedrichs*.

120 Vgl. auch Ernst *Forsthoff*, Recht und Sprache. Prolegomena zu einer richterlichen Hermeneutik, 1964, S.16f.

121 Vgl. auch *Beccaria* (FN 106), Kap. IV, der für einen „vollkommenen Syllogismus" plädiert.

122 §§ 47f. Einl. ALR werden durch Cabinets-Ordre vom 8.3.1798 aufgehoben.

123 Vgl. auch die Cabinets-Ordre *Friedrich Wilhelms I.* vom 8.12.1737 an Cocceji sub VI, A.B. V, 2, Nr. 194, S.336 sowie *Friedrichs* Instruktion an Cocceji von 1746 (FN 36); wegen „unstatthafte(r) Ungewißheit der Rechte und Pflichten" im Verhältnis zwischen Herrschaft und Gesinde wird das Gesinderecht des ALR durch die Gesinde-Ordnung vom 8.11.1810 (GS S.101) überarbeitet (vgl. die Präambel, aaO).

124 Hierzu auch *Svarez*, Inwiefern müssen und können Gesetze kurz sein?, wonach nichts „der bürgerlichen Freiheit gefährlicher" sein kann, als daß „der Richter zum Gesetzgeber" wird; jetzt in: Conrad/Kleinheyer (Hg.) (FN 93), S.627 (628); vgl. in diesem Zusammenhang auch Art. XVIII des Publikationspatents vom 5.2.1794 zum Verbot der „geringste(n) eigenmächtige(n) Abweichung" von „klaren und deutlichen Vorschriften der Gesetze" (abgedr. bei *Hattenhauer* [FN 3], S.48ff.).

125 *Hardenberg* rügt später die „vielen Förmlichkeiten, die für eine Nation von Betrügern und Verbrechern verordnet zu sein scheinen", Rigaer Denkschrift, aaO (FN 15), S.428.

126 Zweiter Teil, 1. Titel ALR.

127 Zutreffend *Conrad*, Das Allgemeine Landrecht für die preußischen Staaten aus sowjetzonaler Sicht, in: Recht in Ost und West, 1961/62, S.151 (153 l.Sp.).

chen Dienste, drei davon die Ruhezeiten, die minutiös reglementiert werden. Mangels ortsüblicher Festsetzung sind „den Unterthanen bey Spanndiensten, am Vormittag Eine, zu Mittage Zwey und den Nachmittag wieder Eine ... Ruhestunde zu gestatten" (§ 364 II 7). Darüber hinaus sollen im Interesse größerer Rechtssicherheit ungemessene Dienste künftig in gemessene Dienste, also nach Zeit, Ort, Maß oder Gewicht bestimmt, umgewandelt werden (§ 314 II 7)[128]. Trotz Beibehaltung der Gutsuntertänigkeit bringt das Landrecht Fortschritte, weshalb es gerade auch die bäuerliche Bevölkerung kauft und liest[129] und damit zu einem wirklichen Volkskodex, zu Preußens weltlicher Bibel macht, dessen Volkstümlichkeit[130] von späteren Gesetzbüchern nicht mehr erreicht wird.

IX. Die Freiheitsrechte

Die stiefmütterliche Würdigung der Freiheitsrechte[131] im Allgemeinen Landrecht erklärt sich zum einen wohl aus der zeitlich früheren und durch das Revolutionsgetöse unüberhörbaren Proklamation der französischen Erklärung der Menschen- und Bürgerrechte. Sie findet zum anderen in dem Fehlen eines Freiheitskatalogs ihren Grund, weil die bürgerliche Freiheit dem Leser des Gesetzbuchs nicht kompakt gegenübertritt, sondern sich erst bei mühsamer Gesetzeslektüre erschließt.

Das Landrecht bekennt sich zu den allgemeinen Rechten der Menschheit auch für ungeborene Kinder (§ 10 I 1). Sie kommen, wie *Svarez*[132] in den Kronprinzenvorträgen ausführt, dem einzelnen bereits deshalb zu, weil „er Mensch und Staatsbürger ist" und können durch das positive Gesetz „nur noch mehrere Gewißheit und Festigkeit" erhalten. „Die natürliche Freiheit, sein eigenes Wohl ohne Kränkung der Rechte eines anderen, suchen und befördern zu können", gewährleistet § 83 Einl. nach Art des heutigen Art. 2 Abs. 1 GG, wobei die Ähnlichkeit mit Art. 4 der

128 Zur Bedeutung der Frage *Ziekursch*, aaO, S.245 FN 1.

129 Vgl. *Ziekursch*, aaO, S.238, 243; H. *Thieme*, Die preußische Kodifikation, ZRG Germ. Abt. 57, 1937, S.405.

130 Vgl. auch H. *Thieme*, aaO, S.405 sowie S.360, 373.

131 Zu deren Freiheits- und Menschrechtscharakter Hermann *Conrad*, Die geistigen Grundlagen des Allgemeinen Landrechts für die preußischen Staaten von 1794, 1958, S.36; *Hattenhauer*, Einführung (FN 3), S.20; *Michaelis* (FN 10), S.25ff.

132 (Fn 93), S.258.

französischen Menschenrechtserklärung von 1789 offensichtlich ist[133]. Gleichzeitig macht das Landrecht den freien menschlichen Willen zu einer eigenständigen Rechtskategorie, indem es die (freie) Willenserklärung als allgemeines Rechtsinstitut anerkennt (§§ 1 ff. I 4)[134].

Die vom Landrecht garantierte Entfaltungsfreiheit kann nicht auf „das Verhältnis zwischen Privaten" verengt werden, womit man dem Landrecht einen grundrechtlichen Charakter absprechen will[135]. Schon die Zeitgenossen haben die Existenz von Menschenrechten im Allgemeinen Gesetzbuch bejaht und die entsprechenden Bestimmungen mit der französischen Menschenrechtserklärung verglichen[136]. Daß die vom Landrecht anerkannte „natürliche Freiheit" in erster Linie staatsgerichtet und nicht nur bürgergerichtet war, beweist auch die Entstehungsgeschichte. In Übereinstimmung mit der Forderung der Aufklärung, Gesetze nicht „als willkürliche und zufällige Gebote um beliebiger Zwecke", sondern im Interesse der Freiheit „nicht anders als so fern sie *nothwendig* zu dieser erforderlich sind"[137], zu erlassen, sah der Entwurf des Allgemeinen Gesetzbuchs und in kaum veränderter Form auch dieses selbst vor, daß der Staat „die natürliche Freyheit seiner Bürger nur in so fern einschränken" dürfe, „als das Wohl der gesellschaftlichen Verbindung solches erfordert"[138]. Diese Bestimmung wurde später aus ähnlichen Gründen wie das Machtspruchver-

---

133 Eine Vorgänger-Vorschrift findet sich noch nicht in dem 1784 publizierten Gesetzbuch-Entwurf, wohl aber in Gestalt des § 90 AGB, das 1791 veröffentlicht wurde.

134 Hermann *Dilcher*, Die Willenserklärung nach dem ALR „frey, ernstlich und zuverlässig", in: Beiträge zur Rechtsgeschichte, Conrad-Gedächtnisschrift, 1979, S. 85, 92; Ulrich *Eisenhardt*, JZ 1986, S. 877 sub 5. 1.

135 So *Schwennicke* (FN 52), S. 373, der jedoch an anderer Stelle (S. 51) von „staatsrechtlichen Grundsätzen" spricht.

136 Vgl. Hans Erich *Bödeker*, Zur Rezeption der französischen Menschen- und Bürgerrechte, in: Günter Birtsch (Hg.), Grund- und Freiheitsrechte im Wandel von Gesellschaft und Geschichte, 1981, S. 281 ff.; *Schwennicke* (FN 52), S. 51 f.

137 *Kant*, Brief an Heinrich Jung-Stilling (nach dem 1.3.1789), in: Jürgen Zehbe (Hg.), Kant, Briefe, 1970, Nr. 85, S. 135; ähnlich schon *Pütter*, Beyträge zum Teutschen Staats- und Fürstenrechte, 1777/79, Bd. II, S. 191.

138 § 56 Einl. Gesetzbuch-Entwurf, § 79 Einl. AGB.; hierzu auch *Svarez*, Kronprinzenvorträge (FN 93), S. 467.

bot getilgt[139]. Dadurch veränderte sich zwar der Freiheitsumfang, nicht aber die Freiheitsrichtung. Anliegen der Lehre vom Gesellschaftsvertrag in jener Zeit war es gerade, dem einzelnen eine „natürliche Freiheit" zu erhalten und damit eine unumschränkte Gewalt des Herrschers auszuschließen[140], so daß die Anerkennung dieser Freiheit nur als staatsgerichtete einen Sinn macht[141], weil der Staat zur Freiheitsrespektierung verpflichtet werden muß[142]. Schließlich spricht auch der systematische Zusammenhang gegen eine bloße Drittwirkung des § 83 Einl. Bereits die Folgevorschrift weist auf das Rechtsverhältnis hin, „in welchem ein jeder gegen den andern, und gegen den Staat selbst, sich befindet". Das Allgemeine Landrecht ist eben ein Codex mixtus.

Preußischer Tradition entsprechend gewährleistet das Landrecht die (individuelle und kollektive) Religionsfreiheit[143] in eingehender Ausgestaltung (§§ 1 ff. II 11), wobei auch der negativen Komponente gedacht wird (§ 8 II 11). Ehezwang durch Eltern wird untersagt (§ 119 II 2), die Assoziationsfreiheit für erlaubte Gesellschaften gewährleistet (§§ 1 ff. II 6). Für die Auswanderungsfreiheit verbleibt es beim Erlaubnisvorbehalt (§ 127 II 17)[144]. Auf der Grundlage des Naturrechts betont das Gesetzbuch nicht nur die Gleichheit aller vor dem Gesetz, sondern auch die grundsätzliche Gleichberechtigung der Geschlechter (§ 24 I 1)[145]

139 Ein Relikt hat sich in § 10 II 17 ALR erhalten, auch wenn diese Bestimmung wohl noch nicht in jenem streng liberalen Geiste verfaßt wurde, in dem sie das 19. Jahrhundert, vor allem die Kreuzberg-Entscheidung (*PrOVGE* 9, 353 (370ff.) sieht; vgl. Peter *Preu*, Polizeibegriff und Staatszwecklehre, 1983, insbes. S. 274 ff.; Georg-Christoph *von Unruh*, Art. Polizei, Polizeiwissenschaft und Kameralistik, in: Jeserich/Pohl/von Unruh (Hg.), Deutsche Verwaltungsgeschichte, Bd. I, 1983, S. 388 f. (423 ff.).

140 Vgl. *Svarez*, Kronprinzenvorträge (FN 93), S. 65, 467 f.

141 Vgl. auch Walter *Leisner*, Grundrechte und Privatrecht, 1960, S. 16 f.

142 Vgl. Ernst Ferdinand *Klein*, Freyheit und Eigenthum, Berlin und Stettin 1790, S. 75: „Allein um die Constitution zu machen, mußten sie erst bestimmen: wie weit darf die Gesetzgebung die Freyheit der Einzelnen einschränken?" (Kleon); vgl. *dens.*, Grundsätze der natürlichen Rechtswissenschaft nebst einer Geschichte derselben, Halle 1797, § 493, S. 253.

143 Vgl. in diesem Zusammenhang auch *Kant* (FN 48), S. 60, A 292; hierzu Peter *Burg*, Kant und die französische Revolution, 1974, S. 222 f.

144 Sie war zuvor in § 55 Einl. Gesetzbuch-Entwurf geregelt. Zur heftigen Kritik am Erlaubnisvorbehalt *Birtsch*, HZ 208, 1969, S. 291 f.; *Schwennicke* (FN 52), S. 357 ff.

145 Hierzu H. *Conrad*, Die Rechtsstellung der Ehefrau in der Privatrechtsgesetzgebung der Aufklärungszeit, in: Mittelalter und Neuzeit, Kallen-Festschrift, 1957, S. 260; Susanne *Weber-Will*, Die rechtliche Stellung der Frau im Privatrecht des Preußischen Allgemeinen Landrechts von 1794, 1983.

sowie die rechtsstaatliche Gleichheit der Gutsuntertanen, die außerhalb der Rechtsbeziehung zu ihrem Gut „als freye Bürger des Staats angesehen" werden und „gleich andern Bürgern des Staats, freyes Vermögen erwerben und besitzen" können (§§ 147, 240 II 7)[146].

Die Sicherung des Eigentums (§ 32 I 8) auch in der Form der Eigentumserwerbsfreiheit (§ 6 I 8) – allerdings mit ständischen Beschränkungen – sowie der Baufreiheit[147] (§ 65 I 8) sind Grundlage bürgerlicher Freiheit. Die Eigentumsnutzung wird durch zahlreiche Gebote und Verbote, wie z.B. die Untersagung der Holzverwüstung (§§ 83ff. I 8) oder des Raubbaues (§§ 206ff. II 16), ergänzt und beschränkt, die in moderner Terminologie eine Sozialpflichtigkeit des Eigentums begründen. Der für den Rechtsstaat essentielle und schon von *Justi*[148] propagierte Vorbehalt des Gesetzes bei „Eingriffen in Freiheit und Eigentum", der dann unter dem Einfluß des Freiherrn *vom Stein* Eingang in die frühen Konstitutionen des 19. Jahrhunderts finden wird[149], ist im Allgemeinen Landrecht hinsichtlich des Eigentums mit den Worten verankert: „In allen Fällen aber können Einschränkungen des Eigentums, welche nicht aus besondern wohl erworbenen Rechten eines andern entspringen, nur durch Gesetz begründet werden" (§ 32 I 8). Mit der Entschädigungspflicht bei Aufopferung (§ 75 Einl.) hat sich das Landrecht ein bleibendes Denkmal gesetzt. Außer der Eigentumsgarantie gewährt es einen umfassenden Schutz für wohlerworbene Rechte, die iura quaesita[150]. Im Falle ihrer Aufhebung darf die Entschädigung „nicht anders als durch Vertrag, oder rechtliches Erkenntniß festgesetzt werden" (§ 72 Einl.), womit ein Richtervorbehalt für die Entschädigungsfestsetzung begründet wird, wie er sich in abgeschwächter Form noch heute in Art. 14 Abs. 3 Satz 3 GG findet.

Der von Brandenburg-Preußen früher als von anderen Staaten gewährte gerichtliche Rechtsschutz gegen den Staat[151] findet in § 80 Einl. Ein-

---

146 Vgl. in diesem Zusammenhang auch §§ 196f. II 5 hinsichtlich des Verbots der Skaverei.

147 Hierzu auch Walter *Leisner*, Baufreiheit oder staatliche Baurechtsverleihung?, DVBl. 1992, S. 1065ff.

148 Die Natur und das Wesen der Staaten . . ., Berlin, Stettin, Leipzig 1760, § 57, S. 94f.

149 Vgl. Freiherrn *vom Stein*, Briefe und Amtliche Schriften, bearb. von Erich Botzenhardt, neu hg. von Walther *Hubatsch*, 1957ff., Bd. V, S. 141; § 2 der Verf. des Herzogtums Nassau vom 1./2. 9. 1814; Tit. VII, § 2 bayer. Verf. vom 26. 5. 1818.

150 Hierzu auch *Svarez*, Kronprinzenverträge (FN 93), S. 16 sub VI, 9.

151 Vgl. *Rüfner*, Verwaltungsrechtsschutz in Preußen von 1749 bis 1842, 1962, S. 60ff., 172ff.

gang, so daß der Bürger mit seinem König von den Ausnahmefällen des jus eminens abgesehen vor dem (ordentlichen) Gericht streiten und rechtliches Gehör beanspruchen kann[152]. Die Patrimonialgerichtsbarkeit wird der Aufsicht des Staates unterstellt (§ 22 II 17). Aus dem Schutz vor Entlassungen für Unterrichter (Patrimonialrichter)[153] entwickelt sich die richterliche Unabhängigkeit, die sich nicht zuletzt auf Grund des Müller-Arnold-Prozesses[154] effektiv durchsetzt[155], bevor sie konstitutionell anerkannt wird.

Ist der rechtsstaatliche Vorbehalt des Gesetzes hinsichtlich des Eigentums in § 32 I 8 ALR statuiert, so findet er sich für die Freiheit in § 87 Einl., wonach Handlungen, welche weder durch natürliche noch durch positive Gesetze verboten werden, erlaubt sind[156]. Somit bedürfen Freiheitsbeschränkungen eines staatlichen Gesetzes, in populärer Umschreibung: „Kein Mensch muß müssen, wenn es nicht im Allgemeinen Landrecht steht"[157].

X. Schluß

Im ganzen stellt das Allgemeine Landrecht das Gesetz in den Vordergrund, den Herrscher aber in den Hintergrund. Daß eine Kodifikation des Spätabsolutismus weithin mit einem bloßen „Oberhaupt des Staates" auskommt[158], ist „konstitutionelles Programm"[159]. Gesetzesherrschaft und Gesetzesvorrang, Vorbehalt des Gesetzes und Rechtssicherheit,

---

152 Vgl. auch § 528 I 9 ALR.

153 §§ 103 II 10, 99 II 17 ALR; hierzu Erich *Döhring*, Geschichte der deutschen Rechtspflege seit 1500, S. 68; Henning *Schrimpf*, Die Auseinandersetzung um die Neuordnung des individuellen Rechtsschutzes gegenüber der staatlichen Verwaltung nach 1807, in: Der Staat 18, 1979, S. 67; dagegen gewährleistet das ALR nach Auffassung E. R. *Hubers* (Deutsche Verfassungsgeschichte seit 1789, Bd. III, 2. Aufl., S. 121 f.) bereits schlechthin die Unabsetzbarkeit für Richter.

154 Hierzu auch Horst *Sendler*, Friedrich der Große und der Müller Arnold, JuS 1986, S. 759 (762 sub III 6).

155 Vgl. *Döhring*, aaO, S. 68 f.; *Schrimpf*, aaO; *Hattenhauer* (FN 76), S. 54 ff.

156 Eingehend und zutreffend Gerd *Kleinheyer*, Staat und Bürger im Recht, 1959, S. 61.

157 Diese Redewendung zitiert Bill *Drews*, Vom Ausbau der preußischen Verwaltungsgerichtsbarkeit, in: ZfgesStW 78, 1924, S. 586; hierauf hat *von Unruh* (FN 139), S. 426 zu FN 106 hingewiesen.

158 Kritisch *Haller* (FN 79), S. 196, weil dieses Oberhaupt „morgen auch in einem Directorio hätte bestehen können".

159 Zutreffend *Hattenhauer*, Einführung (FN 3), S. 22.

damit zugleich aber auch Gerechtigkeit[160], Freiheitsgarantien und gerichtlicher Rechtsschutz auch gegen den Souverän sind tragende Kodifikationselemente und schon deshalb konkrete Fortschritte im Verhältnis des Bürgers zum Staat.

Will man trotz Bedenken[161] die für die Verfassungsgeschichte so bedeutsame Epoche[162] zwischen Ancien Régime und modernem Verfassungsstaat, zwischen polizeistaatlichem Absolutismus und konstitutioneller Monarchie mit der Terminologie späterer Epochen charakterisieren, so müssen dem Landrecht von 1794 rechtsstaatliche Züge[163] bescheinigt

---

160 Vgl. Georg Wilhelm Friedrich *Hegel*, Grundlinien der Philosophie des Rechts, Berlin 1821, § 215, S. 214f.

161 Vgl. auch Christoph *Link*, Anfänge des Rechtsstaatsgedankens in der deutschen Staatsrechtslehre des 16. bis 18. Jahrhunderts, in: Roman Schnur (Hg.), Die Rolle der Juristen bei der Entstehung des modernen Staates, 1986, S. 775; kritisch zu dem methodischen Vorgehen schon *Montesquieu*, De l'Esprit des Lois, XXX, 14, letzter Absatz.

162 Vgl. Michael *Stolleis*, Vom Nutzen der Historie vor 1806, JuS 1989, S. 871 ff.

163 Vgl. auch Wilhelm *Dilthey*, Das Allgemeine Landrecht, in: Gesammelte Schriften, Bd. 12, 4. Aufl., 1973, S. 199 („wichtiger Moment auf dem Weg zur Realisierung des Rechtsstaates"); W. *Hubatsch*, Eckpfeiler Europas, 1953, S. 82 („Entwicklung ... zum Rechtsstaat"); Ernst Rudolf *Huber*, Deutsche Verfassungsgeschichte seit 1789, Bd. I, 2. Aufl., 1967, S. 106f. („klassische Elemente des Rechtsstaats"); *Rüfner* (FN 151), S. 120 (weitgehende Verwirklichung des Rechtsstaats); H. *Thieme*, Art. Allgemeines Landrecht, in: Handwörterbuch zur deutschen Rechtsgeschichte, Bd. I, 1964, Sp. 104 sub 5 („rechtsstaatlicher Charakter der Kodifikation"); Reinhart *Koselleck*, Preußen zwischen Reform und Revolution, 2. Aufl., 1975, S. 31 („rechtsstaatliche Tendenz", „rechtsstaatliche Absichten"); Christoph *Link*, Herrschaftsordnung und bürgerliche Freiheit, 1979, S. 108ff.; G. *Dilcher* (FN 88), S. 176 („ansatzweise Grundzüge der Rechtsstaatlichkeit"); Thomas *Würtenberger*, An der Schwelle zum Verfassungsstaat, in: Peter Krause (Hg.), Vernunftrecht (FN 12), S. 53ff. (74) („rechtsstaatliche Errungenschaften"); deutlich auch Peter *Baumgart*, Friedrich der Große als europäische Gestalt, in: Analecta Fridericiana, Zeitschrift für historische Forschung, Beiheft 4, S. 28f.: Die Rechtspolitik Friedrichs und seiner Mitarbeiter „besaß eine rechtsstaatliche, nicht nur eine ‚gesetzesstaatliche' Komponente"; ähnlich Friedrich *Ebel*, Rechtsgeschichte, Bd. II Neuzeit, 1993, RN 437, S. 24: Friedrich hat „Preußen zum Rechtsstaat werden lassen"; kritisch *Willoweit*, War das Königreich Preußen ein Rechtsstaat?, in: Staat, Kirche, Wissenschaft in einer pluralistischen Gesellschaft, Mikat-Festschrift, 1989, S. 451 ff.; *ders.*, Deutsche Verfassungsgeschichte (FN 27) S. 193f.; *ders.*, Carmer (FN 13), S. 168f.; *Birtsch*, unten FN 167; *ders.*, Der preußische Staat unter dem Reformabsolutismus Friedrichs II., seine Verwaltung und Rechtsverfassung, in: Friedrich der Große, Herrscher zwischen Tradition und Fortschritt, 1985, S. 131 ff. (137); vgl. auch den instruktiven Überblick bei *Demel* (FN 9), S. 81 ff.

werden. Garantiert es doch neben der Gesetzmäßigkeit der Staatsgewalt auch gesetzmäßige Freiheit und hat damit den „Schutz der Freiheit zu seinem Zweck"[164]. Hatte Johann Caspar *Bluntschli* als „repräsentative Figur des südwestdeutschen Liberalismus"[165] im Landrecht die Ersetzung des Patrimonialstaates durch einen „modernen Rechtsstat" gesehen[166], so scheitert diese Etikettierung aus heutiger Betrachtung vor allem an fehlender Gewaltentrennung und mangelnder richterlicher Unabhängigkeit. Aber das Fundament ist gegründet und der Weg in die Rechtsstaatlichkeit gebahnt. Sieht man demgegenüber im Staat des Allgemeinen Landrechts nur einen „Gesetzesstaat"[167] oder einen „Rechtestaat"[168] und läßt preußische Rechtsstaatlichkeit erst mit den *Stein-Hardenbergschen* Reformen beginnen[169], so bleibt offen, was sich unter dem Blickwinkel des Rechtsstaats, nicht unter dem gesellschaftlicher Reformen „groß Neues" ereignet hat, das nicht schon im Landrecht angelegt ist[170].

Wenn ein Staat, „der sich seinem eigenen Gesetz unterworfen weiß", in „der deutschen Rechtssprache Rechtsstaat" heißt[171] und wenn es die rechtsstaatliche Stellung des einzelnen kennzeichnet, „von Rechts wegen alles zu dürfen, was ihm nicht ausdrücklich rechtlich verboten ist"[172], so bekennt sich das Landrecht in Abkehr vom absolutistischen Despotismus

---

164 So Paul Johann Anselm *Feuerbach*, Anti-Hobbes oder über die Grenzen der höchsten Gewalt und das Zwangsrecht der Bürger gegen den Oberherrn, Erfurt 1798, S. 204.

165 Michael *Stolleis*, Geschichte des öffentlichen Rechts in Deutschland, Bd. II, 1992, S. 433.

166 Deutsche Statslehre für Gebildete, Nördlingen 1874, S. 267.

167 *Birtsch*, Zum konstitutionellen Charakter des preußischen Allgemeinen Landrechts von 1794, in: Kurt Kluxen/ Wolfgang J. Mommsen (Hg.), Politische Ideologien und nationalstaatliche Ordnung, Schieder-Festschrift, 1968, S. 97 ff. (114).; *ders.*, Carl Gottlieb Svarez. Mitbegründer des preußischen Gesetzesstaats, in: Geschichte und politisches Handeln, Schieder-Gedächtnisschrift, 1985, S. 85 ff.

168 *Schwennicke* (FN 52), S. 373; zustimmend *Birtsch*, Der Rechtsstaat war bloß ein Rechtestaat, FAZ vom 21.6.1994, Nr. 141, S. 33.

169 So *Schwennicke*, Zum zweihundertsten Geburtstag des Preußischen Allgemeinen Landrechts, JuS 1994, S. 456 (457 sub I).

170 Im gerichtlichen Rechtsschutz gegen rechtswidrige Akte der Verwaltung setzt sogar auf Grund französischen Vorbilds ein Rückschritt ein, vgl. *Rüfner* (FN 151), S. 128 ff., 168.

171 So Gustav *Radbruch*, Der Relativismus in der Rechtsphilosophie, 1934, jetzt in: ders., Gesamtausgabe, Bd. 3, Rechtsphilosophie III, 1990, S. 19.

172 Adolf *Merkl*, Allgemeines Verwaltungsrecht, 1927, S. 160.

zur Rechtsstaatsidee. Das ist das Entscheidende, denn „Ideen sind das einzig Bleibende“ (Wilhelm *v. Humboldt*[173]).

173 Brief vom 8.3.1833, abgedruckt in: Albert Leitzmann (Hg.), Wilhelm von Humboldts Briefe an eine Freundin, 1912, S.239 (242).

Diskussion nach Vortrag Prof. Merten und zur Gesamttagung

Prof. Willoweit, Würzburg

Zunächst schönen Dank, Herr Merten, für diesen außerordentlich materialreichen Vortrag. Was ich als ersten Eindruck formulieren möchte, ist folgendes: Es kommt bei dieser Sicht, die Sie hier entwickelt haben, der Eindruck auf, daß erst jetzt eigentlich Rechtssicherheit geschaffen wurde. Das liegt den hier anwesenden Rechtshistorikern wohl doch schwer im Magen. Die Problematik der Enteignung zum Beispiel gibt es im Mittelalter – wenn ich mich nicht sehr täusche – als solche noch gar nicht. Das Allgemeine Landrecht enthält also Fragen, die erst jetzt, in der Situation der Aufklärung, problematisch werden. Die Gefahr ist, daß man dies mit dem Wort vom Rechtsstaat im preußischen ALR verkennt, daß man erst jetzt Recht und Zivilisation heraufziehen sieht, während zuvor nackte Unterdrückung herrschte. Vielmehr werden jetzt rechtliche Sicherungen geschaffen, weil neue Gefährdungen entstanden sind, die in einer traditionalen Rechtsordnung so gar nicht bekannt waren – es sei denn, in Gestalt puren Rechtsbruchs. Das ist mein grundsätzlicher Einwand. Wir müssen uns also fragen, warum die Gesetzesredaktoren auf rechtliche Sicherungen Wert gelegt haben. – Soviel zur historischen Situation, in der das Allgemeine Landrecht entstanden ist. Und nun zum Ziel dieser Gesetzgebung. Es ist sicher, daß Svarez sich vorgestellt hat, das Gesetz werde bleiben und dauerhaft sein. Es soll unverbrüchlich sein. Gegen das Gesetz darf nicht verstoßen werden. Aber ich habe den Eindruck, daß Svarez mit dem Problem, wie sich nun das allgemeine Gesetz in dieser für Dauer geschaffenen Kodifikation zu der nicht zu bestreitenden Gesetzgebungshoheit des Monarchen verhält, letztlich nicht fertig geworden ist. Es ist eine Aporie, wenn man eine Kodifikation schafft, die der Natur der Sache und der gesunden Vernunft entspricht – wichtige Kriterien für Svarez – und die durchdacht und durchdiskutiert ist und auf Dauer bestehen soll und andererseits doch am unbeschränkten Gesetzgebungsrecht des Monarchen festhält. Die Stände haben ja eine wirkliche Kontrollfunktion nicht gehabt. Insofern klangen mir einige Ihrer Formulierungen ein wenig zu sehr in Richtung Partizipation. Diese war doch beschränkt. Der König hat ja jederzeit die Möglichkeit gehabt, durch Gesetze, die sein Apparat ausarbeitete, das Recht zu ändern. Dieses Spannungsverhältnis meine ich, ist nicht aufgelöst.

Prof. Ebel, Berlin

Vielen Dank, Herr Willoweit. In der Tat ist es ja doch ein Problem, ein Gesetz einerseits von der Absicht seiner Urheber her verstehen zu wollen und dann vom Inhalt selber. Dabei muß man auch beachten, daß dieses Gesetz in einer Zeit der Veränderung eine ganz andere Rolle spielen kann, als es sie ursprünglich gespielt hat. Wenn es ursprünglich einmal – wie Sie, Herr Willoweit, ja betont haben – in diesem anderen Zusammenhang doch in vielen Teilen eine Festschreibung dessen ist, was eigentlich längst Rechtens oder jedenfalls zu diesem Zeitpunkt Realität ist, kann es im Wandel der Verhältnisse doch eine andere Rolle spielen. So vielleicht auch in den Reformversuchen 50 Jahre später, in denen man inhaltlich auch nichts ändern wollte, aber diese pandektistischen Änderungen in den Entwürfen zum preußischen Recht haben doch einen ganz anderen Stellenwert innerhalb des Staates, der sich eben geändert hat, weswegen auch das Gesetz dann eine andere Rolle spielt.

Prof. Ogris, Wien

Es liegt mir fern, meine Damen und Herren, nun ein „österreichisches" Koreferat zu beginnen, obgleich die Versuchung dazu naturgemäß sehr groß ist. Denn selbstverständlich habe ich mir bei all den vorzüglichen Vorträgen, die wir hier gehört haben, überlegt, was zum jeweiligen Thema vom österreichischen Standpunkt aus zu sagen wäre. Und wenn ich Österreich sage, so meine ich damit die Habsburger-Monarchie der zweiten Hälfte des 18. Jahrhunderts mit ihren deutsch-österreichischen und mit ihren böhmischen Ländern, aber unter Ausschluß der Länder der Stephanskrone.

1. Blickt man auf die Kodifikationsbewegung im ganzen, so fällt zunächst auf, daß Österreich grundsätzlich einen anderen Weg wählte als Brandenburg-Preußen. Während man unter Friedrich II. auf eine Gesamtkodifikation setzte, die – der Theorie nach – die gesamte Rechtsordnung erfassen sollte (und zuletzt im ALR ja auch weitgehend erfaßt hat), entschied man sich in Österreich für den Weg der Einzelkodifikationen. Wann und unter welchen Umständen diese Entscheidung gefallen ist, wissen wir nicht. Tatsache ist, daß seit dem Beginn der Kodifikationsbewegung in den frühen fünfziger Jahren bürgerliches Recht und Strafrecht (samt Strafprozeßrecht) getrennt in Arbeit genommen wurden. Später kamen dann noch die Gerichtsorganisation und das zivilgerichtliche Verfahren hinzu. Das hatte zunächst den – auf den ersten Blick – verlockenden Vorteil, daß die Arbeiten gut und rasch

vorankamen. Schon 1766 erschien der *Codex Theresianus*, der aber – gerade weil er so „schnell" fertiggestellt wurde – ganz der Tradition des gemeinen Rechts verhaftet war und wegen seiner Umständlichkeit und wegen seines Lehrbuchcharakters heftige Kritik – besonders vom Staatskanzler Kaunitz – einheimste und (deshalb) auch nicht die landesfürstliche Sanktion erhielt. Besser erging es der Strafrechtskodifikation, die mit der *Constitutio Criminalis Theresiana* von 1768 einen Triumph der Rechtseinheit brachte: Sie war das erste Gesetz, das – außer in Ungarn und dessen Nebenländern – in allen habsburgischen Territorien jener Zeit galt. Inhaltlich freilich war auch die Halsgerichtsordnung von den neuen Ideen und Vorstellungen, die um diese Zeit bereits im Strafrecht um sich griffen, nicht oder nur am Rande erfaßt.
Auch in der Folgezeit, also unter Joseph II. und Franz I., hielt man aus naheliegenden Gründen an der Einzelkodifikation des Zivilrechts, des Strafrechts sowie der Gerichtsorganisation und des Prozeßrechts fest. Es ist bisher, meines Wissens nach, noch nicht genauer untersucht worden, ob und, gegebenenfalls, welche Unterschiede in der Rechtskultur eines Landes sich ergeben – je nachdem, ob es eine Gesamtkodifikation oder (eine Reihe von) Einzelkodifikationen wählt.

2. Von dieser Frage abgesehen aber scheinen doch die Kodifikationsbewegungen in unseren beiden Ländern (genauer: „Länderbündeln!") ziemlich parallel verlaufen zu sein. Das trifft gewiß auf jenen Bereich zu, den, wenn ich nicht irre, Herr *Luig* angesprochen hat und den er das „Technische" einer Kodifikation genannt hat. Dabei stand, ursprünglich jedenfalls, der Versuch durchaus im Vordergrund, aus dem Wust des gemeinen Rechts und aus der Vielzahl der Länderrechte eine einheitliche, klare, in sich widerspruchsfreie und für alle Länder gleichermaßen geltende (also: allgemeine) Rechtsordnung zu schaffen.
Für Österreich jedenfalls steht dieser Gesichtspunkt der Rechtsvereinheitlichung ganz am Anfang der Kodifikationsbewegung. Im Jahre 1753 erschien eine viel beachtete Denkschrift, die ganz entschieden für ein einheitliches Recht eintrat, das alle *österreichische Erblande* und mithin die *gesammten Unterthanen zu allgemeiner Wohlfahrt* vereinigte. Weil, so schreibt der anonyme Verfasser, für diese (die Länder und die Untertanen) nichts *ersprießlicher und heilsamer sein könnte, als unter einem Gott, einem Landesfürsten und einerlei Gesetz vereinbart zu sein.*
Nun, diese Dreifaltigkeit, diese Dreieinigkeit von Gott, Landesfürst und Recht, war genau das, was Maria Theresia hören wollte. Sie verfügte ja nicht nur über rund 40 (mehr oder weniger) wohlklingende Titel, sondern auch über entsprechend viele Länder/Herrschaften (von mehr oder weniger Bedeutung). Hier Ordnung, d.h. zunächst Einheit

zu schaffen, in organisatorischer und auch in rechtlicher Hinsicht, mußte jedem rational denkenden Aufklärer geradezu als *condito sine qua non* einer gottgefälligen Administration erscheinen.

3. Dies umso mehr, als eine gleichzeitig durchgeführte Staatsreform die herrschende Rechtszersplitterung besonders deutlich, ja geradezu schmerzhaft fühlbar machte. Bald nach ihrem Regierungsantritt und unmittelbar nach den schlechten Erfahrungen, die sie mit ihrem Intimfeind Friedrich von Preußen, diesem *Ungeheuer*, machen mußte, zog die junge Regentin eine tiefgreifende Behördenreform durch, die in der Zerschlagung der bisherigen (Böhmischen und Österreichischen) Hofkanzleien und in der Errichtung zweier absolutistischer Superbehörden gipfelte, nämlich des *Directorium in publicis et cameralibus* und der *Obersten Justizstelle*. Ersteres war im Grunde nichts anderes als das brandenburgisch-preußische *Generaldirektorium* (Gegner, so scheint es, nehmen oft mehr voneinander an, als man glaubt!); und letztere war oberste Rechtsprechungsinstanz und zugleich oberste Justizverwaltungsbehörde.
Wenn nun, wegen der Unterschiedlichkeit der Länderrechte, ein Fall, zum Beispiel aus Tirol, anders zu entscheiden war als ein gleichgelagerter Fall aus Böhmen, so war das für einen aufgeklärten und rational denkenden Justizhofrat eine mittlere Katastrophe. Daher (und natürlich auch aus manch anderen Gründen!) der Ruf nach Vereinheitlichung des Rechts!
Aber was heißt das: Vereinheitlichung des Rechts?! Das sagt sich so leicht. Aber in der Praxis bedeutet das nicht nur, die diversen Rechte zu sammeln und – unverbindlich – nebeneinanderzustellen, sondern das bedeutet ja auch eine Entscheidung *für* eine Regelung und *gegen* eine (oder mehrere) andere. Dabei spielten das Vorbild des gemeinen Rechts und die Tradition der Partikularrechte gewiß eine Rolle; doch lag es bei diesem Prozeß nahe, die Vernunft, die *ratio*, zu Hilfe zu nehmen, sie gleichsam als letzte Instanz und als höchste Autorität heranzuziehen. Insofern fließen eben auch naturrechtliche Vorstellungen in die Gesetzgebungsarbeit ein. Nicht zufällig hatte Maria Theresia die 1753 eingesetzte Kommission beauftragt, *daß in Ausarbeitung des Codicis Theresiani die vorhandenen heilsamsten Ländergesetze gegen einandergehalten, das natürlichste und billigste ausgewählt, der Abgang nach der gesunden Vernunft, dann allgemeinen Natur- und Völkerrecht ergänzt, nach Bedürfnis neue Satzungen vorgeschlagen und so gestaltet die Länderrechte … in Gleichförmigkeit gebracht werden sollten.*

4. Die Verwirklichung dieses anspruchsvollen Programms dauerte zwar, wie gesagt, geraume Zeit, legte es aber nahe, von einer bloßen Verein-

heitlichung des Rechts zu einer Neugestaltung, zu einer Umgestaltung der Gesellschaft *durch* das Recht, insbesondere durch eine umfassende (wenn auch nur spezielle) Kodifikation fortzuschreiten. Unter Maria Theresia hielt sich diese Tendenz noch in Grenzen. Unter ihrem Sohn und Nachfolger, Joseph II., jedoch folgte ein legistischer Paukenschlag nach dem anderen: Toleranzpatent, Verlöbnispatent, Ehepatent, Erbfolgepatent – um nur einige der wichtigsten Gesetzgebungsakte auf dem Gebiet des Privatrechts zu nennen. Das alles floß ein in das JGB von 1787, das zwar ein Torso blieb, weil es nur Personen-, Ehe-, Kindschafts- und Vormundschaftsrecht regelte. Aber gerade dabei handelte es sich ja um die wichtigsten und sensibelsten Materien, deren Neugestaltung den Zeitgeist von Naturrecht und Aufklärung widerspiegeln. So sind in jenem Dezennium von 1780 bis 1790 die Weichen für die weitere Entwicklung in vielen Rechtsbereichen gestellt worden. Die folgende Gesetzgebung bis zum ABGB 1812 hat in Details freilich vieles geändert, manches auch abgeschwächt, aber der Eingriff in die überlieferte Rechts-, Wirtschafts- und Sozialordnung unter Joseph II. blieb tief und in mancher Hinsicht auch schmerzhaft. Es ist natürlich kaum möglich, hier, in diesem Kurzbeitrag, einen Vergleich zwischen Brandenburg-Preußen und Österreich hinsichtlich des materiellen Gehalts der Reformen zu ziehen. Aber es scheint mir doch, als wäre die Gesetzgebung im Österreich Josephs II. etwas radikaler gewesen als in den späten Jahren Friedrichs. Einzelreformen in großer Zahl zerschmetterten die altüberlieferte, im Grunde noch mittelalterliche Ordnung. Die Stände, die Zünfte, die Grundherrschaften, die Universitäten und auch alle anderen autonomen Bereiche wurden – wenn nicht völlig aufgelöst, so doch – eng an die staatliche Kandare genommen und/oder zu praktischer Bedeutungslosigkeit herabgedrückt. Ob diese Reformen in ihrer Gesamtheit, wie man oft sagen hört, den absolutistischen Modellstaaten Österreich und Brandenburg-Preußen die Revolution *à la française* erspart haben, ist eine müßige Frage. Zweifellos haben sie vieles auf evolutionärem Wege bewirkt und verändert, was in Frankreich erst durch den großen Knall von 1789 erfolgte, dann aber besonders tiefgreifend und radikal.

5. Natürlich müssen wir uns vor der Annahme hüten, diese evolutionäre Umgestaltung der überlieferten Wirtschafts- und Gesellschaftsordnung sei in allen Bereichen und zu jeder Zeit konsequent durchgezogen worden. Hier kommt vielmehr die Bemerkung von Herrn **Schild** herein, wonach diese Epoche spannungsgeladen und in sich durchaus nicht widerspruchsfrei gewesen sei. Abgesehen davon, daß die Naturrechtslehre selbst in mehrere Spielarten mit jeweils verschiedenen Prioritäten und Zielen zerfiel; und abgesehen davon, daß die Persön-

lichkeiten und Charaktere der jeweiligen absoluten Monarchen (Maria Theresias und Josephs II., Friedrichs II.) für recht unterschiedliche praktische Ausprägungen der theoretischen Ansätze sorgten, darf auch der Einfluß einiger auswärtiger Ereignisse nicht übersehen werden. Ich denke in diesem Zusammenhang vor allem an die Unabhängigkeitserklärung der USA und an die Französische Revolution. Ich glaube, daß die Ereignisse in Amerika an den Höfen Europas viel mehr beachtet wurden, als man gemeinhin annimmt. Das war ja etwas ganz Unerhörtes, daß Kolonien sich ganz einfach von ihrem Monarchen lossagen! Ich habe den Eindruck, daß dies keineswegs ohne Einfluß auf das Denken der Reformer geblieben ist. Und dann natürlich die Ereignisse in Frankreich! Für Österreich z. B. ist es ganz klar, daß die Revolution und insbes. die Hinrichtung des Königspaares einen Schock für die Monarchie darstellten. Dieser Schock hat ganz deutlich die Reformen von Josephs Bruder und Nachfolger, Leopolds II., gedämpft und gedrosselt. Man müßte diesen Gesichtspunkt freilich einmal noch genauer untersuchen!

6. Nachgehen müßte man auch der jeweiligen politischen Einstellung der beamteten Reformer. Ich habe manchmal den Eindruck, daß sie alle miteinander viel radikaler im Sinne des Naturrechts dachten, als wir annehmen – und vor allem, als sie ihren Dienstherren glauben machten. Was da in den intellektuellen Zirkeln diskutiert und besprochen wurde, z. B. auch in der Berliner Mittwochsgesellschaft, rührte in mancher Hinsicht an die Wurzeln und Grundlagen der absoluten Monarchie. Die Lehre vom Gesellschaftsvertrag zum Beispiel, welche das Gottesgnadentum entmythologisierte, entzog dem Absolutismus alten Stils schlicht und einfach den Boden.
Maria Theresia z. B. hat das deutlich erkannt und ihren Sohn Joseph oft und oft davor gewarnt, auf dieser Bahn einer „philosophisch fundierten" Herrschaft fortzuschreiten. Auch sonst bargen die Ideen der aufgeklärten Naturrechtler eine Reihe von politischen „Bomben". Wenn sie dennoch relativ frei diskutieren konnten, so deshalb, weil die Herrscher selbst (Friedrich, Joseph, Leopold) von diesen Ideen erfaßt waren – und dann wohl auch deshalb, weil die Leute wie Suarez, Klein, Martini, Zeiller und wie sie alle heißen, niemals wirklich an die Schalthebel der Macht gelangten. Sie bildeten so etwas wie einen *think tank*, einen *brain trust,* den sich der Monarch „hielt" und den er so lange gewähren ließ, als ihm die Ideen seiner *eggheads* nicht zu weit gingen. Stets waren sie ja vom Vertrauen ihres Landesherren abhängig, und wenn sie tatsächlich etwas verändern wollten, mußten sie auf ihr politisches Umfeld Bedacht und Rücksicht nehmen. Und dieses Umfeld war eben, wie man es dreht und wendet, jenes der

absoluten Monarchie. Ein Paradebeispiel für die schmiegsame Anpassung, die nicht immer sehr sympatisch wirkt, für die man aber wohl Verständnis haben muß, ist z.B. Joseph von Sonnenfels.

7. Wenn also die Staatsform der absoluten Monarchie als solche nicht gut in Frage gestellt werden durfte, so konnte es für die Reformer nur darum gehen, durch systemimmanente Beschränkung der absoluten Fürstenmacht dem Individuum im Staate – und dem Staate gegenüber! – eine gesicherte Rechtsposition zu verschaffen. Denn darüber waren sich schon die Zeitgenossen im klaren: daß die Reformen tief in das gesellschaftliche Gefüge eingriffen und das Verhältnis Staat zu Individuum auf eine neue Grundlage stellten. Die *intendierende Uniformität* und die *gottgefällige Gleichheit* hatten der sozialen Ordnung ihre Transparenz, ihre Überschaubarkeit für den einzelnen genommen. An die Stelle einer Person, die in kleine, organisch gewachsene Gemeinschaften (Grundherrschaft, Zunft, Gemeinde usw.) integriert war, war das frei im sozialen Raum schwebende Individuum getreten, das nun unmittelbar mit der unbeschränkten, allmächtigen und allgegenwärtigen Staatsmacht konfrontiert wurde.

Das mag im Sinne der Überwindung der mittelalterlichen Lebensweise und der Ausbildung der modernen Staatlichkeit verständlich, sogar notwendig gewesen sein; es hat aber in den Betroffenen nicht nur fortschrittsfreudige Erwartung ausgelöst, sondern auch tiefe Ängste freigesetzt. (*Sunt exempla!*) Auch den Verantwortlichen ist diese Gefahr bewußt geworden, und sie suchten daher nach einem Kompromiß, der es bei grundsätzlicher Beibehaltung der absolutistischen Staatsreform erlaubte, dem zum Staatsbürger emanzipierten Untertanen eine *vom Winke der obersten Macht* unabhängige Rechtsposition zu sichern.

Das optimale Mittel dazu wären garantierte Grund- und Freiheitsrechte gewesen oder doch zumindest ein „politischer Kodex", in dem das „öffentliche Recht" enthalten war. Anläufe dazu hat es gegeben, besonders auf Betreiben von Joseph von Sonnenfels. Natürlich, möchte man sagen, ist daraus nichts geworden, aus mancherlei Gründen, auch und besonders aus politischen. Die absolute Monarchie hätte sich ja damit gleichsam selbst „kastriert". So haben die Reformer wenigstens darum gerungen, einzelne Bestimmungen in die Gesetzbücher einzuschleusen, die dem Staatsbürger wenn schon nicht im politischen, so doch im privaten Bereich eine gewisse Freiheitssphäre vom Staat sicherten. Das Machtspruchverbot; die Forderung nach Justizförmigkeit des Verfahrens; die Unterstellung des Monarchen im privatrechtlichen Bereich unter die allgemeinen Gesetze; die Anerkennung von „angeborenen Rechten" (§ 16 ABGB) – all dies gehört hierher. Vieles davon ist, nicht zuletzt als Reaktion auf die Ereignisse in Frankreich, nicht oder nicht in dem ursprünglichen Ausmaß realisiert worden. Aber es zeigt dies alles doch deutlich das Bestreben, dem absoluten Monarchen eine Selbstbindung aufzuerlegen, die, wenn Sie so wollen, rechtsstaatliche Züge und Elemente aufweist. Vielleicht wäre es besser, um Mißverständnisse mit der Gegenwart zu vermeiden, zunächst vom „Gesetzesstaat" zu sprechen. Denn daß der Monarch weiterhin im Prinzip *legibus solutus* blieb, war unbestritten. Man war aber offenbar auf dem Wege, mit Hilfe einer umfassenden Kodifikation von grundgesetzlichem Charakter seine Herrschaft zu beschränken – und damit gleichzeitig neu zu legitimieren und zu stabilisieren.

8. Seinen schönsten Ausdruck fand dieses Konzept im Strafrecht im berühmten Satz *nullum crimen, nulla poena sine lege*. Die lateinische Fassung stammt wohl erst aus dem Jahre 1801, die Sache selbst aber ist schon viel älter. Zwar wäre es falsch, die entsprechenden Bestimmungen einseitig als Ausfluß rechtsstaatlicher Überlegungen im Sinne einer Magna Charta des Verbrechers zu deuten. Sie dienten primär wohl dazu, den Willen des Gesetzgebers zur Geltung zu bringen und jede richterliche Willkür im Strafverfahren auszuschalten. Umgekehrt kam aber diese Regelung auch jedem Untertanen zugute, der in die Mühle der Strafjustiz geriet. In diesem Sinne darf sie durchaus als ein der Rechtssicherheit dienendes und insofern rechtsstaatlich gefärbtes Element gelten.
Diese Feststellung läßt sich vom Strafrecht ohne weiteres auf die Gesetzgebung überhaupt, besonders auf die Grundsatzgesetzgebung in Form der Kodifikation übertragen. Das Gesetz ist zunächst, ganz im Sinne der absolutistischen Theorie, Ausdruck des rechtssetzenden und rechtsgestaltenden Willens des Herrschers. Es trägt insofern durchaus absolutistische Züge. Gleichzeitig erscheint das Gesetz aber auch als das *einzige* Mittel, die Handlungen der Untertanen zu bestimmen. Weder richterliche noch sonst behördliche und auch nicht herrscherliche Willkür, sondern lediglich der im Gesetz verkörperte Wille des Souveräns soll die Freiheit des einzelnen beschränken. Insofern trägt das Gesetz durchaus liberalistisch-rechtsstaatliche Züge, wirkt es nicht als Mittel absolutistischer Herrschaft, sondern als Bollwerk individueller Freiheit. Es ist also ambivalent, zweischneidig in seiner Wirkung. So auch Sonnenfels: *Es kommt eben alles auf den Standpunkt an, von dem aus man eine Sache betrachtet: von dem einen erscheint das Gesetz als Fessel, als Beschränkung individueller Freiheit; von dem anderen aber gerade als eben dieser „Freyheit Schutzwehre"*.

Nun ist das ganze, meine Damen und Herren, doch etwas ausführlicher und langatmiger geraten als geplant. Auch waren es nicht durchwegs neue Gedanken, die ich hier vorgetragen habe. Ich denke aber doch, daß es nicht ganz überflüssig war, hier, in Berlin, einen Vergleich oder doch wenigstens eine Synopsis herzustellen zwischen dem ALR und den etwa gleichaltrigen, aber in mancher Hinsicht doch etwas anders gearteten Kodifikationen der Habsburger-Monarchie.

Prof. Kleinheyer, Bonn

Ich wollte eigentlich nur doch noch mal ein vorsichtiges Plädoyer für den Begriff des Rechtsstaates halten, und zwar meine ich, wir dürfen dabei nicht nur auf die Frage schauen, inwieweit Gesetze das Handeln des Staates bestimmen. In diesem Sinne verstehen wir ja heute den Rechtsstaat. Da wäre wahrscheinlich der Ausdruck Gesetzesstaat sogar angebrachter. Die Rechtsstaatsfrage geht doch wohl auch dahin, ob der Staat als solcher gebunden ist an Recht, das sich nicht seiner Verfügung unterwirft, sondern das er hinzunehmen hat. Und diese Frage ist auch gestellt worden von den Verfassern des Allgemeinen Landrechts. Sie haben es eben nicht mehr nur mit der Bindung eines möglicherweise wild werdenden Monarchen zu tun, sondern sie haben es nun wirklich zu tun mit einem Staat, der sich unterscheidet von dem Monarchen. Die Monarchenbindung zu erreichen, ist das eine. Die staatliche Bindung zu erreichen, ist das andere. Das ist ein Ziel gewesen, das bis heute natürlich nicht erreicht ist, das wohl auch nie erreichbar ist, denn unser Staat ist ja in der Lage, sein Recht selber zu bestimmen, einschließlich des Verfassungsrechtes. Wir können mit unserem Art. 79 III GG das letztlich nicht verhindern. Er ist im Grunde frei in der Gestaltung des gesamten Verfassungssystems, und ich meine, daß es schon ein interessanter Gedanke war zu versuchen, dem Staat diese Freiheit zu nehmen, abgeleitet aus dem Naturzustand, mit dem man sich ja deswegen beschäftigt, weil der Staat in seinen Kompetenzen eingeschränkt werden soll. Herr Schild hat das heute schön dargestellt, wie sich aus den Rechten der einzelnen eigentlich dann erst die staatlichen Kompetenzen ergeben. Natürlich gab es keine Möglichkeit, den gesetzgebenden Monarchen zu binden. Er konnte sein monarchisches Amt unbeschränkt verwalten, aber der Gedanke, daß es eben doch lohnte, Schranken gerade in der Wahrnehmung von Staatsfunktionen auch dem Monarchen aufzuerlegen, weil er Staatsfunktionär sei und eben kein Souverän mehr im alten Sinne, der, meine ich, sollte doch nicht ganz untergehen, und wir sollten uns also nicht darauf zurückziehen, etwas geringschätzig vom bloßen Gesetzesstaat zu reden. Es war schon an den Rechtsstaat gedacht, an den an das Recht gebundenen Staat.

Prof. Krause, Trier

Herr Ogris hat mich ermutigt, hier doch einmal einer Idee Ausdruck zu geben, die ich schon seit längerem mit mir herumtrage. Ich glaube, daß das Allgemeine Landrecht tatsächlich einen Verfassungscharakter gehabt hat, es war die Verfassung des absoluten Königtums. In seiner Einleitung und im Titel 13 seines zweiten Teils sagt es ganz ausdrücklich, daß der Staat über das Recht verfügt, indem er über das Gesetz verfügt, und daß er auch allein darüber verfügt. Ob dabei eine Gesetzkommission einzuschalten ist oder nicht, ist gleichgültig. Von einer Mitwirkung der Stände ist jedenfalls keine Rede. Alleiniger Gesetzgeber ist das Staatsoberhaupt, Gesetzgebung ist ein ihm vorbehaltenes Majestätsrecht. Und dazu kommt noch eines. Das ALR behauptet dieses nicht mehr abstrakt, wie man das schon seit langem hört und wie es seit dem Ende des 17. Jahrhunderts in allen Büchern steht. Denn die allgemeine These, das Recht gehe bloß vom Monarchen aus, tat der Geltung des hergebrachten Rechts gar keinen Abbruch, es galt schlicht weiter; schon deshalb, weil der Monarch ihm nicht widersprochen hatte.

Faktisch war die Behauptung, das Recht gehe vom Monarchen aus, eine bloße Phrase geblieben. Aber jetzt liegt nicht nur eine geltende Rechtsvorschrift vor, die die umfassende unbeschränkte Gesetzgebungsbefugnis normativ begründet, sondern auch ein dickes Gesetzbuch auf dem Tisch, welches beweist, daß eine tendenziell allumfassende königliche Gesetzgebung möglich ist; und damit ändert sich etwas Grundsätzliches.

Ich hatte heute morgen schon darauf hingewiesen, daß es erst mit dem AGB zum drängenden Problem wird, wie man den absoluten Gesetzgeber wieder binden kann. Das will ich noch einmal hervorheben. Daran schließt sich eine weitere Frage an: Natürlich war das Allgemeine Landrecht auf Dauer konzipiert. Gleichwohl wußten seine Verfasser auch – die ja auch nicht dumm waren – daß es natürlich keinen Ewigkeitscharakter hatte, sondern daß sich im geschichtlichen Weitergang – ich möchte nicht von Fortschritt sprechen, das ist mir zu dubios, aber ein Weitergehen in der offenen Geschichte gibt es – jedes Gesetz anders formulieren lassen müsse. Das ALR ist also nur auf eine relative Dauer angelegt. Wie sich die relative Sicherheit eines positiven Gesetzes mit der notwendigen Fortentwicklung, der Weiterentwicklung des Rechtes verbinden läßt, das war zu allen Zeiten schwierig, aber in der damaligen Zeit kaum angedacht. Es gibt nur Ansätze. Wie schon gesagt worden ist, erschien 1785 in der Berlinischen Monatsschrift der anonyme Aufsatz „Neuer Weg zur Unsterblichkeit für Fürsten", er ist wohl nicht zufällig in die Zeit der Gesetzgebung hinein gesprochen. Kein Mensch weiß, von wem der Aufsatz stammt, auf keinen Fall aber aus dem Kreis der Mitarbeiter an der Gesetzgebung, denn sein Verfasser ist offensichtlich kein Jurist. In diesem Aufsatz heißt es etwa: „Der König kann Gesetze machen, so gut er will, er ist nie sicher davor, daß er einen Versager als Nachfolger hat. Was kann er dagegen tun? Nur das folgende: Er sucht zu verhindern, daß irgendein Nachfolger die Gesetze ändern kann. Wie ist das möglich? Indem er das Volk an der Gesetzgebung beteiligt." Dabei versichert der Verfasser, das tue dem König gar keinen Abbruch. Der König, der das Volk erstmals an der Macht beteilige, werde politisch eine solche Größe gewinnen, daß das Volk nichts gegen und ohne ihn unternehmen werde. So versucht er, dem Monarchen die Machtteilung schmackhaft zu machen.

Der vorgeschlagene Weg ist für die an der Gesetzgebung Beteiligten sicher nicht gangbar. Sie sind davon überzeugt, daß das alleinige Gesetzgebungsrecht des Monarchen beibehalten werden muß. Sie versuchen aber mit der absoluten Macht des Monarchen zu leben und gleichzeitig den Mißstand zu verhindern. In dem berühmten, auch von Conrad und Kleinheyer abgedruckten und von Conrad auch besonders beschworenen Aufsatz „Über den Einfluß der Gesetzgebung in die Aufklärung, Vortrag vor der Mittwochsgesellschaft", sagt Svarez dazu: Das Gesetzbuch muß etwas Festes sein, die Feste sein, in die sich die gekränkte Freiheit zurückziehen kann. Er denkt konkret an die Kränkung durch Zensurgesetze. Dabei gesteht er ein, daß es Situationen gibt, in denen die Meinungsfreiheit beschränkt werden muß oder in denen sich zumindest der Gedanke an ihre Beschränkung aufdrängt. Das Gesetzbuch hat angesichts einer dann verfügten Begrenzung die Funktion, deutlich zu machen, wie es eigentlich sein solle, ohne dem Zeitgesetz und seiner Wirksamkeit direkt Abbruch zu tun. Nicht primär weil dessen Erlaß ein Mißbrauch der Macht sein kann – das es ihn gibt, ist für Svarez gar nicht zu bezweifeln – sondern vor allem deshalb, weil gerade der aufgeklärte Monarch sich gezwungen sehen kann, ein Gesetz zu erlassen, das ihm unter den Umständen der Zeit notwendig erscheint, das aber nie zum Prinzip der gesellschaftlichen Ordnung werden kann. Dabei denkt Svarez Verfassung in ganz anderem Sinne als wie unser Grundgesetz, nämlich als ein normatives Prinzip, z.B. als Prinzip einer freiheitlichen gesetzlichen Ordnung, das unter gewissen Zeitumständen Ausnahmen gestattet, das aber die Kritik an den erforderlich (erscheinend)en Ausnahmegesetzen virulent hält und deshalb immer wieder dazu zwingt, alle bedingten, und insofern nur zeitweiligen Einschränkungen zu überprüfen und sie sofort zurückzunehmen, wenn sich die Zeitumstände oder deren Beurteilung geändert haben.

Prof. Hammerstein, Frankfurt

Ich habe naturgemäß lange gezögert, mich zu melden, als sozusagen Nichtfachmann und Außenstehender, als einfacher Historiker. Aber es hat ja etwas mit den Dingen zu tun, und deswegen will ich doch zwei, drei Bemerkungen nicht unterdrücken, die mir während verschiedener Vorträge kamen. Zunächst zu Herrn Willoweit: wenn ich von einem Rechtsstaatsbedürfnis im 18. Jahrhundert spreche, heißt das nicht, daß im 17. Jahrhundert kein Rechtsstaat bestanden hätte, sondern – und das meint die Wortwahl –, glauben die Aufklärer, daß kein Problem mit dem Gesetzgebungsrecht des Monarchen bestehe, da der sich an die Vernunft bzw. seine Räte hält (das meinen nämlich die Räte), und dann bleibt das in Ordnung. Da ist und braucht überhaupt kein Problem zu entstehen. Und was Herr Merten sagte, fand ich sehr bezeichnend und sehr typisch dafür und darauf will ich doch nochmal verweisen. Sie sagten das eher in einem Nebensatz, aber es scheint mir doch sehr wichtig. Auch trifft das nicht nur auf Preußen zu, schon gar nicht nur auf das ALR oder nur auf Österreich, also die habsburgischen Lande, sondern eben generell auf das Reich. Man ist um 1790 der Meinung, daß in Deutschland keine Revolution stattfindet und stattfinden muß, weil die Fürsten so aufgeklärt seien. Die Reformen, die die Franzosen jetzt blutig durchführen, seien hier auf Grund der Vernunft schon längst eingelöst worden. Immerhin ist das sehr bemerkenswert, und als Historiker ist man geneigt, die Altvorderen bei ihren Worten zu nehmen und nicht für dümmer zu halten, als wir es sind. Also bleibt das ein wichtiges Moment in dieser aufgeklärten Politik, die auch Herr Schild heute morgen vorgeführt hat. Sie nannten es die Widersprüchlichkeit der Epoche, ja gut, welche Epoche ist nicht widersprüchlich, und oft ist es so, wir sehen Widersprüche, wo es die Zeitgenossen gar nicht sehen, d.h. der Widerspruch ist bei uns, da muß man nachfragen und das führt mich zu einem zweiten Punkt. Es wird so gern vom Staat, von der Gesetzgebung gesprochen. Schaut man sich das historisch an: auch im ALR sind das nur ein paar wenige Leute. Wie dann später auch die preußischen Reformer, das sind eine Handvoll Leute, und die gehen davon aus, sie sprächen für die allgemeine Vernunft und verordneten das, was für den Untertanen (später für die Bürger) gut ist, und sie können das tun, weil sie über die Vernunft gebieten. Dafür brauchen sie die Stimme des Monarchen und dann funktioniere das. Das sind typisch deutsche Formen, wie man glaubt, den Staat auf dem Reformkurs zu halten und auch anpassungsfähig zu machen, was so völlig unterschiedlich von dem ist, was im Angelsächsischen geschehen ist, obwohl man die gleichen Worte im einzelnen wählt. Also insofern glaube ich und darauf wollte ich nur einmal verweisen, man muß auch beim ALR sehen und bei alldem, was wichtig ist, daß man Svarez und Klein beim Wort nimmt. Natürlich gingen die davon aus, daß sie als die, wie soll ich sagen, die „Maschinisten“ des Unternehmens – des Staats als Maschine –, die eigentlichen sind, die bestimmen, und sie haben einen Monarchen, der sie versteht und wenn nicht, bleiben sie ohnedies, denn der Monarch kommt ohne sie nicht aus. Und daran sieht man, wie das Pütter etwa formulierte, der eigentlich nichts mit Preußen zu tun hatte, die Deutschen sind in der Tat oder fühlen sich am Ende des 18. Jahrhunderts jeder in seinem Recht bestätigt, gebunden und aufgehoben. Und das sei etwas, was Deutschland oder das Heilige Römische Reich Deutscher Nationen, wie man natürlich sagt, aufs angenehmste unterscheide vom Absolutismus in Frankreich, wo der Monarch sich nie hat rechtlich einbinden lassen und dem Absolutismus in England, wo eine Stimme Mehrheit darüber Auskunft gäbe, was vernünftig und Rechtens sein müsse. Deutschland sei in seinen Rechten frei und so hat es schon was dafür, daß man sagt, die Idee des Rechtsstaates ist da und Kant läßt grüßen oder wer immer. Es ist nicht der des 19. Jahrhunderts. Das wollte ich nur aus der niederen Perspektive der alten Artistenfakultät hinzugefügt haben.

Prof. Dilcher, Frankfurt/M.

Ich möchte zunächst sagen, daß für mich der besondere Reiz dieser kurzen, aber intensiven Tagung darin liegt, daß das ALR nicht nur unter unterschiedlichen Problembereichen, sondern auch unter unterschiedlichen methodischen Zugriffen und Temperamenten der Darstellenden vorgeführt worden ist. Das ist sicher eine Bereicherung, die sich auch in dem Tagungsband niederschlagen wird. Ich möchte daran aber anschließen ein Votum für die Bezeichnung Gesetzesstaat und gegen den Rechtsstaat. Herr Merten, Sie haben ja sehr vorsichtig das so umschrieben, wie Sie es verstehen wollen, und als eine sprachliche Konvention ist das selbstverständlich erlaubt und richtig. Ich habe aber Bedenken auch methodischer Art, es dann mit der Idee oder dem Wesen oder Wesensgehalt zu verbinden. Die Idee ist ja etwas Überzeitliches und enthistorisiert den Rechtsstaatsbegriff ganz entschieden, und er ist natürlich damals – als er aufkam – ein politischer Kampfbegriff des Liberalismus gerade gegen den Polizeistaat, gegen den spätabsolutistischen Staat, und wenn wir sehen, wieviel an Polizei im ALR noch enthalten ist – das wurde ja gerade in den Referaten deutlich –, dann würde durch diese Vorverlegung des Rechtsstaatsbegriffs diese Frontstellung, innerhalb deren das Wort zuerst entstanden ist und polemische Funktion hatte, verwischt werden. Ganz abgesehen davon, daß unser heutiger Rechtsstaatsbegriff so vielfältig und komplex ist, weil er sehr viel mehr an Fragen einer entwickelteren Rechtsordnung aufnehmen muß, daß da die Gefahr von Mißverständnissen gegeben scheint. Deshalb habe ich Bedenken gegen eine Sprachkonvention, die Gefahren in sich hat und eben vor allen Dingen die Gefahr der Enthistorisierung enthält. Ich meine für das Wort Gesetzesstaat spricht, daß das ALR ja, wie ich schon einmal gesagt habe, eine sehr starke Reduktion des Rechtsbegriffs, des älteren Rechtsbegriffs enthält. Dieser ältere Rechtsbegriff umfaßt ja ein pluralistisches Gewebe von Recht, das unten aus der Gesellschaft kommt – Gewohnheit –, von Recht, das neben dem Staatsapparat steht – nämlich Juristenrecht, Standeswissen – und Recht, das über allem steht – nämlich ius divinum und Naturrecht – und zwar in einem nichtverstaateten Sinne. Wir haben im ALR die Verstaatung oder Verstaatlichung dieser Rechtsbegriffe und damit ihre Einebnung auf eine Ebene, nämlich die des Gesetzes. Etwas übertrieben könnte man sagen, eine Verpolizeilichung des Rechtsbegriffes, indem es zu einem Gebotsrecht wird. Das Gesetz wird zu einem Gebotsrecht. Ich gebe gerne zu, daß das nicht den Absichten der Verfasser entspricht und daß es auch dadurch gemildert ist, daß das ALR a) überwiegend aus der bisherigen Rechtstradition vor allen Dingen des römischen Rechts genommen wird und b) diesen etwas seltsamen, tatsächlich nicht durchgehaltenen subsidiarischen Charakter hat. Das ist ja interessant, aber das, was damit als Landesgewohnheit bewahrt werden sollte, wird auf andere Weise abgeschafft und kam nicht zum Zuge. Also ich meine, diese Reduktion des Rechts als eines pluralistischen vielfältigen Gewebes findet hier statt, sicherlich zu Gunsten von ganz klaren Vorteilen der Ordnungsfunktion des Rechts, der Klarheit des Rechtes, aber doch Reduktion auf das Gesetz, und deshalb finde ich eben das Wort vom Gesetzesstaat sehr viel passender. Es entspricht der Konzeption. Ich erinnere mich, daß doch Herr Kleinheyer seinerzeit schon in einer Nuancenverschiebung gegenüber Conrad von Staat und Bürger im Recht geschrieben hat und damit den Verfassungscharakter gerade zurückgenommen hat. Der Ausgangspunkt ist nicht der der späteren Privatrechtskodikationen, aber er ist auch nicht ein wirkliches Corpus mixtum. Insofern meine ich, daß der Vergleich mit Pütter nicht ganz richtig ist, weil bei Pütter ja gerade dieses altständische Rechtsgewebe, das seine Spitze dann in den Gerichten des alten Reiches hatte, Reichskammergericht und Reichshofrat, im Hintergrund steht. Ich meine, wir müssen auch Savigny mit seinen Bedenken gegen das ALR ernstnehmen und ich meine doch, daß bei Savigny mehr an liberalem Denken im Sinne Kants enthalten war, in seinem Entwurf eines Privatrechts, als es im ALR enthalten ist, und insofern hier eine Frontstellung von Seiten eines liberalen Privatrechts gegenüber diesem Gesetzbuch des späten Absolutismus. Ein letzter Gedanke, der mir kam, der in mancher Gestalt auch schon angeklungen ist: Das ALR ist ja aus einer naturrechtlichen Diskussion entsprungen, die hier vor allen Dingen von Herrn Schild dargestellt worden ist, mit Bestandteilen, die Grundlage eines europäischen Gespräches von mindestens hundert Jahren waren, wenn man den Ansatz nicht schon im 16. Jahrhundert sieht. Mir scheint hier ein wichtiger Vergleichspunkt nicht nur Frankreich, wo der Freiheitsgedanke sich ja dann überschlägt und damit auch selber widerlegt, sondern die USA, wo ja aus denselben theoretischen Bestandteilen – Leben, Freiheit, property, was dann Jefferson mit pursuit of happiness übersetzt, also die Glückseligkeit, die hier auch eine Rolle gespielt hat –, daß sich da ein ganz anderes und freiheitliches Rechts- und Verfassungsleben entwickelt auf dem Hintergrund der ständischen Erfahrung des englischen Parlamentarismus, den die Kolonialländer für sich in Anspruch nehmen und dem englischen Parlament die Berechtigung zur Repräsentation absprechen, und auf der Erfahrung des common law als einem Mittel des Rechtsschutzes. Eine Erfahrung, die dazu geführt hat, daß vor allen Dingen die prozessualen Bestandteile des common law in der Verfassung verankert worden sind, due process of law usw. Da ist es doch eine provokative Herausforderung zu fragen, warum kommt aus dieser Diskussion hier in Preußen unter den politischen Restriktionen, die natürlich vorhanden waren und die den Verfassern des ALR vorzuwerfen unvernünftig wäre, wie kommt dieses Rechtsgebilde dieser Kodifikation, das aber durch die Geschichte dann sehr schnell überholt wird, auch ohne Revolution in Deutschland überholt wird, zustande, und wie wird aus denselben geistigen Bausteinen in den USA ein Ansatz geschaffen, der ja seine Tragfähigkeit bis heute bewiesen hat.

Prof. Ebel, Berlin

Vielen Dank, Herr Dilcher. Es ist bemerkenswert, wie sich in eigentlich fast allen rechtshistorischen Diskussionen unser hermeneutisches Hauptproblem immer wieder einschleicht oder durchschlägt, nämlich, daß wir mit unserer heutigen Begrifflichkeit und den heutigen Assoziationen von Begriffen Begrifflichkeiten und Erscheinungen der Vergangenheit zu ergründen suchen, was eben letztlich in dieser Subjekt-Objekt-Beziehung wohl kaum geht.

Prof. Merten, Speyer

Bei der Themenwahl habe ich natürlich gewußt, worauf ich mich einlasse. Denn ich kannte die Bedenken, die mitunter gegen die Verwendung des Rechtsstaatsbegriffs für die spätabsolutistische Epoche erhoben werden.

Dennoch berechtigen die Neuerungen, die das Allgemeine Landrecht gebracht hat und die ich als Rechtsstaatsidee bezeichnet habe, dazu, in diesem Gesetzbuch eine Zäsur zu sehen. Das Jahr 1794 ist eher ein Datum der deutschen Verfassungsgeschichte, mindestens der preußischen Verfassungsgeschichte, als das Jahr 1789, mit dem manche Darstellungen der deutschen Verfassungsgeschichte beginnen.

Sicherlich hat es eine Reihe von Regelungen auch schon vorher gegeben, denn das Gesetzbuch sollte ja das geltende Recht sammeln und zusammenfassen. Das Neue und Wichtige aber sind Rechtssicherheit und Gesetzmäßigkeit, die in dieser Form vorher nicht statuiert waren und Wesenselemente auch heutiger Rechtsstaatlichkeit sind. Mit dem Allgemeinen Landrecht erhält Preußen ein geschriebenes Recht in deutscher Sprache, das auch das Gewohnheitsrecht berücksichtigt und in die Kodifikation einbindet, so daß trotz des subsidiarischen Charakters des Allgemeinen Landrechts der gesamte Rechtsstoff, mit Ausnahme des inneren Staatsrechts, zusammengetragen ist.

Bedenkt man, welche Probleme die Gesetzesveröffentlichung in den Ediktensammlungen aufwarf und daß diese für die Allgemeinheit nicht ohne weiteres einsehbar waren – Sie haben ja darüber geschrieben, Herr Kollege Willoweit –, so bringt das Landrecht auch hier mit den Bekanntmachungsvorschriften, insbesondere mit dem Gebot der Publikation an gehörigen Orten, Rechtssicherheit. Diese Rechtssicherheit wohnt insbesondere auch dem Strafrecht des Allgemeinen Landrechts inne. Die Straftatbestände werden sicherer, und das früher uferlose Majestätsverbrechen wird jetzt im Umfang reduziert. Der Satz vom „legibus solutus" wird vom Landrecht aufgegeben, denn der Monarch ist jetzt ausdrücklich an die Gesetze gebunden. Darüber hinaus bringt das Landrecht eine Gesetzestypologie, indem es die generell-abstrakte Rechtsnorm vom Individualakt, auch in Verordnungsform, und vom Richterspruch abgrenzt. Das Bedeutsame scheint mir aber vor allem der Bruch mit dem absolutistischen Wohlfahrtsstaat zu sein, wie er noch in dem Ausspruch Friedrich Wilhelms I. zum Ausdruck kommt: „Wir sind doch Herr und König und können tun, was wir wollen." Das gilt für den spätabsolutistischen Staat des Landrechts sicherlich nicht mehr. Obwohl das Machtspruchverbot als solches in das Allgemeine Landrecht keinen Eingang findet, verdeutlicht die ursprüngliche Fassung des Gesetzbuchs doch die Bedenken jener Zeit, und die schillernde Kabinettsjustiz hat sich dann auch im 19. Jahrhundert erledigt.

Ich habe es mir bewußt versagt, das Allgemeine Landrecht als Verfassung zu charakterisieren, obwohl Svarez in seinen Schriften immer wieder von einem Grundgesetz gesprochen und dieses den bloßen Zeitgesetzen gegenübergestellt hat. Sicherlich ist der Vorrang der Verfassung vor dem einfachen Gesetz ein Problem des 20. Jahrhunderts. Dennoch hat man versucht, die Kodifikation als lex fundamentalis anzusehen, auch wenn man sich darüber im klaren war, daß der König durch Gesetz jederzeit auch das Allgemeine Landrecht ändern konnte.

Mit dem Begriff der Rechtsstaatsidee wollte ich die tragenden und unverzichtbaren Grundsätze für den Rechtsstaat charakterisieren. Das demokratische Prinzip gehört ebensowenig wie eine Verfassungsgerichtsbarkeit dazu. Der Rechtsstaat verlangt nur ein Mindestmaß an gerichtlichem Rechtsschutz. Die tragenden Grundsätze des Rechtsstaats sind nach meiner Auffassung im Allgemeinen Landrecht zu finden, nämlich insbesondere der rechtsstaatliche Vorbehalt des Gesetzes und der Vorrang des Gesetzes. Demgegenüber halte ich den Begriff des Gesetzesstaates, der seit einiger Zeit in der Literatur und auch heute wieder in der Diskussion vorgeschlagen wird, nicht für passend. Zum einen, weil Carl Schmitt diesen Begriff verwendet hat, um den bürgerlichen Rechtsstaat (abfällig) zu charakterisieren. Zum anderen, weil es sich um einen sehr blassen Begriff handelt. Gesetzesstaaten haben wir seit der Antike, und Gesetze müssen auch totalitäre Staaten haben. Die Gesetze, die das Allgemeine Landrecht vorsieht, sind aber nicht beliebige Gesetze, sondern es sind Gesetze, die sich auf das Naturrecht gründen, sich am allgemeinen Wohl orientieren und die iura quaesita erhalten sollen.

Ich glaube, daß man den Begriff des Rechtsstaats nicht so leicht historisieren, deshalb auch nicht enthistorisieren kann wie andere. Ist Rechtsstaat der liberale Rechtsstaat des 19. Jahrhunderts oder der demokratische und soziale Rechtsstaat des 20. Jahrhunderts? Warum können wir nicht am Ende des 18. Jahrhunderts auch von einem absolutistischen Rechtsstaat sprechen? Das Landrecht scheint mir eben mehr in die Zukunft zu weisen als der Vergangenheit anzugehören, wobei ich zugebe, daß sich jene Zeit in der Umbruchphase befindet und daß es – wie immer in Umbruchsituationen – auf den Betrachter ankommt, ob er schon das Neue oder noch das Alte sieht, wie man auch bei einem Heranwachsenden schwanken kann, ob es sich um einen frühreifen Erwachsenen oder einen späten Jugendlichen handelt. Genaue Positionen in Umbruchsituationen zu bestimmen, ist schwierig. Das gilt wohl auch für den Rechtsstaat im ausgehenden 18. und am Beginn des 19. Jahrhunderts.

Prof. Schild, Bielefeld

Zunächst möchte ich mich herzlich für die Diskussionsbemerkungen bedanken. Manche sprechen Themen an, die in meinem vorbereiteten Manuskript wenigstens kurz behandelt sind, aber aus Zeitgründen für den mündlichen Vortrag gestrichen werden mußten. Deshalb möchte ich hier nicht darauf eingehen, da sie in der schriftlichen und gedruckten Endfassung zu lesen sein werden. Andere Diskussionsbeiträge wieder werfen Fragen auf, die nur mit umfangreichen Ausführungen beantwortet werden könnten. Ich denke z.B. an die Aufforderung von Herrn Schlosser, das ALR mit den anderen Strafgesetzbüchern der Aufklärung zu vergleichen oder die Reformen auf dem Gebiet des Strafverfahrensrechtes zu untersuchen. Ich bin deshalb nicht auf diese beiden Fragen eingegangen, weil mein Thema nur das ALR war und dieses nur ein (materielles) Strafgesetzbuch ist. Aus Gründen des (ohnehin schon viel zu mächtigen) Umfanges werde ich mich auch schriftlich auf dieses Thema beschränken. Doch ist wenigstens anzumerken, daß Svarez und Klein fortwährend über prozessuale Fragen schrieben, wenn auch gesehen werden muß, daß nach der Abschaffung der Folter durch Friedrich den Großen ein wesentlicher Kritikpunkt der Aufklärer erledigt war. – Herr Jan Schröder hat zu recht eine Einseitigkeit des Vortrages herausgestellt, daß nämlich der naturrechtliche Niederschlag im ALR etwas zu kurz gekommen ist. Ich kann ihm in der Sache nur beistimmen und auf die schriftliche Fassung verweisen. Doch möchte ich die Widersprüchlichkeit des ALR unterstreichen und herausheben. Man könnte wahrscheinlich von unterschiedlichen Positionen aus dieses Gesetzbuch untersuchen und jeweils ein anderes ALR darstellen: ein naturrechtliches, ein polizeistaatliches, ein gesetzesstaatliches, ein rechtsstaatliches. Gerade auf die Herausarbeitung dieses Widerspruches als einer Konsequenz des aufklärerischen Denkens habe ich im Vortrag den meisten Wert gelegt und werde dies auch in der schriftlichen Ausarbeitung tun. Von daher wird dann etwa auch die Konsequenz verständlich, daß der Staat beginnt, zu Täuschungsmanövern zu greifen. Auch wegen dieser Konsequenz muß die Aufklärung (bis heute) über sich selbst nachdenken, was ich mit dem Hinweis auf die Philosophie Kants nur zur Sprache bringen wollte. – Auch der Hinweis von Herrn Schröder auf den Zusammenhang von Freiheitsstrafe und Arbeitsstrafe ist ganz wichtig; diesbezüglich darf ich anmerken, daß die schriftliche Fassung zumindest dieses Problem ansprechen wird. – Nicht behandelt habe ich in meinem Vortrag (und werde es aus Raumgründen auch in der schriftlichen Fassung nicht tun) das Problem, das Herr Ogris allgemein herausgestellt hat und das ich mit meinen Worten so zusammenfassen möchte: warum hat eigentlich ein Herrscher Interesse an Aufklärung? braucht er die neue Intelligenz zur Legitimierung seiner Herrschaft, weil die traditionelle theologische Begründung weggefallen ist, oder braucht er sie, weil er selbst diese neue Intelligenz ist und sein will? Immerhin muß man bedenken, daß die Zeit der Reform des preußischen Rechts die Zeit der Französischen Revolution ist. Von daher gewinnen einige Sätze des Svarez in seinen Kronprinzenvorträgen doch erhebliche Relevanz. So wenn er z.B. einfach festhält: „Überschreitet der Regent diese Grenzen [nämlich des Staatsgrundvertrages mit den Bürgern], so bricht er den bürgerlichen Vertrag" (S. 10): Svarez nennt keine Sanktion für den Vertragsbruch; aber denkt er wirklich nicht an Frankreich? Immerhin verabschiedet er sich vom Kronprinzen mit den Worten: „Ich habe Ihnen mitunter dreiste Wahrheiten gesagt, welche den Ohren der Fürsten selten willkommen sind, aber ich hielt es für meine Pflicht, dies zu tun ... Möchten doch Ew. Königl. Hoheit Sich in diesen Zeiten zuweilen an gewisse Grundsätze erinnern, die Ihnen ein Mann gesagt hat, der keine andere Regel seiner Handlungen kennt, als seine Pflicht und die innigste Zuneigung für sein Vaterland und dessen erhabenen Beherrscher" (S. 450). Wirklich eine dreiste Liebenswürdigkeit! Oder Svarez schreibt über das „Recht der Meinungen und deren Äußerung" und meint, daß dieses zu den natürlichen Rechten gehöre, denen der Mensch bei seinem Übertritt in die bürgerliche Gesellschaft nicht entsagen könne (S. 394). Wer die Bedeutung dieser politischen Freiheitsrechte bedenkt, wird die Brisanz dieser Bemerkung erkennen. Aber dies war schon eine eigene Diskussionsbemerkung. – Mein Schlußwort als Vortragender möchte ich mit nochmaligem Dank an die Diskussionsteilnehmer beenden.

Prof. Willoweit, Würzburg

Ich sollte jetzt eigentlich sehr wenig sagen, denn zu meinem Vortrag sind ja, wahrscheinlich schon wegen des zerrissenen zeitlichen Zusammenhanges, sehr wenig Fragen oder Bemerkungen gekommen. So möchte ich mich für die Zustimmung am Rande der Tagung herzlich bedanken. Das Gefühl, nicht ganz falsch zu liegen, hat sich bei mir im Laufe dieser Tagung bestärkt, auch im Hinblick auf die Vorträge, die ich hören durfte. Ich wollte nur auf einen Punkt eingehen. Herr Rainer Schröder hat heute früh die Frage gestellt: Schutz der subjektiven Rechte – cui bono? Und da meint er, dem Adel hat das genützt. Dazu nur ein Wort. Es scheint mir sicher, daß Svarez – über Carmer weiß man zu wenig – keineswegs im Sinne hatte, dem Adel besonders gefällig zu sein. Ich habe gestern gesagt, die Redaktoren mußten nicht erst von Feudalherren und Hofchargen zum Schutz der überkommenen Rechte getrieben werden. Das haben sie aus eigener Überzeugung gemacht, aber nicht, weil sie das Feudalsystem so schätzten, sondern weil es und soweit es eben zum Eigentum gehört, schutzwürdig ist. Das ist der Grundgedanke. Man kann das kontrollieren an der Behandlung einiger Monita, die von – wir würden heute sagen – erzkonservativer Seite kamen, von Leuten, die dieses Feudalsystem noch ausbauen wollten. Da kam zum Beispiel die Anregung, es sollte der Satz aufgenommen werden, daß Kinder der einfachen Volksklassen zum Dienen verpflichtet sind. Das, hat Svarez knochentrocken zu Papier gebracht, ist nach der gegebenen Rechtslage falsch. Diese Kinder haben verschiedene Möglichkeiten. Vor allen Dingen können sie ein Handwerk lernen. Oder folgendes: Im AGB war hinsichtlich der Untertänigkeit eine Formulierung enthalten, zu welcher ein Monent bemerkte: Diese Formulierung, wörtlich genommen, würde bedeuten, daß es personale Untertänigkeit geben könnte unabhängig vom Besitz einer Bauernstelle. Und Svarez stimmt dem Monenten zu und legt dann los: Das wäre ja eine Art Sklaverei, dafür gibt es überhaupt kein Bedürfnis und keinen vernünftigen Grund. Denn der Grund der Untertänigkeit ist ja, daß die Leute ein „Etablissement" erlangen. Sie erhalten, wenn Sie die Untertänigkeit akzeptieren, ja eine Existenz. Das ist in einer Zeit, die viel Armut kennt, schon eine ganze Menge. Aber untertänig werden ohne Etablissement, ist eine Ungeheuerlichkeit. Also muß die Bestimmung umformuliert werden. Ich könnte noch weitere solche Beispiele nennen. Es ist nicht die Liebe zum Adel oder zum Feudalsystem, die Svarez bewegt, sondern der Schutz der überkommenen Rechte, die vorgegeben sind und daher nicht geändert werden können. – Zu der heutigen Diskussion wollte ich noch ein Wort sagen: Herr Kleinheyer, so wie Sie den Rechtsstaatsbegriff definiert haben, ist er natürlich hochinteressant. Das ist aber ein anderer Rechtsstaatsbegriff als der, den Herr Merten verwendet hat. Wenn man sagt, es gehe hier darum, daß das Recht dem Staat nicht total verfügbar wird, daß ein rechtliches Minimum gesichert werde, dann kann ich das natürlich akzeptieren. Es geht in der Tat darum, in einer geschichtlichen Situation, in der Rechte gefährdet werden und der Staat Freiheit und Macht erlangt, sich die ganze Rechtsordnung verfügbar zu machen, diese staatliche Macht zu binden. Und vermutlich hat Svarez geglaubt, daß das möglich sei. Daß es möglich ist, jetzt – nach dem Ende des ius divinum – ein vernünftiges Recht zu schaffen, das fortan Basis der gesamten Rechtsordnung sein kann. Es könnte sein, daß hier der letzte Versuch gemacht wurde, das Recht dauerhaft festzulegen, Willkür auszuschließen. Die Schrecken des Positivismus erscheinen am Horizont, und vor diesen versucht man, Sicherheit zu erlangen. Vielleicht gehört in diesen Zusammenhang aber noch der folgende Gesichtspunkt. Es gibt sicher im Laufe des 18. Jahrhunderts einen Entwicklungsprozeß, den Historiker gerne Verrechtlichung nennen. Es sei nur an die Studien von Winfried Schulze und Peter Blickle, auch von Volker Press erinnert. Es gibt eine Tendenz zu mehr Selbstbewußtsein, auch des gemeinen Mannes, zu mehr Rechtlichkeit, zur Bindung an Verfahren. Das ist ein Trend während des ganzen 18. Jahrhunderts. Ich glaube, diesen muß man auch berücksichtigen, sonst erscheint das preußische Allgemeine Landrecht wie der geniale Blitz eines großen Königs. Das wäre ein Mißverständnis. Es gibt eine

Gesamttendenz, die aus verschiedenen Strömen gespeist ist, aus dem Naturrecht als der Theorie, aber auch aus der politischen Realität und Praxis.

Schlußworte

Prof. Ebel, Berlin

Vielen Dank. Der wissenschaftliche Teil unseres Symposiums ist damit abgeschlossen, was nicht heißen soll, daß vielerlei Gespräche am Rande unserer morgigen Exkursion nach Potsdam nicht noch zu führen wären. Eine Summe zu ziehen, ist nicht möglich, ist auch nicht nötig. Die Fülle der Aspekte zu einem solchen Thema hat aber jedenfalls bestätigt, daß – ungeachtet des zufälligen zeitlichen Jubiläums – die Juristische Gesellschaft zu Berlin ein rechtshistorisches Thema ausgewählt hat und hier kundig darüber hat referieren und die Dinge besprechen lassen, daß dies den ganzen Aufwand wert ist. Wert ist auch festgehalten zu werden, und ich verspreche als Geschäftsführer auch der Autoren, der Referenten, daß das möglichst bald dann auch schriftlich gedruckt zur Verfügung stehen wird. Einstweilen jedenfalls von meiner Seite einen ganz herzlichen Dank den Referenten und den Disputanten, die da hier, meine ich, doch eine Bereicherung in Berlin im wissenschaftlichen Bereich geschaffen haben.

Abschließend wird der Herr Präsident der Juristischen Gesellschaft zu Berlin, Herr Dr. Schmidt, noch einige Worte zu Ihnen sprechen. Vielen Dank.

Dr. Schmidt, Berlin

Meine sehr verehrten Damen und Herren, Herr Prof. Ebel hat mich aufgerufen, ein Schlußwort zu sprechen. Es ist Herrn Prof. Ebel nicht gelungen – verständlicherweise –, eine Zusammenfassung der Diskussion und der Vorträge dieser anderthalb Tage zu geben. Herr Prof. Ebel ist ein ausgewiesener Kenner auf diesem Gebiet; ich bin nur ein kleiner Praktiker. Erwarten Sie also auch nicht von mir eine Gesamtwürdigung dieser 1 1/2 Tage. Mir ist jedoch ein Gedanke gekommen, ein Gedanke, der mich eigentlich etwas beunruhigt bei dieser ganzen Diskussion, und zwar bin ich durch den Vortrag von Herrn Prof. Schild hierauf gekommen. Herr Prof. Schild hat gesprochen von der Aufklärung und wie sie sich, ich kann das nicht so genau wiedergeben, entwickelt hat letzten Endes auch zu einem Polizeistaat. Herr Prof. Schild, Sie haben das abgeschwächt heute nachmittag und sagten, Sie wollen Polizeistaat mit „ey“ schreiben, aber Sie haben uns auch gesagt, daß die Aufklärung und auch die Ideen von Svarez dahin führten, nicht nur den Bürgern zu sagen, was sie nicht dürfen, sondern auch, was sie zu tun haben, und dahinter stecke auch ein gewisses Erziehungsideal, ein Menschenbild, zu dem die Menschen sich nicht nur freiwillig entwickelten, sondern wo vielleicht auch etwas nachzuhelfen sei. Ich sehe von da eine Linie, eine gerade Linie zum totalitären Staat. Es ist hier gesagt worden: „totalitär ist Willkür“. Das ist es nicht immer. Wir haben hier ein totalitäres Regime gehabt, das vor wenigen Jahren erst zusammengebrochen ist, dessen Grundidee nicht die Willkür war, sondern dieser totalitäre Staat hatte auch eine Idee vom Menschen, hatte ein Menschenbild, das sicher von dem der Aufklärung erheblich abweicht oder dem ganz konträr ist, und diese Idee dieses Staates war es, diese Menschen zu diesem Bild zu formen. Es ergibt sich somit für mich eine Lehre aus diesen beiden Tagen: Es gibt viele Ideen, die gut sind, aber jede Idee ins Extrem getrieben ist schlecht und nimmt dem Menschen die Freiheit. Dies nur eine Anmerkung und was für mich wichtig ist aus diesen 1 1/2 Tagen.

Im übrigen, meine Herren Referenten und Diskutanten, ich danke Ihnen sehr herzlich, daß Sie nach Berlin gekommen sind, daß Sie die Arbeit auf sich genommen haben. Sie haben lange Manuskripte ausgearbeitet. Ich habe gehört, viel mehr als Sie hier vorgetragen haben. Dafür nochmals herzlichen Dank. Ich glaube, wir haben diesen 200. Geburtstag des ALR würdig gefeiert und können uns freuen, daß die Juristische Gesellschaft diesen Tag aufgegriffen hat, hier an die Öffentlichkeit, eine interessierte Öffentlichkeit heranzutreten. Ich danke allen denjenigen, die zugehört haben, die dabei gewesen sind, die treu uns beigestanden haben von gestern bis heute abend und schließe hiermit den Berliner Teil dieses Symposiums. Fortsetzung morgen im Rahmen eines Empfanges in Potsdam. Vielen Dank. Auf Wiedersehen.

www.ingramcontent.com/pod-product-compliance
Lightning Source LLC
LaVergne TN
LVHW010547300926
849162LV00002B/260